현대시 탐구

Researching Modern Peots

건지학술총서

05

researching modern peots

현대시 탐구

전정구

전북대학교출판문화원

서문

근대 시문학 문헌 자료의 발굴에 따른 작자의 확정 문제는 한국 근대 문학 정착기, 즉 일제 강점 전반기의 문단 지형을 파악하는 데 중요한 쟁점이 되고 있다. 특히 소월과 안서의 시작품 발굴과 그에 따른 문제가 대표적이다. 이 저서는 이러한 '한국 초창기 문학사의 난제'를 해결하는 데 일차 목적을 두고 있다.

또 다른 사안은 근대 문학 백년을 맞아 정리가 필요한 주요 작가들의 전집 간행과 관련하여 제기되는 본문 보전과 전승에 관한 문제이다. 백석 시인의 경우가 여기에 해당한다. 이 저서에서 필자는 이러한 문제의식에서 본문 비평(Textual Criticism)의 최근 이론을 원용하여 문헌 정리와 전집 발간의 바람직한 방향이나 원칙의 문제를 모색하는 데 고심했다. 1920-30년대를 대표하는 시인들인 소월과 백석의 작품들을 1부에서 다룬 이유가 여기에 있다. 따라서 1부의 글들은 다소 딱딱하고 학구적인 측면이 농후하여 독자들이 읽는 데 지루하지 않을까 염려된다.

2부는 필자의 문단 활동과 관련하여 의미 있는 글들을 모은 것이다.

한 번 이상의 출판 과정을 거친 글들이지만 절판된 관계로 독자들이 직접 대하기 어려운 면이 있어 모은 것들, 즉 신춘문에 당선작이나 그 이후 『현대문학』에 추천된 작품, 또는 문학상을 수상한 작품들로서 발표 당시 문단적 관심을 받았던 글들이 2부의 주종을 이룬다. 발표 당시의 미진한 부분들을 현재의 입장에서 추고했는데, 그 이유는 발표 당시 매수 제한이나 발표지의 성격상 필자가 처음 의도한 대로 글을 진행시키지 못한 아쉬움이 있었기 때문이다. 이 글들에서 다루어진 시인들의 작품 본문에 대해서도 원칙적으로 원본의 것들로 인용 시들을 대체했다.

종합하면 이 저서는 소월 작품과 백석 작품의 원문 진위와 관련된 문제를 비롯하여 근대 문학 백년의 성과를 집약하는 데 필요한 시인들의 시세계를 조명한 글들을 1부와 2부에 담고 있다. 민족시의 정화로 분류되는 일제 강점기의 한용운, 이상화, 이육사의 시작품은 물론이고 그 이후의 몇몇 중요한 시인들의 작품 세계 연구는 근대 문학의 주요 국면의 양상을 파악하는 데 기초 작업의 성격을 지니고 있다. 그리고 3부에서 5부의 시인들에 관한 작업은 최근세 문학을 이해하는 데 일조할 것으로 기대된다.

흔히 시의 시대라고 불려지는 1980년대 이후 1990년대까지 한국 시단의 두 흐름을 대변했던 노동시의 총체적 성과를 점검하고 그 의의를 파악한 글은 물론이고 황지우와 박남철 등을 필두로 1980년대 시단의 큰 흐름을 형성했던 해체시의 시대적 의미를 조명한 글들이 3부에 배치되어 있다. 이 외에도 환경 문제나 시단의 부조리나 잘못된 관행에 대한 비판적 시각을 반영한 시인들의 작품 세계를 조명한 글들도 일독의 가치가 있으리라 생각된다.

4부와 5부는 필자가 관심 있게 지켜본 몇몇 시인들의 작품 세계를 다룬 글들이 수록되어 있다. 신진부터 원로 문인에 이르기까지 여러 시인들의 최근의 작품 세계나 그 변모의 양상을 다룬 글들이 그것이다. 이들의 작품 세계를 조명한 것은 개인적 일상에 초점이 맞추어진 요즈음 시인들의 문학적 흐름을 알아보고, 그들의 관심사가 어떻게 오늘의 우리의 삶과 연결되어 있는가를 해명하는 데 유용하리라는 판단이 작용했기 때문이다. 이것은 문학이 항상 삶의 이면을 밝혀주는 등대와 같은 역할을 포기하지 않을 때 그 존재 의의를 지닌다는 필자 나름의 문학관의 반영이기도 하다.

병신년의 새해가 밝아 왔다. 올해는 필자가 40여 년에 이르는 교직생활을 마무리하는 의미 있는 해가 될 것이고, 이 책이 그 대미를 장식하지 않을까 생각된다. 돌이켜 보면 문단의 말석에서 발버둥치던 젊은 그 시절이 그립기도 하다. 그때는 무엇이든 이룰 수 있으리라는 막연한 기대가 고통의 시간들을 견디게 해 주는 힘이 되었다. 그러나 지금은 그렇지 않은 것이 문제이다.

주변의 모든 분들의 도움으로 오늘 이 자리를 보전할 수 있었다. 두루두루 필자와 관련을 맺은 여러분들께 감사하는 마음을 전한다. 미진한 이 책이 그분들에 대한 감사의 보답이 될 수 있었으면 하는 바람을 가져본다.

2016년 봄에 저자 씀

목차

1부

2부

3부

4부

5부

1부

1. 근대 문학 발굴 자료의 쟁점—소월 작인가, 안서 작인가
2. 소월 김정식 육필 유고의 판독 오류
3. 백석 시의 원문 전승과 보전
4. 백석의 「寂境」 본문 연구

01

근대 문학 발굴 자료의 쟁점

소월 작인가, 안서 작인가

1

소월의 '미발표 자필 유고 뭉치'가 폐휴지 더미에서 기적적으로 발견되었고, 1977년 문학사상사 자료 연구실에서 이것들을 공개했다.[1] 문학사상사 육필 원고와 김억이 공개했던 '소월 유고 노트'의 필적을 대조한 결과 동일인의 필체이고, 이미 발표한 소월의 소설 「함박눈」의 육필 원고 글씨와도 일치한다는 사실이 밝혀졌다. 그러나 현재 문학사상사 발굴본 중 10여 편은 김억의 작품으로 분류된다.

문학사상사 육필 원고가 공개된 다음해 『문예중앙』에서 '육필 시고(詩稿) 일백일편'을 발굴하고 그것들 중 소월 작품으로 인정된 50여 편을 공개했다.[2] 그러나 일부 작품이 안서 김억의 기발표작으로 판명된

---

1 『문학사상』(1977. 11) '389-431쪽'에 걸쳐 소월의 육필 원고와 그에 관련된 글이 게재되고, 이후 「생의 감격」, 「인간미」 등이(「266편으로 늘어난 소월시의 전모」, 『문학사상』, 1978. 10) 공개되었다.

2 "주인없는 노래—소월인가 안서인가"(『문예중앙』, 1978 봄) 참조. 이 잡지 '295-355쪽'에

것에 대한 우려로 인해 '문예중앙사'에서는 국립과학수사연구소에 육필 원고 필적 감정을 의뢰했다. 그 결과 『문예중앙』 발굴 원고의 필체는 문학사상사 발굴본의 필체와 동일한 것임이 입증되었다.[3] 필체 감정 결과 동일인이라는 객관적 증거에도 불구하고[4] 잡지사에서는 문단이나 학계의 파장을 고려하여 원작자가 '안서인가, 소월인가'라는 제목으로 발굴된 작품들을 공개했다.

두 번에 걸친 소월 관련 육필 원고 발굴 과정과 그 경과를 검토해 볼 때 '발굴된 유고 처리 방식'에 의문점이 제기되었으나, 학계에서 공개적인 논의가 이루어지지는 않았다.[5] 이것이 당시 두 잡지사가 발굴한 육필 원고에 대한 쟁점을 본고에서 재점검해 보려는 이유이다. 현재 최초의 판독 작업에 참여했던 김종욱의 소월 전집이 결정판으로서 연구자들에 의해 중시되고 있는데, 필자는 그의 『原本素月全集(上 下)』(1982)과 그것의 재판 성격을 지닌 『正本素月全集(上 下)』(2005)을 중심으로[6] 이러한 쟁점을 살펴보고자 한다.

결쳐 판독 원고 50여 편과 관련 전문가의 글이 실려 있다.

3 『문예중앙』 발굴 육필 원고 총 편수는 101편이고, 전문가 검증을 거친 50편이 소월 작품으로 공개되었다. 이 작품들이 구중서의 『미발표 소월시집』(중앙일보사, 1978)에 수록되었다. 그러나 안서의 이름으로 발표된 것은 일부임에도 불구하고 '101편' 모두가 『안서김억전집 1—창작시편』(박경수, 한국문화사, 1987, 491-584쪽)에 수록되어 있다.

4 감정 결과 동일인일 가능성이 75%이면 "동일인의 것"이라는 유력한 증거인데, 발굴 유고들은 "동일특징비율이 최소한의 경우가 95%"(『문예중앙』, 앞의 책, 298쪽)이다.

5 『문예중앙』 발굴본들은 "필체 감정에 의한 유고 처리 과정에서 많은 논란이 제기된 것들"임을 김학동(『원전확정과 작가론의 반성—미해결의 문제들』, 새문사, 2006, 79쪽)이 언급했으나, 학계에서 본격적인 논의가 있었던 것은 아니다.

6 김종욱은 홍성사판(『原本素月全集(上 下)』, 1982)과 그것의 재판 성격을 지닌 명상판(『正本素月全集(上 下)』, 2005)을 출간했다.

2

『문학사상』(1977)에서 발굴한 '미발표 소월 작품' 중 김억 작으로 분류된 것은 16—24번 작품과 29번 작품 등 총 10편이다. 「그대여 채찍을 멈추라」, 「밤마다」, 「고개」, 「봄」, 「地圖」, 「님생각」, 「겨울」, 「세월은 지나가고」 등 16—23번에 해당하는 8편은 "조선출판사 원고용지"에 "가는 붓으로" 쓰여 있다. 24번 「외로운 무덤」은 "주식회사일본축음기상회 문예부원고용지"에 쓰인 작품이고, 29번 「작은 방 속을 나 혼자」는 수첩에 기록된 것이다. 김종욱은 그의 전집에서 위의 10편을 "素月의 것이 아닌 관계로 제외"했다.[7] 홍성사판 이후 다른 편자들에 의해 출판된 소월 전집에서는 위의 작품들을 수록하지 않는 것이 불문율로 되어 있다. 그러나 안서 작품으로 분류한 「외로운 무덤」도 문제지만, 「작은 방 속을 나 혼자」의 원작자에 대하여는 논란의 여지가 크다. 특히 '수첩'에 기록된 「작은 방 속을 나 혼자」를 제외할 때, 수첩에 쓴 다른 작품들에 대한 소월작의 진위 여부를 재검증하고 그 중에 김억의 이름으로 발표된 것이 또 있는가를 확인해야 한다. 김억 작품으로 분류된 「작은 방 속을 나 혼자」는 수첩에 기록된 것이다. 이 작품이 김억 것이라면, 그 외의 수첩에 기록된 작품이 소월 작이라는 증거가 무엇인지 의심스럽다. 「작은 방 속을 나 혼자」의 전문은 다음과 같다.

---

7 「地圖」는 김억의 이름으로 「지도를 펴들고」(『김억전집 1』, 464쪽)로 발표되었는데, 두 연으로 되어 있으며 문학사상사본의 두 배 가까운 분량으로 개작되어 있다. 「세월은 지나가고」 역시 김억의 이름으로 「세월과함께철은 들거니(押韻)」(『김억전집 1』, 426쪽)로 발표되었다. 김종욱이 전집(「일러두기」, 1982)에서 제외한 10여 편 중 2-3편 이외의 작품들은 『김억전집 1』에서 확인하기 어렵다. 김억 관련 자료 출처는 박경수 편 『안서김억전집』(한국문화사, 1987)과 엄형섭 편(『韓國現代詩史資料集成』, 태학사, 1983/1984)이다. 위의 두 전집을 각각 '김억전집'과 '현대시사'로 약칭하고, 권수와 쪽수(개별 시집에 표시된 쪽수가 아니라 전집의 총 쪽수)만을 밝힌다.

찬 안개는 덮어 나리는 흰 서리로
처젖은 잎은 아득이는 이 저녁
아, 依支 없는 내 靈은 떨며 울어라
늙음을 재촉하는 서러운 나이여.

가려는 어둠은 나뭇가지에 걸리며
쌔왓는 잎 아래로 뿌려 스며라,
먼 地求[球]의 하늘 그림자로 들면서는
검은 머리 하루 함께 스러지어라.[8]

발굴된 소월의 육필 유고들 중 일부가 소월 것이 아니라고 주장하는 견해를 요약하면, '첫째 안서의 작품과 유사하고, 둘째 소월의 시적 특징이나 정서가 부족하며, 셋째 안서의 민요시와 율격이 비슷한 점'이다.[9] 그러나 이러한 주장이 소월 육필 원고에 그대로 적용되기는 어렵다. '동아일보 구성지국 구독자대장'에 기록된 소월의 육필 유고들 중 「마음의 눈물」, 「봄과봄밤과봄비」, 「可憐한 人生」, 「비오는 날」, 「적어졋소」 등 상당수의 작품들은 소월 시적 특성이나 정서, 혹은 소월 시적 율격－리듬과 무관하다. 이러한 작품들과 비교해 보면 「작은 방 속을 나 혼자」라는 작품이 소월의 시적 특성이나 정서가 농후하며 『진달래꽃』 수록 작품들과 유사한 점이 드러나 있다. 이 작품의 1연 2행의 "처젖는 잎은 아득이는 이 저녁"의 '아득이는'은 소월적인 시어로서 "나

---

8 『문학사상』(1977. 11) 발굴작 「작은 방 속을 나 혼자」가 발굴 시편 총 목차 제목에는 '작은 방 속에 나 혼자'로 되어 있다.

9 윤주은, 『시혼과 음영』, 울산대출판부, 1998, 83쪽.

는 아득이노라, 지금 내몸이"(「어려듯고 자라와 내가 안것은」)와 대응된다. 마찬가지로 2연 2행의 "쌔왓는 잎"은 "서리마즌 닙들만 쌔울지라도"(「마른江두덕에서」)에 그 용례가 보이는데, 소월시적 어휘 사용의 한 특성이 나타나 있다. 뿐만 아니라 이 작품은 『진달래꽃』에 수록되지 않은 작품들 중 「깁흔구멍」, 「칠석」, 「斷章 1-2」 등에 비해 소월적인 정서나 특성이 비교적 선명하게 나타나 있다. 육필 원고들 중 소월적인 특성이 결여되어 김억 작품으로 분류하는 것은 큰 의미를 지니지 못하는 이유가 여기에 있다. 특히 「쑴자리」나 「깁흔구멍」의 경우 소월적인 시풍보다는 타고르나 만해의 시풍이 반영된 듯한 착각이 들 정도이며, 한 연구자는 이 작품에 임에 대한 "歸依의 情"이 느껴진다는 점에서 "타고르의 『기탄잘리』를 聯想"케 한다고 지적했다.[10]

> 오오내님이어? 당신이 내게 주시랴고 간곳마다 이 자리를 쌀아노하두시지 안흐셧서요. 그러켓서요 確實히 그러신줄을 알겟서요. 간곳마다 저는 당신이 펴노하주신 이 자리속에서 恒常살게됨으로 당신이 미리 그러신줄을 제가 알앗서요.
>
> —「쑴자리」 일부[11]

「깁흔구멍」이나 한시의 번역투 작품인 「莎鷄月」 등의 작품들도 「쑴자리」처럼 소월시적 정서나 특징이 미미한 편이다. 이들 작품에 비해 「작은 방 속을 나 혼자」는 소월시적 풍모가 완연하고, 더구나 수첩에

---

10 김용직, 『한국현대시연구』, 일지사, 1982, 131쪽.

11 김종욱, 『正本素月全集 下』, 명상, 2005. 이하에서 김종욱의 명상판 전집에서 인용할 경우 출처를 표시하지 않기로 한다.

기록된 육필본으로 '동아일보 용지/구독대장' 소재 육필본보다 신뢰도가 높다. 당연히 '동일인의 필체와 동일한 지면—수첩에 기록'된 객관적 증거는 존중되어야 한다. 물론 김억이 자기 이름으로 발표한 작품을 소월의 것으로 분류할 수는 없다. 그렇지만 수첩에 쓰인 다른 작품 모두가 소월 것이고 유독 이 작품만 아니라면, 필사의 주체가 누구인가 밝히고 소월과 김억의 필체를 다시 감정해야 한다.

김종욱이 명상판 소월전집 하권에서 '문예중앙사가 소월 작으로 소개한 50여 편'이 '김억의 이름으로 이미 발표된 시'이기 때문에 제외했는데, 이 잡지가 발굴한 원고의 필체는 정밀한 감정 결과 문학사상사 육필 원고 필체와 동일한 것이다.[12] 『문학사상』과 『문예중앙』의 두 잡지에서 발굴한 유고들이 '소월 작인가, 안서 작인가'를 판별하는 객관적 타당성과 작품의 원작자를 판별하는 일관된 원칙이 필요하다. 주관적 판단에 의하여 육필본의 원작자를 김억이나 소월로 추론하는 것은 객관적 타당성이 결여되어 있다. '발굴된 소월의 육필 유고'나 『진달래꽃』에 수록되지 않은 소월시의 경우, '필적보다는 시의 내용'이 중요하다는 주장은[13] 설득력을 지니기 어렵다. 『문예공론』(1929. 6)에 발표된 「斷章(1)」의 "하늘도 밝다! 참 밝기는 하고나/ 그러나, 내, 하늘 치어다 안 보겠네,/ 그 하늘 못났네,/ 나보다도 못났네,/ 잘난 하늘 있는가? 잘난 사람 있는가?"에서 작품의 내용으로 소월 작품 여부를 판단한다는

12 김종욱이 그의 전집(『正本素月全集 下』, 명상, 2005)에서 "金億의 自筆로 旣 발표"된 작품들이 섞여 있다는 이유로 문예중앙 발굴본 101편 모두를 제외시켰다. 그러나 문예중앙 사본은 필적 감정 결과 문학사상사본 육필 원고와 동일한 것으로 판명되었다. 문예중앙 사본 유고 중 김억의 작품이 아닌 대표적 예가 「岸曙에게(楊相殷)」이다. 이 작품은 양상은이 '김억에게 보낸 작품'일 것이다.

13 김용직, 「오히려 안서유고일 수도」, 『문예중앙』, 1978 봄, 344-345쪽.

것이 쉽지 않을 뿐만 아니라 가능하지도 않다.

수정 작업을 거쳐 『진달래꽃』에 수록된 작품들이, 그 이전에 발표했던 작품보다 독창적인 작시법을 반영하고 있으며[14] 여기에 수록된 작품들에서 우리는 소월 시풍의 진면목을 확인할 수 있다. 최근 발굴된 「磨住石」(『학생계』, 1921. 4)이나 「宮人唱」(『학생계』, 1921. 5) 등 소월의 초기 작품으로 시집에 수록되지 않은 시들에서 소월시적인 정서를 느끼거나 그의 시적 특성을 발견하는 것이 불가능하고, 그럴 필요도 없을 만큼 그것들은 비소월적인 시풍을 보여주고 있다.

개작 과정을 거치지 않은 육필본 작품들과 잡지에 발표된 초기 작품들에는 소월적인 시풍이 제대로 반영되어 있지 않다.[15] 『진달래꽃』에 수록되지 않은 여러 작품들의 예처럼, 소월시적 특성으로 '소월작품인가, 안서 작품인가'를 판단한다는 그 자체가 무의미하다. 소월시적 특성이나 내용, 혹은 정서 운운하며 '안서의 작인가 소월의 작인가' 구분하려는 전문가적 견해는 '기적적으로 발굴된 소월의 육필 원고들'의 원작자를 밝히는 데 도움을 줄 수 없다. 이러한 견해가 객관적 물증—필체 감정을 뒤엎을 만큼 유력한 것도 아니다. 김억의 기발표작과 뒤섞여 있다는 이유만으로 소월 작이 아니라고 판단하는 것은 성급하며, 여러 가능성에 대한 검토가 필요하다. 그 가능성의 하나로 소월의 작품을 김억이 자기 이름으로 발표한 경우를 상정할 수 있다. 의도적이지는 않았겠지만, 보관 중인 소월 작품을 안서가 자신의 작품으로 발표하는 착오의 가능성도 점검해 볼 필요가 있다.

---

14 전정구, 『김정식 작품 연구』, 소명출판, 2007, 71쪽.

15 위의 책, 59-151쪽 참고.

> 이번 유고의 검토를 통하여, 나는 素月 요절 이후에 岸曙가 素月의 유고 중 몇몇 작품들은 경우에 따라서 자신의 筆名으로 발표할 가능성도 충분히 있었지 않는가 라는 문제점과 아울러 수긍을 나 스스로 제기 自得하게 된다.[16]

김억은 시작 과정에서 소월의 도움을 받은 것은 물론이고, 이 경우 작품의 소유 관계는 도움의 정도에 따라 결정될 확률이 높다. 「시혼」(『개벽』, 1925. 5)에서 「님의 노래」와 「자나깨나 앉으나서나」에 대한 스승 안서의 비판적 평가에 대해 소월이 불만을 토로한 것도 '창작상의 수수관계'의 여파일 수 있다. 실제로 김억은 창작상—번역상의 도움 이외에도 '잡지와 신문 등에 발표한 작품들을 정리하여 시집으로 묶을 때' 다른 사람의 도움을 받은 적이 있다. 김억이 최초의 번역 시집 발간 때 원고를 정리하고 정서한 사람은 권태술이었다.[17] 그 당시 문단 활동이 왕성했던 김억은 자신의 원고를 정서할 만큼 한가한 처지에 있지 않았다. 이러한 사실에 비추어 볼 때 김억의 원고를 소월이 대필했을 가능성이 있다. 그러나 그 반대의 경우를 상정하는 것도 불가능하지 않다. 김억은 소월의 원고들을 보관했고 이것들을 책자 형태로 묶어 진서(珍書)로 취급했다.[18]

---

16 장성중, 「素月의 숨소리가 들린다」, 『문예중앙』, 1978 봄, 342쪽.

17 "이 역시집에 모하 노흔 대부분의 시편은 여러 잡지에 한번식은 발표하엿든 것임을 말하여 둡니다."(『현대시사 1』, 12쪽) "또 이 역시집의 원고를 청서하여준 권태술군의 다사한 맘에 고맙움을 들입니다."(앞의 책, 12-13쪽)

18 『조광』(1940. 8) 「餘白問答」 4번째 항목의 질문, 즉 "선생[김억—인용자 주]이 가지고" 있는 '珍品珍書'와 관련한 질문에 대해 "소월의 원고를 몇 개 가진 것이 내게는 '珍品'이라고"(『김억전집 6』, 508쪽) 김억이 대답했다.

소월의 원고들을 진귀한 책자로 묶을 때 김억은 그것들을 자기의 글씨로 정서하여 다시 정리했을 것이다. 그리고 후에 착오나 다른 불가피한 이유로 소월의 작품을 김억이 자기 이름으로 발표했을 수도 있고, 그 반대의 경우도 가능하다.[19] 그것은 소월의 원고와 자기 것이 서로 섞여 있기 때문에 '자작시인가, 소월 작인가' 구분하기가 어려웠을 것이다.[20] 김억 이름으로 발표된 작품은 어쩔 수 없지만, 아직 확인되지 않은 육필 원고의 원작자에 대한 신중한 재검토가 필요하다. 김억이 자신의 번역 시집 『원정』(1924)에서 '소월이 번역한 작품을 수록했다'고 고백한 사실과 관련하여 그와 소월의 번역 작품 소유 관계에 대해 살펴보기로 하자.

> 마즈막으로 이 두 번재 譯稿를 씀에 대하야 나의 미래만흔 김소월군의 힘을 적지안케 빌엇습니다, 하고 詩中 한 편은 同君의 손에 된 것임을 고백하고 깁히 고맙어하는 뜻을 표합니다.[21]

김억이 '깊이 고마워한 것은' 소월이 김억의 번역 작업에 "적지안케"

---

19 「제비」는 시집 수록본과 『개벽』(1922. 7) 게재본 두 편이 있다. 개벽본은 소월의 창작품이 아니라, 「을퍼진가을의노래」(『조선문단』, 1925. 10)에 나오는 "자신[김억—인용자 주]의 손에서 反譯된" 「기레기」의 표절작이다. 이 작품은 소월과 같이 번역 작업하던 시기의 번안작이거나, 다른 이유로 김억이 자기의 것을 개작하여 소월의 이름으로 잡지에 실은 것으로 판단된다.

20 「소월의 숨소리가 들린다」(『문예중앙』, 1978)에서 장성중이 "안서가 소월의 유고 중 몇 편을 자기 이름으로 발표한 것이 아닐까"라는 의견을 제시했다. 이어 그는 "김소월의 「차안서선생삼수갑산운」이란 시가 그 속에 [『문예중앙』 발굴 육필 원고 속에—인용자 주] 정당히 수록되어 있음을 볼 때 이 시 「노트」[육필 원고 노트—인용자 주] 전부가 김소월의 작품집임은 자명"하다고 주장했다.

21 『현대시사 2』, 191-192쪽.

심혈을 기울였다는 점이다. 소월은 김억이 번역한 상당수의 작품들을 초역(初譯/抄譯)하는 작업에 참여했을 것이다. 『잃어진 진주』(1924)의 「서문대신에」에서 "나의 미래만흔 사랑하는 벗 김소월군의 민요시 「금잔듸」와 「진달내꼿」을 예로 들고"[22] 있는 대목도 중요한 시사점이다. 첫 창작 시집 『해파리의 노래』(1923)에서도 김억은 "황혼의 장미"라는 소제목의 시편들을 "동경의 김정식"에게 보낸다고[23] 극진히 배려하고 있다. 이러한 예우로 볼 때 김억과 소월은 우리가 생각하는 사제 관계 이상의 특별한 사이였다. 그러한 관계를 형성하게 된 것은, 김억의 번역 작업이나 작품 제작에 소월이 많은 도움을 주었기 때문이다.

『원정』에서 밝혔듯이, 김억은 공개적으로 소월의 번역 작품을 자기 것으로 삼았다. 김억의 번역 작품 상당수가 소월의 초역을 거쳤거나 공동 작업의 성격을 띤 결과물이 아니었을까 추정하는 이유가 여기에 있다. 이 두 사람의 작품 중 동일한 제목이 많고, 한시 번역 작품에서도 같은 시인의 같은 작품을 번역한 사례가 빈번히 나타난다. 따라서 김억과 소월이 공유한 작품의 번역본에 관한 소유 관계는 애매했을 것이다.

김억은 『학지광』(1914) 시절부터 왕성한 문단 활동과 번역 작업을 했고, 그 결실을 맺은 것이 최초의 번역 시집 『오뇌의 무도』(1921)이다. 이 시집이 출간된 시기를 전후하여 그와 소월은 사제 관계를 넘어서서 문필 작업의 협조자나 동반자의 위치에 있었던 듯하다. 그것은 이 시기에 김억이 소월의 작품 활동을 적극적으로 후원했고 중앙 문단에 소개한 사실에서 짐작할 수 있다. 김억의 번역 시집 출간 직전인 1920년에

22 『김억전집 2-1』, 456-457쪽.

23 『현대시사 1』, 601-602쪽.

첫 작품 「그리워」, 「야의 우적」 등을 소월이 『창조』(1920. 3)에 발표할 수 있었던 것은, 김억의 도움에 힘입은 바 크다. 1921년 오산학교 중학부를 마치고 그 다음 해에 배재고등보통학교에 편입하여 1923년 4월 일본으로 건너갈 때까지 소월의 서울 생활에 지원을 아끼지 않은 사람이 김억이었다. 그의 문필 활동과 번역 작업의 성과물이 결집된 시기가 우연의 일치인지 모르지만, 소월이 서울에 거주했던 기간과 겹친다.

최초의 번역 시집 출간을 계기로 김억은 『기탄잘리』(1923), 『신월』(1924), 『잃어진 진주』(1924) 및 창작 시집 『해파리의 노래』(1923)를 발간했다. 짧은 기간인 1—2년 사이에 여러 작품집을 일시에 펴내면서 '250여 편에 이르는 작품 발표라는 방대한 작업'을 김억 혼자 감당하기는 불가능했다.[24] 다른 사람의 도움이 필요했던 이 시기에 그 역할을 떠맡은 중요한 인물이 소월이었다. 김억을 도와서 번역 작업의 상당량을 소월이 감당해 주었을 것이다. 이 시기 전후로 소월과 김억은 창작상의 수수 관계에서 긴밀한 유대감을 형성했고, 그가 시집의 서문에 소월을 거론한 까닭도 여기서 비롯된 것이다.

타고르 번역 시집을 김억이 출간했음에도 '소월이 그 시인의 시세계에 더 능통해 있다'는 사실도 눈여겨볼 대목이다. 여러 권의 번역 시집과 함께 김억은 「타고아의 시」(『조선문단』, 1924. 11)라는 평론을 발표하여 시성(詩聖) 타고르의 시세계를 식민지 조선의 독자들에게 소개했다. 그럼에도 소월의 작품에 '타고르 시인의 영향이 짙게 나타나' 있다

---

24 단행본에 수록된 것과는 별도로 "『청춘』, 『폐허이후』 등에도 그의 역시가 발표된 것이 있으므로 시로 이 두 해 동안에 발표된 안서의 역시는 250편" 가까이 된다. "한 사람의 해외 시인[타고르—인용자 주]"이 이와 같이 "단시일에 다량으로 소개된 예"(김용직, 『한국현대시연구』, 일지사, 1982, 104쪽)는 일찍이 없었다.

면, 그것은 김억을 대신하여 타고르 시작품 번역의 상당 부분을 소월이 수행했다는 증거이다.

> 岸曙에게서 전적으로 부정반응을 드러낸 타고르의 영향이 소월에 이르러 전혀 그 반대현상을 일으키고 나타난다는 것은 아무래도 우리에게는 의외의 느낌을 준다. …[중략]… 여기[소월의 「꿈자리」-인용자 주]에 나타나 있는 것은 한 대상인 〈님〉에 대한 귀의의 정이다. 이 자체가 타고르의 『기탄잘리』를 연상ㅎ게 해 준다는 사실부터 간과될 수가 없다. …[중략]… 이상으로 우리는 소월에 미친 타고르의 영향이 추측의 범위에 맴도는 것이 아님을 확인할 수 있는 셈이다.[25]

김용직은 소월의 작품인 「꿈자리」가 "김억이 번역한 『기탄잘리』 첫 번째 작품과 강한 연계관계를 느끼게" 한다고 지적했다. 그의 판단에 의하면 소월이 그의 스승 김억보다 "빛나는 국면을 개척한 제자임이 입증"[26]된다. 그렇지만 만해 시풍이 느껴진다는 점에서 「꿈자리」는 김억을 대신하여 타고르의 시를 소월이 번역한 것이 아닌가 하는 의문이 제기되는 작품이기도 하다. 아더 시몬즈의 시세계를 한국적 무드로 전환한 것도 타고르와 비슷한 사례이다. 아더 시몬즈 역시집 서문에서 김억은 "이 시집의 원서를 빌녀준, 나의 사랑하는 소월군에게 고맙은 뜻"

25 김용직, 위의 책, 131-134쪽.

26 김용직에 의하면 "「님의 말씀」, 「먼 후일」, 「못잊어」, 「금잔디」 등에 등장하는 '님'과 「꿈자리」의 '님'은 근본적으로 성격"이 다르다. 즉 「꿈자리」의 '님'의 경우는 "감정적 처우나 세속적 비판의 한계를 넘어선 초월자적 존재, 또는 神格임에 틀림없다. 이 역시 『기탄잘리』에서 되풀이, 찬송의 대상이 되고 있는 타고르의 〈님〉을 연상ㅎ게 해 주는"(위의 책, 132-134쪽) 것이다.

을 드린다고 썼다.[27] 그는 제자의 원서를 빌려서 시몬즈 역시집을 냈고, 「아더 · 시몬즈」(『조선문단』, 1925. 1)를 소개했다. 케빈 오록이 지적한 것처럼, 김억보다 소월이 시몬즈 시에 더 정통해 있었다. 그는 "시몬즈와 예이츠의 시의 여운을 보여 주는 작품"이 소월 시에 많이 있다는 점을 지적했다.

> 예이츠와 시몬즈의 문학적 요소가 …[중략]… 소월의 시 세계에 완전히 침투 용해되어 있어서 단순한 모방이 아닌 소월 자신의 문학세계가 창조되었다는 사실이다. …[중략]… 소월은 시몬즈나 예이츠의 시를 모방한 것으로 그치지 않고 이 두 시인의 시 세계를 완전 소화시켜 자기 자신의 독창적인 시 세계를 한국적 고유의 정서를 기초로 하여 이룩하였다고 할 수 있다.[28]

김억의 시적 재원(材源)은 유수한 서구시나 한시 번역을 통해 마련된 것이다. "외국의 유수한 시작품을 접해 왔고, 그것에 심취해" 있었던[29] 소월의 시적 재원과 김억의 그것은 상통하는 점이 있다. 따라서 외국 작품을 번역하는 과정에서 김억이 소월의 도움을 받았기 때문에 '번역한 작품의 소유 관계'는 이 둘 사이에서 복잡한 문제를 야기했을 것이다. 이러한 시작상의 복잡한 수수 관계 때문에 「작은 방 속을 나 혼자」라는 작품의 원작자 문제를 재조명하는 작업이 필요하다. 김억과 소월의 시작상의 수수 관계에 대한 면밀한 검토와 함께 '육필 원고 원작자' 논란에서 전문가 견해로 제시된 '시풍과 스타일'에 대해서도 반론의 여

---

27 『김억전집 2-1』, 464쪽.

28 케빈 오록, 『한국근대시의 영시영향연구』, 새문사, 1984, 111-115쪽.

29 전정구, 앞의 책, 23-24쪽.

지가 많다. 시풍의 차이로 육필 원고의 소유 관계를 결정한 '전문가적 견해'는 소월 작인가, 김억 작인가를 판단하는 데 도움을 줄 수 없다.

소월은 초고본을 수없이 손질하여 자기 스타일의 시작품을 완성하는 창작 관행을 보여준 시인에 속한다. 그의 시창작 과정을 세밀히 고찰해 보면 초고본이나 재고본을 고치고 수정하는 과정에서 독특한 자기식의 완성작을 만들어 낸 사실을 알 수 있다. 개작 과정에서 탄생된 작품에 소월의 진면목이 나타나 있다. 『진달래꽃』(1925) 미수록본이나 육필 원고본 상당수에서 '소월시다운 모습'을 찾기 어려운 이유도 그의 창작 관행에서 기인한다. 개작 과정을 거쳐 시집에 수록된 작품의 초고본이나 재고본, 『진달래꽃』 미수록 작품들—문학사상사 육필본인 「비오는 날」, 「可憐한 人生」, 「봄과봄밤과봄비」 등과 최근 발굴된 「磨住石」과 「宮人唱」에서 소월식 어법이나 표현을 확인하려는 작업은 무의미하다.

따라서 소월에 의해 최종적으로 개작되어 시집에 수록된 작품이 아닌 '육필 원고본'의 소유 관계나 원작자를 판단하는 '전문가적 식견', 즉 '소월시풍이 아니기 때문에 김억 작품으로 분류해야 한다는 주장'이 객관적 증거—필체의 동일성이라는 물증(物證)을 뒤엎을 만큼 유력한 것은 아니다. 소월과 안서 작품을 분별하기 위한 전문가적 견해가 문학사상사에서 발굴한 육필 원고는 물론이고 문예중앙사 발굴작 모두에 대한 '원작자를 결정하는 절대적인 기준'이 될 수 없다.

3

김억과 소월의 시작상의 수수 관계는 우리가 상상하는 것 이상으로 복잡하며 그들의 작품에는 유사한 것이 많다. 김억이 발표한 번안작—번역작이 소월의 협력으로 탄생되었기 때문에 그 소유 관계가 명확한 것도 아니고, 누구의 것인가 분간이 어려운 작품도 있다. 김억이 번역한 다음의 작품은 소월의 번역 작품과 유사한 성향을 보인다.

밝은줄도 모르고 설잠을 자니/ 지죄지죄 새소리 귀가 설으이./ 지난밤에 바람비 뒤설네드니/ 꽃송이는 얼마나 떨어졋을고(春眠不覺曉/ 處處聞啼鳥/ 夜來風雨聲/ 落花知多少(김억 역/ 孟浩然, 「春曉」)[30]

아츰도몰으고설잠을자노라면/ 귀ㅅ가에서 지저귀는새소리/ 어제ㅅ밤 뒤설닌바람비에/ 꼿입사귀는 얼마나 썰엿노(김소월 역/ 孟浩然, 「春曉」)

김억의 번역작 「春曉」는 소월로부터 협조나 도움을 받았던 것이 아닌가 의심된다. 소월의 체취가 느껴지는 김억의 작품 중에는 번역 작품뿐만 아니라 자작시도 여러 편 있다. 김억의 「無心」과 같은 작품이 전형적인 예이다.

얄밉다 말을할가
하니 얄밉고,

---

30 출처는 『김억전집 3-한시번역』(366쪽)과 전정구 편(『소월 김정식 전집』, 한국문화사, 1994)이다.

그립다 생각하니 다시 그리워[31]

이 작품은 소월의 "그립다/ 말을할까/ 하니 그리워"(「그리워」)와 구분하기 어려울 정도로 닮아 있다. 김억의 창작시 전반을 살펴볼 때, 소월의 시적 특징, 즉 어법과 어휘 선택, 어구 연결과 행갈이, 연 구분과 음보, 운율과 표현 등이 유사한 작품들을 어렵지 않게 찾아낼 수 있다. 이러한 점에서 객관적 증거—필체의 동일성이라는 물증을 무시하고, 소월시 '전문가의 견해'나 기타의 이유로 배제된 '미발표 소월 자필 유고'에 대한 처리는 신중한 검토가 필요하다.

특히 수첩에 기록된 대부분의 작품이 소월 것인데, '특정한 어느 한 작품만을 제외'한 것에 대한 객관적이고 타당한 근거 제시가 있어야 한다. 김종욱의 태도 변화도 이러한 점과 관련이 있다. 김억 작품으로 분류된 문학사상사본 10편에 대해 "素月의 것으로 확신할 수 없다"는 그의 언급은 이전의 태도와 다르다.[32] 그는 홍성사판의 '절대 부정'에서 명상판의 '소월작으로서의 가능성'을 배제하지 않는 유보의 자세를 취하고 있다. 이러한 점에서 김억 작품으로 분류된 『문예중앙』 육필 원고에 대해서도 원작자 문제를 다시 검증하는 작업, 즉 문예중앙사에서 발굴한 육필 원고 작품들 모두가 김억의 것들인가에 대한 재론이 필요하다.

『문예중앙』에서 발굴한 육필 원고들이 소월 작품임을 부정하는 측

31 「無心」(『안서 민요집』/『한국시사 17』, 399-400쪽).

32 "遺稿작품은 金億에 의해서 발표된 것과 『문학사상』을 통해 발표한 것"을 수록하되 "다음의 몇 편[전집에서 제외한 문학사상사본 10편—인용자 주]은 素月의 것이 아닌 관계로 제외"(홍성사판, 「일러두기」, 1982)하였다. 『문학사상』에 유고로 소개된 "다음 몇 편은 素月의 것으로 확신할 수 없어서 본 전집에는 수록하지"(명상판, 「일러두기」, 2005) 않았다.

의 논의는 김용직의 「오히려 안서유고일 수도」이다. 그는 이 글에서 '필적보다 시의 내용이 중요'하다고 주장했다. 그 근거는 "한마디로 우리가 접하게 된 수고본에는 비소월적이라고 생각되는 단면들이 많이 드러나고" 김억이 "신문 잡지 등에 이미 발표한 작품들이 있다"[33]는 것이다. 이러한 논란에도 잡지사에서는 전문가들을 동원하여 소월 작으로 인정된 50편을 공개했고, 이 작품들이 구중서의 『미발표 소월시집』(1978. 6)으로 발간되었다. 그러나 현재 문예중앙사 발굴본 101편이 『김억전집』에 수록되었다.

『문예중앙』에서 발굴한 육필 원고 작품들이 김억 작품으로 취급되지만, 이것들에 대한 충분한 검증 작업이 이루어진 것은 아니다. 여러 편의 김억 작품이 그 당시에 노래로 불렸고[34] 빅터 레코드사의 청을 받아 쓴 작품 상당수가 김억의 작품으로 확인되었다. 그러나 『문예중앙』 육필 원고 모두가 김억의 작품은 아니다. 그 중에는 「岸曙에게(楊相殷)」라는 작품이 섞여 있다.[35] 자기 자신을 모델로 창작한 시의 제목은 '자화상' 정도이지, 제목에 자기 이름을 표시한 경우는 없다. 더구나 괄호 속의 인물 '양상은'을 어떻게 설명할 것인가 의문이다.

---

33 김용직, 「오히려 안서유고일 수도」, 『문예중앙』, 1978 봄.

34 나운영의 「가려나」가 "당선작곡"으로 악보와 함께 "1940년 1월 26일자 『동아일보』"에 발표되었는데, 「가려나」는 김억의 「가랴나」(『김억전집 1』, 20쪽)이다. 작곡 현상 모집의 당선자는 "애띤 모습이 인상적"(박찬호 지음/ 안동림 옮김, 『한국 가요사』, 현암사, 1992, 128쪽)인 학생 신분이었다. 이 기사로 미루어 볼 때 그 당시 청소년 사이에서 김억의 시가 인기가 있었으며, 이것은 김억의 시가 대중적으로 널리 읽혔다는 것을 뜻한다. 선우일선을 일약 스타가수로 만든 「꽃을 잡고」는 김억이 작사하고 이면상이 곡을 붙인 것(위의 책 234쪽)이다.

35 『김억전집 1』, 582쪽.

때때로 그린님을 인제와서 뵈앗서라
님이야 무어그리 반기어 하시리요
그러나 이몸혼자만 깃븐마음 넘치네.[36]

「岸曙에게(楊相殷)」의 경우처럼 한 묶음에 속해 있다고 해서 모든 작품이 김억의 것은 아니다. 이 작품의 예처럼 김억의 것이라고 볼 수 없는 작품이 육필 원고 뭉치에 섞여 있다. 이러한 이유로 김억의 이름으로 잡지나 신문 등에 발표되지 않은 육필 원고 작품에 대한 처리는 신중해야 한다. 전문가적 견해나, 김억의 이름으로 발표된 작품들과 한 묶음 속에 포함되어 있다는 이유로 문예중앙본 육필 원고 모두를 안서 작품으로 취급하는 것은 신중하지 못한 태도이다. 차후 문헌 발굴을 통하여 김억 작으로 분류된 육필 원고 몇 편은 소월이나 다른 사람의 것으로 밝혀질 수 있다. 충분한 논의나 검증 과정을 거치지 않고 이러한 가능성을 차단하는 것이 문제이다.

「꿈.(小曲)」, 「개암이.(小曲)」, 「제비.(小曲)」, 「부헝새.(小曲)」, 「樹芽.(小曲)」 등 『개벽』(1922. 1)의 짧은 시편들도 '소곡―가곡'에 적합한 것이다. 이 작품들은 소월이 직접 투고했다기보다는 김억에 의해 잡지에 실렸는데, 후에 개작 과정을 거쳐 『진달내꽃』의 "무주공산" 편에 재수록되었다. 이밖에도 「黃燭불.(小曲)」, 「金 잔디.(小曲)」, 「첫치마.(小曲)」, 「달마지.(小曲)」, 「엄마야 누나야.(小曲)」 등 '소곡―가곡 형식'의 소월 작품이 여러 번 잡지에 발표되었다. 소월도 김억 스타일

36 「岸曙에게(楊相殷)」(『김억전집 1』, 582쪽) 일부. 『김억전집 1』에 「山水甲山」(547쪽)이란 작품도 있다.

의 가사나 소곡 형식의 작품을 썼다. 이러한 유형의 작품들이 그의 작품들과 섞여 있을 가능성이 농후하다.

김억이 발표한 「돈타령」(『삼천리』, 1934. 8), 그리고 사후에 유고 형식으로 발표한 「小曲三편(遺稿)」(『삼천리』, 1935. 8), 「박넝쿨打令」(『여성』, 1939. 6) 등도 음악과 관련된 소월의 작품이다. 보관 중이던 소월 작품 일부를 빅터사의 요구에 맞게 고치는 것이 김억에게 어려운 일은 아니었을 것이다. 따라서 김억과 소월의 시작상의 수수 관계에 비추어 볼 때 문예중앙 발굴본 육필 원고의 원작자를 원점에서 재검토하는 공개적인 논의가 필요하다.

4

소월의 육필 원고 발굴 당시 쟁점과 연관 지어 필자는 김억의 창작 관행 및 소월과의 시작상의 수수 관계, 그리고 번역 작업 과정에서 공유했던 작품들의 소유 관계를 조명하였다. 김억의 창작품은 자작시라기보다는 번역 과정에서 얻은 것들이 많다. 번역 시집과 창작 시집의 유사성, 한 작품을 거듭 번역하여 자기 것으로 만드는 창작 관행으로 판단할 때 김억의 번역시는 개작을 통해 자작시로 탈바꿈되었다. 한 작품에 손질을 가하여 여러 번에 걸쳐 여러 지면에 발표하는 과정에서 그의 창작시가 탄생했다.

그는 첫 창작집 『해파리의 노래』에서 "그동안의 시편을 다 모하 노흐면 꽤 만흘 듯"하지만, "시고를 다 잃어바리고 말아서 엇지할수업시 현재 저자의 수중에 잇는 것만을 넛키로" 했다고 밝혔다. 그러나 그는 잃어버린 구고(舊稿)들을 그 후의 시집에서 상당한 정도로 수록했다. 시집 발간에서 같은 작품이 중복되어 수록된 것도 과거의 작품을 잘 간수했다는 증거이다. 따라서 폐휴지 더미에서 기적적으로 발견된 소월 관련 육필 원고들은 김억이 보관했던 것이다.

김억은 필요에 따라 자기가 가지고 있던 소월의 작품들을 잡지에 발표했다. 이것들의 상당수는 공동 번역이나 공유된 시작업의 과정에서 나온 것들이고, 소유 관계가 불분명한 작품들이었을 것이다. 김억이 자신의 뜻대로 소월 이름이나, 자기 이름으로 발표했을 수도 있다. 자기 것과 소월 것에 대해 어느 정도 의식하고 구분했으나, 특이한 경우로는 자신의 번안작을 소월 이름으로 발표하기도 했다. 그 예가 「기레기」라는 작품이다.

김억은 '기레기'를 '제비'로 고쳐서 거의 그대로 잡지에 소월 이름으로 게재했다. 소월은 이 작품과 동명(同名)의 다른 작품 「제비」를 개고(改稿)하여 『진달래꽃』에 수록했다. 반대의 경우도 가능한데, 김억이 소월 작품을 자기 이름으로 발표했을 수도 있다. 소월의 번역 작품을 자기 시집인 『원정』에 실은 사례가 그러한 가능성을 시사한다. 따라서 김억과 소월의 시작상의 수수 관계에 대한 치밀한 연구가 필요하다. 특히 안서 김억이 시집 발간 시 여러 번에 걸쳐 소월을 거론한 점은 깊은 신세를 진 사람에 대한 고마움의 표현이라 할 수 있다. 시작상의 수수 관계의 실상을 해명하는 작업이 육필 원고의 쟁점과 과제를 푸는 열쇠 역할을 할 것이다.

02

소월 김정식 육필 유고의 판독 오류

1. 머리말

소월 작품들을 발굴하고 수집하여 그것들을 집대성한 김종욱의 노력의 결실이 1982년 홍성사판 『원본소월전집 상 · 하』이다. 이 전집은 문학사상사에서 발굴한 육필 원고를 판독하여 처음 수록함으로써 소월의 전 작품을 수록한 것으로 평가된다. 이 전집에는 '문학사상사 발굴 육필 원고들'이 하권 앞부분에 영인되어 있다. 그 이전에 편찬된 정음사판 『정본 소월시집』이나 양서각판 『못 잊을 그 사람』 등에 비해 양적으로나 질적으로 한 단계 성숙된 형태를 갖춘 것이 '김종욱 소월 전집'이다. 그는 최근 발굴된 작품을 추가하여 명상(2005)에서 소월 전집을 다시 출간했다.

홍성사판 육필 원고 판독의 오류와 편수의 착오 등 몇 가지 문제가 제기되었음에도[37] 그는 명상판에서 그러한 오류를 교정하지 않았다. 소월시 정본을 확정하기 위해서는 판독의 오류와 편수의 차이 등의 문제들을 검토하여 최초의 판독본과 그것을 수록한 전집본의 이동(異同)에 대한 대조 작업이 시급한 과제이다. 즉 동일한 소월의 육필 원고에 대해 문학사상사본과 김종욱본의 두 개의 상이한 판본 중 어느 것을 정본으로 확정할 것인가 하는 문제가 해결되어야 '소월 전집'의 발간에 완벽을 기할 수 있다.

2. 두 판독본의 불일치

1977년 발굴된 소월의 육필 원고 판독본들 중 최초로 활자화된 것이 문학사상사본이고, 김종욱본은 소월 전집에 수록된 첫 번째 것이라는 의의가 있다. 이 두 종류의 판본을 대조해 보면 서로 다른 부분이 발견된다. 두 판본 모두 '문학사상사에 의해 공개된 동일한 육필 원고'를 판독한 것이고, 김종욱이 그 당시 판독 작업에 직접 참여했다. 그럼에도 불구하고 김종욱본과 문학사상사본이 서로 차이가 있다. 이러한 차이는 표기상의 문제에 국한된 것이 아니다. 시행 배치의 선후 관계가 다르고, 김종욱본에서는 두 편으로 분리된 작품이 문학사상사본에서는 한 편으로 취급되어 있다. 서로 다른 시행의 변화를 보이는 「봄과봄밤

37 필자는 김종욱본 육필 원고 판독의 오류를 제기하여 재판독을 시도(졸고, 「김소월시의 언어시학적 특성 연구」, 전남대 대학원 박사, 1990 및 졸편, 『소월 김정식 전집 2』, 한국문화사, 1994)했다. 그 후 오하근(『원본 김소월전집』, 집문당, 1995)이 본격적인 판독 교열 작업을 했다. 김용직(『김소월전집』, 서울대학교출판부, 1996)과 권영민(『김소월시전집』, 문학사상사, 2007)의 판독 작업이 있으나, 편자마다 판독 내용에서 편차가 있다.

과봄비」의 두 판본—김종욱본과 문학사상사본을 비교해 보기로 하자.

오늘 밤, 봄 밤, 비오는 밤, 비가
햇듯 햇듯, 보슬 보슬, 회친 회친, 아주 가이업게 귀업게
비가 나린다, 비오는 봄 밤,
비야말로, 세상을 모르고,
가난하고 불쌍한 나의 가슴에도 와 주는가?
臨津江, 大同江, 豆滿江, 洛東江, 鴨綠江,
五大江의 이름 외던 地理時間,
主任先生 얼굴이 내 눈에 환하다.
무쇠다리 위에도, 무쇠다리를 스를 듯, 비가온다.
燈불이 밝은 것은, 自動車다.
이곳은 國境, 朝鮮은 新義州, 鴨綠江 鐵橋
朝鮮人, 日本人, 中國人, 몇 名이나 될꼬 몇 名이나 될꼬.
지나간다, 지나를 간다, 돈 있는 사람, 또는, 끼니조차 번들인 사람

鐵橋 위에 나는 섰다. 分明치 못하게? 分明하게?
朝鮮, 生命된 苦悶이여!
우러러보라, 멀리멀리 하늘은 가맣고 아득하다.
自動車의 불 붙는 두 눈, 騷音과 騷音과 냄새와 냄새와,
사람이라 어물거리는 다리 위에는 電燈이 밝고나
다리 아래는 그늘도 깊게 번득거리며
푸른 물결이 흐른다, 굽이치며 얼신 얼신.

— 문학사상사본 「봄과봄밤과봄비」 전문[38]

---

38 『문학사상』, 1977. 11, 395쪽. 이하 인용 작품 출처 생략.

主任先生 얼굴이 내눈에 환하다.
오늘밤, 봄밤, 비오는 밤, 비가
햇듯^^ 보슬보슬, 희친희친, 아주 가이업게 귀엽게
비가 나린다, 비오는 봄밤,
普通學校三學年 비야말로, 세상을 모르고,
가난하고 불쌍한 나의가슴에도 와주는가?
五大江의 이름 외던 地理時間,
津江, 大同江, 豆滿江, 洛東江, 鴨綠江,
무쇠다리우헤도, 무쇠다리를 녹일(스를)듯, 비가온다.
燈불이 밝은것은, 自動車가 들니는소리, 이는 自動車노래소래이라.
이곳은國境, 朝鮮은 新義州, 鴨綠江 鐵橋,
朝鮮人, 日本人, 中國人, 멧名이나 될낫 멧名이나 될낫
지나간다, 지나를간다, 돈잇는사람, 또는, 씨니좇차 번드린사람
鐵橋우헤 나는 섯다. 分明치 못하게? 分明하게?
朝鮮 生命된 苦悶이여!
우러러보라, 하늘은 감핫고 아득하다.
自動車의 멀니^^붓고붓는 두 눈,
騷音과^^냄새와 냄새와,
사람이라 어물거리는 다리우헤는 電燈이 밝고나
다리아래는 그늘도 깁게 번듯거리며
푸른 물결이 흐른다, 구뷔치며, 부얼신^^.

―김종욱본 「봄과봄밤과봄비」 전문[39]

39 김종욱 평석, 『정본 소월전집 하』, 명상, 2005, 270쪽. 이하 인용 작품 출처 생략.

시행의 배치와 시어의 판독에서 문학사상사본과 김종욱본이 일치하지 않는다. 김종욱본보다 문학사상사본의 시상 전개의 흐름이 자연스러운데, 그것은 김종욱본의 행 배열이 정상적이지 않기 때문이다. 시적 감식안을 조금만 갖춘 일반 독자라도 바로 알 수 있듯이, 김종욱본은 시상 전개에 따른 시행의 배치가 불합리하거나 어색하다. 판독 과정에서 김종욱은 착오를 범한 것이다. 그의 전집에서 영인한 육필 원고의 '서로 다른 판독 부분'을 자세히 들여다보면[40] 문학사상사본의 읽기가 김종욱의 판독보다 정확했음을 알 수 있다.

육필 원고의 보존 상태가 좋은 것이 아니고, 더욱이 원본이 아니라 영인본인 까닭에 판독하기가 쉬운 것은 아니다. 그러나 「봄과 봄밤과 봄비」의 육필본에 펜으로 표시된 가는 실선으로 시행의 선후 관계가 표시되어 있는데, 그 실선을 따라 판독하면 문학사상사본이 정확한 것을 확인할 수 있다. 물론 문학사상사본의 판독이 완전무결한 것은 아니다.[41] 이러한 까닭에 최초의 판독본을 영인하는, 즉 판독된 상태 그대로를 인정하여 옮기는/베끼는 작업에 만족할 수 없고, 재판독 작업이 필요한 것이다.

---

40 홍성사판 전집 2권 앞 부분 육필 유고 영인 원고/ 초고의 「봄과봄밤과봄비」 참조.

41 졸고(앞의 논문, 1990)의 보완 작업으로 필자가 판독한 것은 다음과 같다. "오늘밤, 봄밤, 비오는밤, 비가/ 햇듯햇듯 보슬보슬 회친회친, 아주 가이업게귀업게/ 비가 나린다, 비오는봄밤,/ 비야말로, 세상을모르고,/ 가난하고불상한나의가슴에도와주는가?/ 漢江, 大同江, 豆滿江, 洛東江, 鴨綠江,/ 普通學校三學年 五大江의이름외이든地理時間,/ 主任先生얼굴이내눈에환하다./ 무쇠다리우헤도, 무쇠다리를스를듯, 비가온다./ 이곳은國境, 朝鮮은新義州, 鴨綠江鐵橋,/ 鐵橋우헤나는섯다. 分明치못하게? 分明하게?/ 朝鮮生命된苦悶이여!/ 우러러보라, 하늘은감핫고아득하다./ 自動車의 멀니, 불붓는두눈, 騷音과냄새와,// 朝鮮人, 日本人, 中國人, 멧名이나될소 / … / 지나간다, 지나를간다, 돈잇는사람, 쏘는, 씨니좃차 번드린사람/ 사람이라어물거리는다리우헤는電燈이밝고나/ 다리아래는그늘도깁게번듯거리며/ 푸른물결이흐른다, 구뷔치며, 얼신얼신."(「봄과봄밤과봄비」)

外交의 소용돌이, 歐羅巴의,
詐欺師와 機械業者의, 外交官의 혓바닥을 불고,
돌고 돌아, 다시 이곳, 朝鮮사람에
한 사람인 나의 염통을 불어 준다.

오—바람아 봄바람아, 봄에 봄에
불고 가는 바람아, 쨍쨍히 비치는 햇볕을 따라,
자네는 富者집 시악시의 머리 아래 너그럽고 흰 이마의
레트 푸드, 미그러운 O體를 불고
우리집 어둑한 초막의 너저분한 방안에도 꿈꾸며 자는
어린 아기의 가벼운 뺨도 어루만져 준다.
인제 얼마 있으면?
인제 얼마 있으면
오지꽃도 피겠지!
복숭아도 피겠지!
살구꽃도 피겠지!
창풀 밭에 금잉어
술안주도 할 때지!
아! 자네는 갇히운 우리의 마음을 그 얼마나 꾀이노!

— 문학사상사본 「봄바람」 일부

外交의 소용도리, 歐羅巴의,
詐欺師와 機械業者의, 外交官의 혯바닥을 불고,
오지꽃도 퓌겟지! 프른 들아,
다시 이곳, 朝鮮사람에
복송아도 퓌겟지! 살구꼿도 퓌겟지! 한사람인 나의 념통을 불어준다.

창풀밧테 금니어
술안쥬도 할때지!
오—바람아 봄바람아, 봄에 봄에 불고 가는 바람아, 쨩쨩히 빗최는 햇볏
츨따라,
아! 자네는, 자네는 富者집시악시의 머리아래 너그럽고 흰 니마의
레—트 푸드, 밋그럽은 O體는
우리집 어득막 초막의 방안에도 꿈꾸며 자는
어린 아기의 가벼운 빰도 어루만져 준다.
인제 얼마 잇쓰면?
인제 얼마 잇스면
갓티운 우리의 마음을 그 얼마나 꾀이노!

—김종욱본 「봄바람」 일부

인용된 부분은 처음에서 중간까지 생략하고 판독상 서로 일치하지 않은 중간 이후 끝까지이다. 생략된 부분은 두 판본 모두 판독상 큰 차이가 없다. 두 판본에서 서로 다른 부분은 중간 이후이며, 시행 배치와 시행 수와 연 구분이 서로 다르다. 김종욱본의 "詐欺師와 機械業者의, 外交官의 혯바닥을 불고,/ 오지꼿도 퓌겟지! 프른 들아,/ 다시 이곳, 朝鮮사람에"보다는 문학사상사본의 "詐欺師와 機械業者의, 外交官의 혓바닥을 불고,/ 돌고 돌아, 다시 이곳, 朝鮮사람에"가 시상의 전개나 의미 맥락에서 자연스럽고 시행 간의 의미적 밀도도 높다. 특히 "朝鮮사람에/ 복송아도 퓌겟지! 살구쏫도 퓌겟지! 한사람인나의념통을불어준다"와 "朝鮮사람에/ 한 사람인 나의 염통을 불어 준다"를 대비해 보면 후자 쪽이 전자에 비해 시행의 연결에서 비약이나 단절이 적다는 사실

을 알 수 있다. 문학사상사본에도 잘못 판독된 부분이 있으나[42] 김종욱본에 비해서는 '원작의 충실한 복원'이라는 점에서 잡지사 판독본이 우위에 있다. 이와 같은 사례가 김종욱본의 「忍從」에서도 나타난다.

우리는 아기들, 어버이 없는 우리를
누가 너희들더러, 부르더냐,
/ … /
사람은 슬픈 제 슬픈 노래 부르고,
즐거운 제 즐거운 노래 부른다.
우리는 괴로우니 슬픈 노래 부르자,
우리는 괴로우니 슬픈 노래 부르자, 그러나 祖先의.
슬퍼도 즐거워도, 우리의 노래에 健全하고
사뭇 精神이 있고
그 精神 가운데서야 우리 生存의 意義가 있다.
/ … /
이러한 노래를 부를소냐,
우리에게는 우리에게는 祖先의 노래 잇고야.
거지맘은 아니 가졌다.
우리 노래는 가장 슬프다.
어버이 없는 아기어는

---

42 필자가 판독한 「봄바람」의 후반부는 다음과 같다. "外交의소용도리, 歐羅巴의,/ 詐欺師와機械業者와外交官의헷바닥을불고/ 돌고돌아, 다시이곳, 朝鮮사람에/ 한사람인나의념통을불어준다.// 오! 바람아, 봄바람아, 봄에봄에/ 불고가는바람아, 쌍쌍히빗최는햇볏츨짜라,/ 자네는富者집시악씨의머리아래너그럽고흰니마의/ 레--트푸드, 밋그럽은肢體에도불고/ 우리집, 어득한초막의방안에숨쉬며자는/ 어린아기의가여운뺨도어루만져준다.// 인제얼마잇쓰면, 인제얼마잇스면/ 오지꼿도퓌겟지!/ 복숭아도퓌겟지!/ 살구꼿도퓌겟지!/ 창풀밧테금니어,/ 술안주도할때지!/ 아! 자네는갓티운우리의마음을그얼마나쐬이노!"

지금은 슬픈 노래 불러도 죄는 없지만
즐거운 즐거운 노래 부른다.
슬픔을 누가 不健全하다고 말을 하느냐,
좋은 슬픔은 忍從이다.
다만 모든 恥辱을 참으라, 굶어죽지 않는다.
忍從은 가장 德이다,
最善의 反抗이다. 아직 우리는,
힘을 기를 뿐,
오직 배워서 알고 보자.
우리가 어른되는 그날에는
自然히 싸우게 되고
싸우면 이길 줄 안다.

— 문학사상사본 「忍從」 일부

우리는 아기들, 어벼이 업는 아기를,
누가 너이들만을 다려, 부르라드냐
/ … /
사람은 쓸픈제 쓸픈노래 부르고,
지금은 슬픈 노래 불너도 죄는 업지만,
즐겁은 즐겁은 노래 부른다.
우리노래는 가장 슬프다.
우리는 괴로우니 쓸픈노래 부르쟈.
슬픔을 누가 不健全하다고 말을 하느냐.
죠흔 슬픔은 忍從이다.
우리는 괴로워 쓸픈 노래 부르쟈.
그러나 祖先의 슬퍼도 즐겁어도, 우리의 노래에 健全하고

샤뭇 우리의 精神이 잇고
그精神 가운데서야 우리生存의 意義가 잇서
/ … /
이러한 노래부를 우리에게는
最善의 反抗이다, 안즉 우리는
우리 祖先의 노래 잇고야.
거지 마음은 아니 가졋다.
다만 모든 恥辱을 참으라, 굴머죽지 안는다.
忍從은 가장 德이다.
힘을 기를 뿐
오직 배화서 알고보쟈.
우리가 어른되는 쯤에는
自然히 修養을 싸호게 되고
싸호면 이길줄 안다.

—김종욱본 「忍從」 일부

문학사상사본의 시행 배치에 따른 시상의 흐름이 김종욱본의 그것보다 자연스럽고 의미 맥락에서도 단절과 비약이 적다. 김종욱본의 "지금은 슬픈 노래 불너도 죄는 없지만"은 문학사상사본에서는 뒷부분에 나오는 구절이며, 육필본의 가는 실선의 방향을 따라가며 판독하면 김종욱이 오독한 것이 드러난다. 다음의 인용 부분에서 두 판본을 대비해 보아도 알 수 있듯이, 문학사상사본의 시행 흐름이 유연하고 자연스럽다.

사람은 슬픈 제 슬픈 노래 부르고,

즐거운 제 즐거운 노래 부른다.
우리는 괴로우니 슬픈 노래 부르자,
우리는 괴로우니 슬픈 노래 부르자, 그러나 祖先의.
슬퍼도 즐거워도, 우리의 노래에 健全하고

— 문학사상사본

사람은 쓸픈제 쓸픈노래 부르고,
지금은 슬픈 노래 불너도 죄는 업지만,
즐겁은 즐겁은 노래 부른다.
우리노래는 가장 슬프다.
우리는 괴로우니 쓸픈노래 부르쟈.

— 김종욱본

사람이 슬플 때 슬픈 노래를 부르고, 즐거운 때 즐거운 노래를 부른다는 진행을 보여주는 것이 문학사상사본인데, 김종욱본은 갑자기 "지금은 슬픈"이 이어지고, 즐거운 노래를 부른다는 내용이 나온다. 시상의 흐름이 끊기면서 슬픈 노래와 즐거운 노래라는 대구 형식이 무너져 있다.

忍從은 가장 德이다,
最善의 反抗이다. 아직 우리는,
힘을 기를 뿐,
오직 배워서 알고 보자.
우리가 어른되는 그날에는
自然히 싸우게 되고
싸우면 이길 줄 안다.

— 문학사상사본

最善의 反抗이다. 안즉 우리는
우리 祖先의 노래 잇고야.
거지 마음은 아니 가졋다.
다만 모든 恥辱을 참으라, 굴머죽지 안는다.
忍從은 가장 德이다.
힘을 기를 뿐

— 김종욱본

김종욱본에서 '최선의 반항이다'라는 행은 문학사상사본의 '인종은 덕이다'에 이어져야 '인종'의 다의적 의미가 형성된다. '인종은 덕이면서도 반항'이라는 의미의 다중성이 나타난 문학사상사본이 김종욱본보다 소월시의 특징을 부각시키고 있다. 두 판본을 비교해 보면 문학사상사본이 비교적 정확하게 판독한 반면에 김종욱본에서는 판독상 오류가 많다. 소월이 끊임없이 원고를 교정하여 시를 완성하는 스타일의 시인이었기 때문에 김종욱 전집에 영인된 육필 원고 「忍從」을 판독하는 것이 쉽지는 않다. 육필 원고본 시행의 전후 관계를 표시한 실선의 방향이 어수선하며 퇴고를 거듭하면서 지우고 수정한 부분을 꿰맞추어 전편을 복원하는 작업이 어려운 것은 사실이다. 그러나 난삽한 원고의 가는 실선을 따라 판독하면서 두 판본을 대조해 보면 문학사상사본의 읽기가 정확했음을 알 수 있다.

문제는 당시 김종욱이 육필본 발굴에 핵심 인물로 참여했음에도 불구하고 어째서 판독된 문학사상사본의 시편들을 자기 전집에 그대로 수록하지 않았는가 하는 점이다. 추측컨대 그것은 문학사상사에서 판독할 때 김종욱이 아닌 다른 사람들이 그 작업을 수행했기 때문일 것이다. 문학사상본이 공개된 후에 김종욱은 자기식으로 소월의 육필 원고들을 재판독했고, 그것들을 자기가 엮은 '소월전집'에 수록했을 것이다. 이러한 점에서 김종욱본과 문학사상사본은 소월시 정본 확정 작업에서 '서로의 상이점들'이 비교 · 검토되어야 한다. 치밀한 대조 작업이 이루어져야 하지만, 두 판본 중 몇 편의 육필 원고 판독본들을 검토한 결과 김종욱본은 문제가 많이 있다. 최근 발간된 소월 전집도 '문학사상사본'을 존중하고 있다.[43]

원본의 판독 실수나 그에 따른 오류는 교열되어야 하고, 이후 정본 소월 전집 발간에서 이 점에 대한 철저한 검증 작업이 요구된다. 판독의 오류 외에 또 다른 문제는 문학사상사본에 한 편으로 처리된 작품을 김종욱은 두 편으로 분리시켰다는 점이다. 김종욱본의 「夕陽」과 「비오는 날」은 같은 페이지에 쓰인 육필 원고를 판독한 것이다. 홍성사본/명상본 하권 첫 부분의 사진 자료를 주의 깊게 관찰하면, 「夕陽」이 독립된 작품이 아니라 「비오는 날」의 일부분임을 표시한 '가는 실선 방향/화살표'를 발견할 수 있다. 김종욱이 「비오는 날」을 두 편으로 분리시킨 것은 판독상의 부주의에서 기인한 착오이다.

비오는 날, 전에는 베르렌의
내가슴에 눈물의 비가 온다고
/ … /
닙페 안젓든 개고리가 한 놈 쩜벙하고, 개굴로 뛰어나린다.
/ … /

---

43 권영민(앞의 전집, 651쪽)의 「忍從」 참조.

기지개 펴며, 니러나 운다.
나는「져 비오는것보아!」하며
"사탕 砂糖" 한다.
今年 세 살 먹은 아가를 품에 안고 어른다.

—김종욱본「비오는 날」

夕陽인가,
갓츄설 아래로
모여드는 닭의 무리,
암탉은 찬비 맞아 운다,
오굴쇼굴 한 병아리를,
모으고 잇다.
암탉이 못견디게 꾸득인다.
모히를 주쟈, 모히를 주쟈.

— 김종욱본「夕陽」

비오는 날, 전에는 베를렌의
내 가슴에 눈물의 비가 온다고
/ … /
그 잎 그늘에 참새무리만 자지러진다.
잎에 앉았던 개고리가 한 놈 쩜벙하고 개울로 뛰어내린다.
/ … /
자는 어린이 기지개 펴며, 일어나 운다. 나는「저 비오는 것 보아!」하며
今年 세 살 먹은 아기를 품에 안고 어른다.
夕陽인가, 갓틈 끝 아래로 모여드는 닭의 무리, 암탉은
찬비 맞아 우는 오굴쇼굴한 병아리를 모으고 있다. 암탉이 못견디게 꾸득

인다. 모이를 주자.

— 문학사상사본 「비오는 날」

김종욱본 「夕陽」은 문학사상사본 「비오는 날」의 일부—후반부에 속한다. 「비오는 날」의 결말부에 「夕陽」이 합쳐져서 한 편이 되어야 하는데, 김종욱은 각기 다른 작품으로 잘못 판단하여 편수를 늘려 놓았다. 김종욱본의 「無題 7」과 「可憐한 人生」의 두 편도 마찬가지 오류를 범한 예이다.

可憐한, 可憐한, 가련한 人生에
첫재는 살음이라, 살음은 곳 살님이라
살님은 곳 사랑이라, 그러면
/ … /
그러면 희생은 무엇?
희생은
남의 몸을 내몸갓치 생각함이라,

—김종욱본 「可憐한 人生」

사름의 끗튼 죽음,
세월이 빠르쟌코
/ … /
누구는 나서 세상에
幸福이 잇다고 하노.

—김종욱본 「無題 7」

可憐한, 可憐한, 가련한 人生에

첫째는 살음이라, 살음은 곧 살림이다.
살림은 곧 사랑이라, 그러면
/ … /
그러면 희생은 무엇? 희생은,
남의 몸을 내몸과 같이 생각함이다.
가련한, 가련한, 가련한 人生,
/ … /
살음이 세월인가?
살음의 끝은 죽음, 세월이 빠르잖고.
/ … /
누구는 나서 세상에 幸福이 있다고 하노.

— 문학사상사본 「可憐한 人生」

문학사상사 판독본 「可憐한 人生」을 김종욱은 두 편으로 독립시켜 전집에 수록했다. 육필 원고본에서는 이어진 하나의 작품이며 주의 깊게 판독하면 두 편이 아닌 한 편의 작품임이 분명하다. 김종욱은 한 편의 작품을 두 편으로 착각하여 각각 다른 작품으로 취급했다. 두 개의 작품으로 오독한 「可憐한 人生」도 「비오는 날」과 같은 유형에 속하는 판독의 실수이다.

3. 결어

문학사상사 육필 원고 발굴 과정에서 핵심적인 역할을 한 사람이 김종욱이다. 장성중이 보관하고 있던 원고뭉치들을 김종욱이 소월의 시편들임을 확인하고 문학사상사에 연결하여 기적적으로 공개된 것들이 소월의 미발표 육필 원고 시편들이다. 공개된 작품들 중에는 소월 것이 아니라는 이유로 10여 편이 소월 전집에 수록되지 못했다. 이 점에 대하여는 필자가 '소월 김정식 육필 유고의 쟁점'에서 이의를 제기했다.

수첩에 기록된 「작은 방 속을 나 혼자」 등의 작품이 '소월 전집'에서 제외된 것도 문제이지만, 『문학사상』(1977. 11)에 공개된 육필 원고 판독본—문학사상사본을 무시하고 김종욱이 그것들을 재판독하여 자신의 전집에 수록하는 과정에서 발생한 오류를 바로잡는 작업 또한 시급한 과제이다. 즉 김종욱은 '소월 전집'을 엮으면서 한 편인 작품을 두 편으로 분리하여 수록하거나, 문학사상사의 판독본을 무시하고 그것들을 개악(改惡)시킨 자신의 판독본을 정본으로 삼았다.

이외에도 김종욱본의 「꿈쏀그넷날」은 『개벽』(1922. 2)에 발표된 「꿈쏀그넷날」이고, 수정 작업을 거쳐 『진달래꼿』에 수록되었다. 이 작품은 당연히 미발표 작품이 아니다. 그리고 김종욱본의 「無題 6」은 한 편의 독립된 작품이라기보다는, 창작을 위한 메모 수준이나 단상에 가까운 것이다.[44]

단편적인 느낌을 기록한 것이나 단순한 메모에 그치는 것까지 하나의 작품으로 취급하는 것은 바람직하지 않다. 이 작품도 육필 원고 미발표 작품 편수에서 제외되어야 한다. 이상에서 지적했듯이 홍성사판 『원본 소월전집』(1982)과 그 이후 발간된 『정본 소월전집』(2005)은 여러 가지 문제점을 지니고 있으나, 김종욱이 엮어낸 이 두 전집의 가치가 전면적으로 부인되어서는 안 된다.

---

44 「무제 6」의 전문은 "세월이 빠르쟌코/ 사름이 쌉지안코/ 마음이 죽지안네."이다. 이 중 "세월이 빠르쟌코"는 문학사상사본 「可憐한 人生」(김종욱본 「無題 7」)의 한 구절과 같다.

03

백석 시의 원문 전승과 보전

1. 서언

백석(1912—1995)이 「定州城」을 발표하면서 시단(詩壇)에서 활동을 시작한 시기는 1935년 8월이다.[45] 이 시기로부터 몇 개월이 지나지 않은 짧은 기간에 백석은 『사슴』(1936. 1)이라는 시집을 엮어냈다. 33편이 수록된 시집에는 개작한 작품이 8편이고, 나머지 25편은 발표 지면이 확인되지 않은 것들이다. 『사슴』에서 처음으로 활자화된 작품들은 신작시(新作詩)일 가능성이 크다. 시집 활자본들은 엄밀한 의미에서 원본은 아니다. 바우워즈에 의하면 원본은 출판되기 이전의 필사본(筆寫本), 즉 친필 원고들(manuscripts)을 의미한다.[46] 신작시건 개작시건

---

45 김학동의 「백석의 작품연보」(『白石全集』, 새문사, 1990, 248-251쪽) 참조.

46 F. Bowers/김인환 역, 『문학의 해석』, 홍성사, 1981. W. Kayser/김윤섭 역, 『언어예술작품론』, 대방출판사, 1982. 김영민 · 전정구, 『문학이론연구』, 새문사, 1989. McGann, Jerome J., *A Critique of Modern Textual Criticism*, U. S. A: University of Chicago Press, 1983. 필자는 '원전 비평에 관한 이론'을 위의 책들, 특히 맥갠의 위 책을 주로 참고했다. 맥갠

백석의 친필 원고는 오늘날 전해져 오지 않는다.

우리가 현재 대하고 있는 백석 시는 인쇄된 형태의 활자본(printed text)이다. 그것은 시인 자신이 손수 처음 작성한 '원본(original text)'이 아니다. 백석 시작품의 '오리지널 판본'은 전해져 오지 않으며 단지 활자로 인쇄된 판본만이 존재한다. 신작시로 추정되는 25편의 시집본은 현전하는 유일한 판본이며, 그것의 가치는 절대적이다.[47] 그러나 이것들과 달리 8편의 개작시는 잡지나 신문에 발표되었던 작품을 수정한 것들이다. 개작된 각각의 작품에 대하여 '서로 다른 활자본, 즉 신뢰할 만한 판본'이 둘 이상 존재하는 이유가 여기에서 비롯되었다. 동일한 작품의 원문이 둘 이상인 경우, 어느 하나를 결정적인 판으로 확정하는 작업이 필요하다.[48]

처음 발표된 작품과 그것을 개작한 작품 중 어느 것을 '결정적인 판본'으로 정할 것인가에 대한 문제는, 이 두 작품의 위상에 관한 본문 연구의 주요 영역에 속한다. 원전 비평(textual criticism)의 관건은 현전(現傳)하는 여러 판본에 대해 '원작자의 원래 의도에 부합되는 순수성이 보전된 작품'을 선별하는 작업에 핵심이 놓여 있다. 그러나 이러한

(위의 책, 129-142쪽)에 이 방면의 유용한 참고문헌이 있다. 위 책들에 대한 기본 이론에 대한 인용은 특별한 경우를 제외하고 생략한다.

47 바우워즈는 원본을 중시하나, 맥갠 등 최근의 이론가는 활자본을 중시한다. 푸코의 전집 발간에서도 활자화된 인쇄본이 존중되었다. "이용할 수 있는 다른 판본이 있었을 때에도, 우리가 신뢰한 것은 출간된 판본이었다."(다니엘 드페르와 프랑수아 에발드 대담/이규현 역, 「새로운 접근 :《말과 글》의 출간에 대하여」, 『세계사상』 창간호, 1977 여름, 20쪽)

48 '학술적인 출판'을 위한 작업은 "한 작가의 의지[즉, 원전(Originalwerk)]에 상응하는 하나의 텍스트를 복구하려는 노력이 텍스트 비판의 차원에서 끊임없이 행하여"(Dieter Gutzen 외/한상기 외, 『독일문예학입문』, 탐구당, 1990, 155쪽)져야 하고, 그런 연후에 결정본—정본 발간이 가능하다.

작업이 최초 발표작과 그것을 수정한 개작시를 단순히 나열하거나, 또는 원래 인쇄된 모습 그대로의 활자본을 영인하는 작업에 만족한다는 것은 아니다. 이 논문에서 필자가 최근까지 발간된 주요 백석 시집을 대상으로 삼아 그것들에 나타난 문제점을 검토하려는 이유가 여기에 있다.[49]

특히 검토 대상을 1948년까지의 백석 시작품으로 제한한 것은[50] 이 시기의 작품에서 결정적인 판본을 확정하기 위한 여러 문제가 발생하기 때문이다. 따라서 필자는 백석이 남한 문학계에서 활동했던 시기의 작품들 중심으로 다음과 같은 문제들에 대해 논의하려고 한다.

첫째「늙은 갈대의 獨白」,「나와 지렝이」,「黃日」의 장르적 정체성을 이 논문에서 밝히려고 한다. 이 작품들로 인해 편자마다 편수의 차이가 발생하기 때문이다.

둘째 처음 활자화된 작품과 그것을 수정한 개작시의 위상 문제, 즉 신문-잡지본 8편과 이를 개작한 시집본 8편 중 어느 것을 중시해야 하는가의 문제이다. 이것도 작품 편수 불일치의 한 원인이지만, 더 중요한 점은 어느 판을 결정본으로 삼아야 하는가에 대한 위상 문제와 연관되어 있다.

셋째 결정본 위주로 전집을 발간할 때 수행하는 본문 교열의 문제이

---

49 검토 대상은 이동순(『白石詩全集—附 · 散文』, 창작과비평사, 1987/2002), 김학동(위의 책), 송준(『白石詩全集—附 · 詩語辭典』, 학영사, 1995), 김재용(『백석전집』, 실천문학사, 1997), 이숭원/이지나(『원본 백석 시집』, 깊은샘, 2006), 고형진(『정본 백석시집』, 문학동네, 2007)이다.

50 1948년 이후 문학 세계의 현격한 변화는 물론이고, 북한 활동기의 '장시(長詩) 발굴'(김숙이,「새로 찾아낸 백석 시인 연구자료」,『서정시학』, 2010 봄, 94-105쪽) 등 백석 관련 문헌 자료의 수집과 정리는 아직도 진행 중이기 때문이다.

다. 과도한 교열로 인해 본문의 원형이 훼손되는 사례가 발견된다. 이 세 가지 문제가 해결된 이후 결정적인 판본의 본문이 확정되고, 그것을 바탕으로 한 결정본—정본 백석 전집의 편집이 가능하다.

2. 작품 편수의 불일치와 시적 정체성

백석은 시집 발간 이전에 「定州城」을 비롯하여 「늙은갈대의獨白」, 「山地」, 「酒幕」, 「비」, 「나와 지렝이」, 「여우난곬族」, 「統營」, 「힌 밤」, 「古夜」 등 10편을 발표했다. 이 작품들 중에서 8편은 수정 과정을 거쳐 『사슴』에 다시 수록되었다. 「나와 지렝이」와 「늙은갈대의獨白」은 시집에서 배제되었다. 이 두 작품을 백석이 시집에 넣지 않은 이유는 분명치 않다. 후대의 편자마다 작품 총 편수가 다른 것은 처음 발표된 신문—잡지본과 그것을 개작한 시집본을 별개의 작품으로 취급하여 중복 계산하는 등 여러 요인이 있다. 이러한 문제는 전집 편찬의 원칙이 세워진다면 큰 어려움 없이 해결될 수 있다. 그러나 작품 편수 불일치의 결정적인 요인은 「나와 지렝이」와 「늙은갈대의獨白」의 장르적 정체성에 관한 것이다. 편자에 따라 위의 두 작품을 다 인정하는 입장, 어느 한 편만 취급하는 입장, 두 작품 모두를 인정하지 않는 입장으로 나뉜다. 백석 시집에 집계된 1935년 8월 「定州城」부터 1936년 1월 『사슴』이 발간된 시기까지의 작품 편수는 다음과 같다.

이동순 35편, 김학동 33편, 송준 43편[51], 김재용 33편, 이숭원/이지나

---

51 이동순(1987/2002)과 김학동(1990). 김학동은 백석 전집의 명실상부한 편자로서, 「겨울은 아름답다」 등 번역시 3편, 산문 및 번역 소설, 논문 등 다양한 자료를 발표 당시의 표

43편, 고형진 35편이다.[52] 이동순, 김학동, 고형진은 「나와 지렝이」만을 백석 시로 취급한다. 송준과 이지나는 이 작품과 「늙은갈대의獨白」 모두를 백석의 시작품으로 인정하는데, 김재용은 이 두 편을 그의 전집에서 제외했다. 「늙은갈대의獨白」의 작자가 백정(白汀)으로 되어 있어서 초창기 발간된 이동순과 김학동의 전집에서는 제외된 것으로 보인다. 편자마다 작품 편수가 일정하지 않은 것은 이 두 작품의 장르적 정체성 때문이다. 장르적 정체성과 관련하여 이 두 작품을 원점에서 다시 점검할 필요가 있다. 왜냐하면 「늙은갈대의獨白」의 작자는 백정인데, 그가 백석인가의 여부와 이 작품과 유사한 범주의 성격을 지닌 「나와 지렝이」의 시적 정체성에 관한 의문이 제기되기 때문이다.

『朝光』(1935. 11) 창간호에 발표된 「늙은갈대의獨白」의 작자는 '백정'이다. 이숭원은 백정을 백석의 필명이라고 했다.[53] 현재 백정이 백석의 필명인지에 대해 밝혀진 것은 없으나, 한 잡지에 여러 작품을 동일 이름으로 발표하는 것이 문제가 되어서 다른 필명을 사용했을 수도 있다. 그러나 같은 잡지에 실린 「마포」의 작자는 백석이다. 작자를 '백

기를 살려 전집에 수록했다. 편자의 머리말 끝에 표기한 연도가 1988년 5월이라는 점에서 이 전집은 이동순과 비슷한 시기에 자료 발굴과 정리가 완결된 것으로 판단된다. 송준(1995)의 전집에는 북한에서의 발표작 9편과 '이사꼽스키 시초(詩抄)'의 백석 번역 작품을 수록했다. 그러나 그가 발굴한 「孤獨」(「만선일보」, 1940. 7. 14) 등의 작자 '한얼生'이 백석인지에 대하여는 검증이 필요하다.

52 현행 표기와 띄어쓰기로 본문을 바꾼 김재용(1997)의 전집에는 「제3인공위성」과 「돌아온 사람」 등 13편의 북한 발표작이 실려 있다. 북한에서 발간된 백석의 동화 시집 『집게네 네형제』(시와사회, 1997)도 이 전집에 수록되어 있다. 이숭원/이지나(2006)는 시집 발간 이전 10편과 『사슴』 33편을 발표 당시의 원형 보전을 위해 '영인본 위주'로 편집했다. '교열본주의'에 입각한 고형진(2007)은 「山地」와 그것의 개작본 「三防」 2편을 모두 '정본'으로 취급했다.

53 이지나/이숭원, 앞의 책, 18쪽.

정'으로 표기한 이유가 석연치 않으나, 「늙은갈대의獨白」에 사용된 어휘나 그것의 표기를 감안할 때 이 작품이 백석 것임을 의심하기 어렵다. 첫 구절의 "잠이듦다"의 '듦다'의 표기나[54] '물닭', '갈거이', '갈부던', '갈나발' 등이 여기에 해당한다. 「山地」와[55] 그것을 개작한 「三防」에 '갈부던'이 나온다. 편자 중에서 백정이 백석과 다른 인물일 것이라는 판단에서 이 작품을 취급하지 않았다면, 이것은 잘못이다.

그러나 또 다른 문제는 이 작품의 장르적 정체성에 관한 것이다. 다시 말하면 이 작품을 시적 범주의 것으로 취급할 수 있느냐 하는 점인데, 「나와 지렝이」도 마찬가지이다. 「나와 지렝이」와 「늙은갈대의獨白」은 '조광 창간호'에 발표되었다. 창간사 다음에 이어지는 '가을의香氣'에 백정의 이 작품을 비롯하여 「제레네달의여신」(일각), 「실향의기러기」(편운), 「들국화한포기」(무심), 「영혼잇는코스모스」(이공)가 실렸다. 백정의 이 작품도 '가을의香氣'라는 공동 테마에 대한 느낌이나 생각을 피력한 글이다. 「나와 지렝이」 또한 '新博物志'의 '나와 동식물'에 대한 단상(斷想)을 기록한 것인데, 김진섭과 신석정 등 여러 필진이

---

54 이것은 '들은다'의 축약 형태로, '쇠메듦'('쇠메를 든/들은')과 같은 문법 의식이 반영된 표기이다. 이러한 표기가 백석의 방언 활용과 관계된 것은 아니다. 이러한 예는 '들은'을 '듦'으로 [축약하여] 표기하려는 [시인의 독특한] 방식으로 판단된다. 김영배는 '듦'은 '들은'의 축약이나, "그보다는 '든'으로 풀이하는 편이 낫겠다"(『증보 평안방언연구』, 태학사, 1997, 528쪽)는 의견을 제시하고 있다.

55 "갈부던같은 藥水터의山거리/ 旅人宿이 다래나무지팽이와같이 많다// 시내ㅅ물이 버러지소리를하며 흐르고/ 대낮이라도 山옆에서는/ 승냥이가 개울물 흐르듯 울다// 소와말은 도로 山으로 돌아갔다/ 염소만이 아직 된비가오면 山개울에놓인다리를건너 人家근처로 뛰여온다// 벼랑탁의 어두운 그늘에 아츰이면/ 부헝이가 무거웁게 날러온다/ 낮이되면 더무거웁게 날러가버린다// 山넘어十五里서 나무뒝치차고 싸리신신고 山비에축축이 젖어서 藥물을 받으러오는 山아이도있다// 아비가 앓른가부다/ 다래먹고 앓른가부다// 아래ㅅ마을에서는 애기무당이 작두를타며 굿을하는때가 많다"(「山地」, 『朝光』, 1935. 11)

참여했다. 근대문학 초창기와 달리 이 시기 발간된 잡지에서는 장르 구분이 명확했고, 그것에 상응하는 작품이 배치되었다. '조광 창간호'의 백석 시는 위의 두 작품과 달리 '내어 쓰기'이다.[56] 잡지 편집 관행은 '들여 쓰기'였고, 백석의 작품은 당시 잡지의 편집 관행에서 벗어난 것이다.[57] 이 방식이 『사슴』의 편집 과정에서 나타난 백석 스타일의 특이한 측면이다. 이러한 사실로부터 추론할 수 있는 것은 '가을의香氣'와 '新博物志'에 실려 있는 작품을 쓸 때 백석이 시작품 창작을 의도한 것이 아니라는 점이다. 이 두 편이 시적 범주에 속할 수 있는가에 대하여는 보다 면밀한 논의가 필요할지도 모른다. 그러나 창간호 목차의 '詩歌'에 백석의 「山地」와 김기림의 「바다」를 비롯한 몇 작품의 제목이 열거되어 있고, '창작'에 주요섭의 「사랑손님과 어머니」와 '수필'에 한용운의 「최후의 오분간」 등이 장르 구분에 의해 배치되어 있다.

『학지광』이나 『태서문예신보』 같은 근대 초창기 출판 매체의 투고자와 달리 이 시기의 작가들은 장르 의식에 익숙해 있었을 것이다.[58] 기획 테마 성격의 꼭지에 여러 필진의 글과 함께 게재된 작품이 「나와 지렝이」와 「늙은갈대의獨白」이다. 지면 배치나 행 배열, 또는 문단 구분 등이 운문 양식과 유사하여 일부 편자가 이것들을 시작품으로 분류하는 착오를 범할 수 있다. 그러나 백석이 '시가 유형'의 창작시를 의도하고 이 두 작품을 썼던 것은 아니다. 어떤 장르의 글을 쓸 것인가는 작

---

56 '조광 창간호'의 유치환, 임화, 동인 등의 시작품은 '내어 쓰기' 형식이 아니다.

57 『사슴』의 원문 출처는 『拉·越北詩人叢書 1』(편집부, 동서문화원, 1988)이다. 시집 수록 시 이외의 작품만 출처를 표시한다.

58 『解放前詩作品資料全集 1-6』(이명찬 편, 청운문화사/연도 표시 없음) 및 기타 이 시기 전후의 '잡지영인본' 참고.

가의 창작 의도에 속하는 문제이고, 그것은 특별한 사유가 없는 한 존중되어야 한다. 더욱 중요한 점은 백석이 이 두 작품의 시적 정체성을 인정하지 않았다는 사실이다. 이 두 작품의 시적 정체성을 인정했다면, 그가 『사슴』을 출간할 때 이것들을 삽입했을 것이다. 「山地」를 「三防」으로 개작했듯이, 이 두 작품이 미흡했다면, 백석은 손질을 가해 그것들을 시집에 넣었을 것이다. 그러나 그는 그렇게 하지 않았다. 이 두 작품을 제외시킨 것은 장르적 성격이 다르기 때문이었을 것이다. 백석의 창작 의도와 관련시킬 때, 「늙은갈대의獨白」과 「나와 지렝이」는 '기획 테마의 일환'으로 작성된 단상이나 수상(隨想)에 해당되며 산문성향(性向)을 지닌 글이다. 백석도 시적 정체성을 인정하지 않은 이 작품들을 후대의 편집진이 합리적인 근거도 제시하지 않고 시작품으로 분류하는 것은 본문 연구의 본령에 어긋난다.

「늙은갈대의獨白」이나 「나와 지렝이」와 동일 범주에 속하는 또 다른 예는 「黃日」(『朝光』, 1936. 3)이다. 이 작품은 잡지의 초두(初頭)에 실린 글로서, 최석우의 그림이 곁들여 있다. '春郊七題'에는 일곱 필자가 편집 의도에 맞춰 자유롭게 쓰고 화가의 그림을 덧붙였다. 「시내」(이은상), 「고목」(이태준), 「길」(김기림), 「빈배」(이원조), 「黃日」(백석), 「西望栗島」(이상) 「봄물가」(함대훈)는 일종의 에세이에 속하는 글이다. 이 잡지에는 춘원의 「香爐」와 백석의 「연자ㅅ간」이 실렸다. 「黃日」은 시가 양식을 의도하면서 쓴 작품이 아니다. 이 작품의 지면 배치나 언어 구사를 거론하면서 이견을 제기할 연구자가 있을 수 있다. 그러나 전집 발간 작품을 선정할 때 장르적 정체성에서 일관성과 통일성이 유지되어야 한다. 「늙은갈대의獨白」과 「나와 지렝이」처럼 「黃日」의 시적 정체성도 의문시된다. 「늙은갈대의獨白」과 「나와 지렝이」를 제외시킨 『사슴』 편집 의도에 입각하여 「黃日」의 장르적 정체성이 결정되어야 한다. 이렇게 해야 되는 필연성을 보여주는 작품이 「丹楓」(『女性』, 1937. 10)이다. 이 작품은 앞의 것들과 유사한 장르적 정체성을 지니고 있는데, 「丹楓」을 시작품으로 분류한 편자는 아직까지 없다.

사진과 함께 「丹楓」이 '가을의表情'에 실려 있다. 지면 활용이나 행배열이 시작품으로 오해할 정도로 독특해서 "시적 정서가 짙어서 수록"[59]한 편자도 있다. 그러나 이 편자가 「丹楓」을 본격적인 시작품으로 취급한 것은 아니다. 「丹楓」이나 「黃日」도 앞서 살펴본 「늙은갈대의獨白」과 「나와 지렝이」처럼 지면 배치나 행 배열에서 산문 양식과 구별되는 면을 보여주며, 시적 정서도 어느 정도 갖추었다. 짧은 에세이 형식의 글에는 백석 나름의 개성적인 글쓰기 스타일이 반영되어 있는데, 이러한 점을 진지하게 접근해 보는 것도 의미 있는 일이다. 그러나 「늙은갈대의獨白」과 「나와 지렝이」를 배제시킨 『사슴』의 편집 의도를 존중할 때, 이러한 부류의 작품들을 시적 범주에 포함시키는 것은 또 다른 논의가 필요하다. 따라서 지금까지 알려진 백석 시작품에서 장르적 정체성이 의문시되는 「늙은갈대의獨白」과 「나와 지렝이」, 그리고 「黃日」을[60] 시적 범주에 포함시키는 것은 적절치 않다. 전집이 제대로 편집되기 위해서는 일관된 원칙과 통일성이 있어야 한다.

---

59 이숭원/이지나, 앞의 책, 135쪽.

60 『사슴』(1936. 1)에서 「南新義州 柳洞 朴時逢方」(『학풍』 창간호, 1948. 10)까지 편자들이 집계한 총 작품 수는 다음과 같다. 이동순 59편(94편―괄호 안의 편수는 「定州城」부터 '학풍 창간호' 작품까지 합산한 것임―이하 동), 김학동 63편(96편), 송준 69편(112편―번역시와 '한얼생' 등의 작품 포함), 김재용 61편(94편), 이숭원/이지나 63편(106편), 고형진 62편(97편).

3. 개작시의 위상과 결정적인 판본

결정본 확정의 관건은 최초의 활자본과 마지막 판에 대한 문제, 즉 시집에 수록된 개작시와 신문—잡지본의 위상에 관한 문제이다. 최초 활자본 8편을 수정하여 시집에 실은 개작시 8편에 대하여는 둘 중 어느 하나를 '결정적인 판'으로 정해야 한다. 이미 발표한 작품을 다시 고친 시집본에 시인의 최종적인 창작 의지가 구현되어 있다는 점에서 개작시는 신문—잡지본보다 비중이 높다. 현대 작품 편집자의 주 임무는 "텍스트의 오류를 어떻게 찾을 것인가"에 있는 것이 아니다. 그의 제일의 중요한 과제는 "텍스트의 버전들을 어떻게 구분하여 최종적으로 선택할 것인가"에 있다.[61]

원작자가 살아 있는 동안 자발적인 의지에 의해 고친 작품이 중요하게 다루어야 할 신뢰본임을 부정할 수 없다. 믿을 만한 판본, 즉 동일한 작품의 활자본—변형(變形), 이형(異形), 버전(version)이 둘 이상일 때에는 이것들 중 어느 하나의 본문—원문에 텍스트적인 권위(textual authorities)를[62] 부여하는 작업이 필수적이다. 이 과정에서 결정본의 권위 부여에 대한 납득할 만한 근거가 제시되어야 한다. 개작 과정에서 내용이 첨삭되고 제목이 바뀌었다고 해서 두 작품인 것처럼 취급해서는 안 된다.

처음 발표된 것이든, 혹은 그것을 수정한 것이든 어느 한 편에 결정본의 자격을 부여해야 한다. 최초의 활자본인 「山地」와 그것을 수정하고 제목을 바꾼 「三防」이 각각의 작품으로 취급될 수는 없다. 한 작품

---

61 McGann, 앞의 책, 57쪽.

62 위의 책, 5쪽.

에 대한 두 버전—이본(異本)에 해당하는 이것들을 별개의 다른 작품으로 취급하는 것은 원본 비평의 기본 관점에 위배된다.[63] 시집에 실린 8편의 개작시 중에는 현격하게 달라진 작품도 있고, 그 정도가 미미한 작품도 있다. 그러나 개작의 정도에 따라 변화가 큰 것을 다른 작품으로 취급하여 편수를 늘리는 것은 결정판—정본 확정 작업의 취지에 위배된다.

> 갈부던같은 藥水터의山거리엔 나무그릇과 다래나무짚팽이가많다
>
> 山넘어十五里서 나무뒝치차고 싸리신신고 山비에촉촉이 젖어서 藥물을 받으려오는 두멧아이들도있다
>
> 아레ㅅ마을에서는 애기무당이 작두를타며 굿을하는때가 많다
>
> —「三防」

7연 14행인 최초 발표작을[64] 3연 3행으로 압축하면서 백석은 제목을 '삼방'으로 고쳤다. 최대로 축소된 「三防」에는 냉정할 정도로 '암시와 함축의 묘미'를 살려내려는 시인의 의지가 나타나 있다. 그러나 많은 분량이 삭제되고 제목이 바뀌었다고 해서 다른 작품이 되는 것은 아니다.[65] 이것은 「山地」를 비롯하여 「定州城」, 「酒幕」, 「비」, 「여우난곬

63 전정구, 『김정식 작품 연구』, 소명출판, 2007, 183쪽. 이하 '초고와 재고 목록' 참조.

64 「山地」의 본문은 앞의 각주에서 제시했음.

65 개작될 때 많은 부분이 변형되었기 때문에 "개작 이전의 실체를 보여준다는 점에서 결정본 시 전집"에서는 "개작임을 설명하고 [두 작품] 모두 싣는 게 좋겠다."(이숭원/이지나, 앞의 책, 230쪽)

族」,「統營」,「힌밤」,「古夜」 등 신문—잡지본과, 이것들을 개작한 시집본 모두에 해당하는 문제이다. 백석의 친필 원고본이 발견되지 않는 한, 이것들을 대상으로 원전 비평적인 접근이 이루어져야 한다. 그러나 여러 시인의 작품들을 묶어놓은 선집(選集)에 다시 수록되는 과정에서 어떤 한 작품에 변화가 나타났다면, 그것은 시인의 개작 의지와 관련이 없는 경우가 대부분이다. 따라서 각종 선집에 수록된 작품들의 자료적 가치는 낮은 편이다.

여러 시인들의 작품과 함께 『현대조선문학전집』에 실린 백석의 「여우난곬族」,「古夜」,「酒幕」,「모닥불」은 신문—잡지본이나 시집본에 비해 그 중요도가 현저히 떨어진다.[66] 그러나 여기에 있는 작품들 중에서 다른 판본이 발견되지 않은 「개」와 「외가집」은 예외이다. 이것들에 결정본—정본의 지위를 부여하는 방법 외에 현재 다른 대안이 없다. 널리 알려진 작품을 선별하여 싣는 선집 편찬 관례상 이 두 작품이 어디엔가 발표되었을 것이다. 최초의 활자본이 발견된다면, 그 판본이 결정본—정본 선정에서 우선권을 지닌다. 왜냐하면 순수성 보전이라는 측면에서 선집에 있는 「외가집」과 「개」는 많은 문제를 안고 있기 때문이다.

원본의 '순수성 보존 여부'를 판단하는 일은 쉽지 않다. 원전 비평 연구가들도 이러한 작업의 난점(難點)들을 지적하고 있다. 원전 비평의 한계를 인식하고 현대판 전집 편찬의 대안을 마련했다는 점에서 맥갠의 논의는 이 분야의 큰 진전으로 평가된다. 동시에 그의 이론은 백석의 개작시와 그것의 처음 활자본의 위상을 정립하는 데 많은 시사점을

---

66 『現代朝鮮文學全集-詩歌集 2』(한국학진흥원 영인본, 1985)

던져준다. 물론 최초 활자본이냐, 최종 활자본이냐의 선택에서 본문 연구가들의 입장에 따라 맥갠과 다른 관점을 취할 수 있다. 그러나 『사슴』의 발간에 세심한 주의를 기울였던 시인의 편집 의도가 고려되어야 한다. 시집을 엮으면서 그는 이미 발표한 작품의 순서뿐만이 아니라 그것들을 수정하여 보다 완벽한 작품으로 다듬는 작업에 심혈을 기울였다.

시집 발간과 더불어 백석의 문학적 자화상이 당대 문단과 독자에게 영향을 미치기 시작했다는 측면도 무시할 수 없다. 긍정적이든 부정적이든, 시인의 존재감을 부각시킨 박용철의 '사슴 평'(『朝光』, 1936. 4) 등의 영향을 감안할 경우, 시집본이 신문—잡지본보다 유리한 입장에 있다. 작품의 질적 변화에서도 개작본이 처음 활자본에 비해 뒤지지 않는다.[67] 또한 백석이 활동하기 이전의 소월의 시집본 개작시나 해방 이후의 「무녀도」(김동리)와 『광장』(최인훈)의 마지막 개작본의 위상은 처음 발표작과 비교되기 어려울 정도로 중시된다. 현대 작가들의 결정본—정본은 대부분 마지막으로 개작한 것들이다. 당대 문단이나 독자에게 끼친 영향, 시집에 반영된 백석의 의미 있는 작업 성과의 측면에서도 결정본—정본의 위상에 걸맞은 판본은 시집본이다.

4. 최소 개입의 원칙과 편집의 기본 방향

발표 당시의 시행 배치, 인쇄 형태, 지면의 여백 처리 등 원형 그대로

67 「三防」처럼 과감하게 손질한 개작시는 드물다. 이 작품만 예외적인데, 나머지 7편의 수정 작업은 사소한 변화('뜰'이 '마당'으로, '실비'가 '비'로, '고양이잡이'가 '쥐잡이'로 등) 및 표기와 띄어쓰기가 바뀐 정도이다. 이러한 개작은 나름의 의미를 지닌 것으로 보인다.

의 모습을 재현하는 것이 현대판 전집에서는 사실상 불가능하다. 원본의 원형 그대로의 모습이 간직된 현대판 전집의 편찬에 따른 장애 요인을 극복하는 노력과 그러한 작업에서 파생되는 여러 문제는 별도의 논의가 필요하다.[68] 그렇지만 어느 한 시인의 전집 발간에서는 현재의 출판물에 익숙한 독서 습관을 무시하기 어렵다. 중요한 점은 원형 그대로를 재현하는 일에 앞서 교열로 인해 원문이 훼손되는 것을 최대한 방지하는 일이다. '최소 개입의 원칙'은 원문 교열의 중요한 덕목이다. 당시 제정된 맞춤법 규정을 "충분히 수용하지 않아 일어난 표기의 혼란"을 해결하기 위해 "백석시의 원본에서 방언과 고어는 살리고 맞춤법 규정에 위배된 표기와 오·탈자를 바로잡은 정본"[69]은 '최소 개입'의 원칙에 어긋난다.[70] 기존의 백석 시집에서는 이러한 원칙이 무시된 면이 상당수 발견된다. 비근한 사례가 「여우난곬족」의 "사춘동생들/ 이그득히들"이다. 이 작품의 전후 문맥을 제시하면 다음과 같다.

명절날나는 엄매아배따라 우리집개는 나를따라 진할머니 진할아버지가 있는 큰집으로가면

얼굴에별자국이솜솜난 말수와같이눈도껌벅걸이는 하로에베한필을짠다는 벌하나건너집엔 복숭아나무가많은 新里고무 고무의딸李女 작은李女

---

68 이 점에 대하여는 맥갠의 '현대판과 텍스트 비평이론'(앞의 책, 95-109쪽), 특히 비판본 작성(96-101쪽) 부분 참조.

69 고형진, 앞의 책, 4-5쪽.

70 '통일성'(이규현 역, 앞의 책, 27쪽)은 '최소 개입'의 전제 아래 적용되는 원칙이다. 그것이 과도한 개입에 의한 '원문 표기의 통일 등을 시도함으로써 빚어지는 본문의 훼손'을 용납한다는 의미는 아니다.

열여섯에 四十이넘은홀아비의 후처가된 포족족하니 성이잘나는 살빛이 매감탕같은 입술과 젓꼭지는더깜안 예수쟁이마을가까이사는 土山고무 고무의딸承女 아들承동이

六十里라고해서 파랗게뵈이는山을넘어있다는 해변에서 과부가된 코끝이빩안 언제나힌옷이정하든 말끝에설게 눈물을짤때가많은 큰곬고무 고무의딸洪女 아들洪동이작은洪동이

배나무접을잘하는 주정을하면 토방돌을뽑는 오리치를잘놓는 먼섬에 반디젓닮으려가기를좋아하는삼춘 삼춘엄매 사춘누이 사춘동생들

이그득히들 할머니할아버지가있는 안간에들뭏여서 방안에서는 새옷의 내음새가나고

또 인절미 송구떡 콩가루차떡의내음새도나고 끼때의두부와 콩나물과 뽂운잔디와고사리와 도야지비게는모두 선득선득하니 찬것들이다

—「여우난곬족」 일부

전후 문맥에서 '이그득히들'은 '이[들이 모두] 그득히들', 즉 '이 사람들이 그득히 모두들'이라는 뜻을 함축하고 있다. '이그득히들'은 "쇠메듣"(「가즈랑집」)에서의 '쇠메를 들은'과 "반디젓닮으려가기"(「여우난곬족」)에서의 '반디젓을 담그러 가기'의 예처럼 '이 사람 모두 다 그득히들'의 압축된 의미로 해석이 가능하다. 최초 잡지본—조광본(1935. 12)에서 이 부분은 앞 행과 분리된 "이 그득히들"로 되어 있다.

시집본에서 백석은 그것을 "이그득히들"로 수정했다. 붙여 쓴 것은 '이'가 앞 행과 연결된 격조사가 아닌 것을 뜻한다. 일상 어법을 의식하여 앞 행의 "사춘동생들" 다음에 '이'를 붙여 읽는 오독(誤讀)을 시인도 우려했던 듯하다. 따라서 '이'가 앞 행에 이어지는 것이 아니라는 점을

그는 개작 과정에서 확실히 보여주었다. 깊이 읽기를 게을리 하고 일반 언어 관행이나 문법적 상식에 의해 '시인의 표현 의미'를 왜곡하는 것은 심각한 문제이다.[71] 이 구절을 "이[모든 사람이]/이[사람 모두가] 그득히들"의 의미 정도로 파악해도 무리는 없다. 교열 작업에는 최소 개입이 중요하다. 편집자의 과도한 개입은 원문을 훼손하여 후대 독자들에게 심각한 해악을 끼친다. 함축과 암시의 측면이나, 개성적 어법과 독특한 작시법을 세심하게 배려하는 전문적 치밀성이 원전 비평 분야의 성과를 보장하는 첫 번째 미덕이다. 섣부른 속단이나 문맥의 부자연스러움을 해소한다는 명분으로 의욕에 넘치는 과도 교열이 원작의 표현 의도를 변질시키는 요인이다. "다섯 연으로 표기된[표시된/나누어진] 「꼴두기」는 여섯 연으로 수정해야 의미 파악이 용이하고 시의 구조가 안정"된다는[72] 견해도 의욕이 넘치는 경우이다. 원본—원고본을 확인했거나, 편집상의 명백한 오류가 아니라면, 활자화된 본문 그대로를 인정하는 자세가 중요하다. 이러한 기본 자세를 지키지 않은 또 다른 사례는 「寂境」이라는 작품의 "그마음"이다.[73]

대부분의 연구자들이 마지막 행의 '그마음'을 '그마을'의 오식(誤植)으로 파악하고 있다. '그마음'이 '그마을'의 오식이라는 의견에 대해 이

---

71 앞뒤 행과 구별되는 행갈이 부분인데도 '이'를 앞의 행에 붙여 "사춘누이 사춘동생들'이'/그득히들"(김재용, 16쪽)로 고친 경우, "이 그득히들"(이동순, 16쪽/고형진, 23쪽)로 잡지본을 택한 경우 등 편자마다 다르다. 백석의 창작 의도가 올바르게 반영된 것은 "이그득히들"(김학동, 12쪽)이다.

72 이숭원/이지나, 앞의 책, 247쪽.

73 "신살구를 잘도먹드니 눈오는아츰/ 나어린안해는 첫아들을낳었다// 人家멀은山중에/ 까치는 베나무에서즞는다// 컴컴한부엌에서는 늙은홀아비의시아부지가 미역국을끄린다/ 그마음의 외딸은집에서도 산국을끄린다"(「寂境」)

의를 제기한 연구자는 없다. 연구자 대부분이 당연한 것으로 받아들이고 있는데, "人家멀은山중"이라는 시구와 3연의 "그마을의 외딸은집"이 "호응을 하며 적막한 풍경 속에 홀로 떨어져 있는 집"을 부각시킨다는 [74] 설명이 그 한 예이다. '그마음'은 '그 마을'의 "분명히 틀린 글자"라는 단호한 지적도[75] 이 부분이 오식임을 의심할 수 없도록 만드는 데 일조하고 있다. 김영배의 「백석 시의 방언에 대하여」의 '부록'에는 '납득할 만한 설명'도 없다. 그의 견해를 경청할 분야는 특정 지역어—평안 방언 영역이지 전문적인 시문학 분야는 아니다. '그마음'이나 '그마을'이라는 단어는 백석 시인의 고향 말과는 상관없는 일상어이다.[76] 「寂境」의 원문 그대로를 인정하고 그에 맞춰 분석하여 전체 의미를 파악하는 자세가 중요하다.[77] 있는 그대로의 것을 존중하되 불가피하고 명백한 오류를 교열하는 '최소 개입 원칙'은 본문 연구의 윤리에 속한다.

---

74 이숭원/이지나, 앞의 책, 233쪽.

75 김영배, 앞의 책, 537쪽.

76 시어 빈도수에서 '마을'과 마찬가지로 '마음'도 상당히 높다. '마음'이냐, '마을'이냐에 따라 전체 작품의 의미는 현격한 차이를 보인다. 마을의 경우, 작품의 전체 분위기나 풍경/정황 설정과 '적경'이라는 제목의 의미 연관성, 외딸은 '집에서도'(특수조사 '도'에 주목해 보라) 산국을 끓이는 이유, 그리고 이 작품에 암시된/함축된 사연—이야기 등 여러 문제점이 발견된다.

77 아들은 무슨 까닭인지 집을 떠났고, 그의 젊은 아내는 곤궁한 시아버지와 같이 기거한다. 그 집에서 첫 아들을 낳은 아침 눈이 내려 인적조차 끊기고 까치만이 '즞으'면서 탄생의 소식을 알린다. 남편 없이 간밤의 산고를 처음으로 겪어야 했던 나이 어린 여인의 정황, 그녀를 뒷바라지하는 늙고 홀아비인 시아버지의 가련한 신세 등 기막힌 사연을 이 시는 암시—함축하고 있다. 어린 아내나 늙은 시아버지의 그러한 복합적인 마음을 헤아려, 꼭 두새벽에 피어오르는 굴뚝 연기를 보고 멀리 떨어진 이웃집에서도 '산국'을 끓인다. 풍편으로 듣던 그 집의 기막힌 사연에 연민을 느끼는 이웃 공동체의 따스한 마음이 느껴진다. 외딸은 집의 처지도 '아이 낳은 집'과 대동소이할 것이다. 각각의 기막힌 사연을 지닌 산골, 혹은 화전민 마을의 인정미와 더불어 이 집과 같은 상황에 놓인 당대 민중의 보편적 삶을 이 시는 함축하고 있다. 졸고, 「백석의 「寂境」 본문 연구」, 『현대문학이론연구』, 현대문학이론학회, 2014. 9 참조.

이외에 제목이 같은 작품의 처리에서도 일관된 원칙이 적용되어야 한다. 「統營」이라는 작품은 세 편이 있다. 『朝光』(1935. 12)에 처음 발표되었고, 이후 시집에 수록된 작품이 그 하나이다. 나머지 두 편은 "南行詩抄[二]"라는 부제가 붙은 「統營」(「조선일보」, 1936. 1. 23)과 "남행시초(2)"의 「統營」(「조선일보」, 1936. 3. 6)이다. 전집 형태로 집대성할 경우 혼란이 생긴다. 최소한 제목 뒤에 발표 순서에 따라 '1, 2, 3'이라는 숫자를 부여하여 구분하는 것이[78] 합리적이다. 따라서 필자는 시집 수록본의 것에 「統營 1」, 그 이후의 것을 「統營 2」, 「統營 3」으로 일련번호를 부여하는 것을 제안한다. 시집 발간 이후 작품인 「삼호」를 '삼호—물닭의소리 1'로 일련번호를 부여한 김학동 방식이 있고, 이러한 시도를 김재용이 수용하고 있다. 그러나 『사슴』에서 보여준 시인의 편집 방향에 어울리는 방식이 바람직하다.

백석은 시집의 33편을 4부로 나누고 '얼럭소새끼의영각'에 6편, '돌덜구의물'과 '노루'와 '국수당넘어'에 각각 9편을 배치했다. 이러한 점에서 전집 편집시 '물닭의소리'라는 부(部)나 장(章)의 제목을 정하고 그곳에 「삼호」를 소속시키는 것이 시집 편집 의도에 부응하는 것이다. 즉 전집의 부나 장의 소제목 아래에 작품을 소속시키는 방법이[79] 필자가 위에서 제시한 「통영」의 예처럼 개개 작품의 구분에서 변별력이 있다. 사소한 몇 가지를 제외하면, 결정본—정본 전집 편찬에서 선구적인 역할을 한 편자는 김학동이다. 그는 시작품과 산문 자료 및 번역 작품과

78 김학동의 『정지용전집 1』(민음사, 1988)의 '차례' 부분의 「바다」라는 작품의 일련번호 부여 방식 및 전정구(앞의 책, 46-49쪽) 참고.

79 『사슴』의 소제목 편명에 반영되었듯이, 백석의 시집 편찬 의도에 합당한 방향으로 전집 발간이 이루어질 필요가 있다.

잡조(雜俎)에 이르기까지 많은 문헌 자료를 수집했고, 작품 연보도 충실한 편이다. 그는 현재의 출판 관행을 존중하되, 백석의 최종적인 창작 의도가 구현된 『사슴』 수록시를 중시하여 첫머리에 배치했다. 결정본—정본 전집 편찬의 올바른 방향을 제시한 그의 방식을, 현대어로 고친 김재용도 따르고 있다. 고형진은 '원본은 책의 크기에 맞춰 편집 형태만 조정'하려는 노력을 보여주고 있다. 그러나 이러한 고형진의 노력은, 원문 '그대로의 보전이나 시행 배열, 지면 배치나 여백 처리' 등에서 활자본 그대로를 복사한 이숭원/이지나의 영인본(copy text)에 비해 '원형 보존이라는 측면'에서 활용도가 낮다.

5. 마무리

이 논문은 백석의 시작품을 대상으로 원전 비평을 시도한 것이다. 따라서 필자는 작품 편수의 확정을 비롯하여 결정본—정본 확정과 본문 교열의 일반 원칙을 검토하여 백석 시전집 발간의 주요 방향을 설정하는 데 이 논문의 의의를 두었다. 연구 대상을 1948년까지의 작품들로 제한한 것은, 이 시기의 작품들에서 본문 연구의 여러 문제가 발생했기 때문이다. 필자는 이 시기 백석 시작품 중 장르적 정체성이 의심되는 것들을 검토함으로써 편자마다 편수가 일치하지 않는 불합리한 점을 해소했다. 대상 작품은 「늙은갈대의獨白」, 「나와 지렝이」, 「黃日」이다. 백석이 '시가 유형'의 글을 의도하고 이 작품들을 썼던 것은 아니다. 어떤 장르의 글을 쓸 것인가는 작가의 창작 의도에 관련된 문제이고, 특별한 사유가 없는 한 그 의도는 존중되어야 한다. 중요한 점은 백석이 위의 세 작품의 시적 정체성을 인정하지 않았다는 사실이다. 원작자도 인정하지 않은 작품을 후대의 편집자가 창작시로 분류하는 것은 불합리하다. 이 작품들에 시적 정체성을 부여하기 위해서는 그에 합당한 논거가 필요하다. 이 세 작품을 시적 범주에 포함시키는 것은 보류되어야 한다.

처음 발표된 작품과 그것을 수정한 개작시의 위상 문제에서는 시집본이 결정적인 판이라는 사실을 이 논문에서 제시했다. 개작시 8편에 시인의 최종적인 창작 의지가 반영되었다는 점이 그것이다. 최초 활자본이냐, 최종 활자본이냐의 선택은 본문 연구가의 관점에 따라 다를 수 있다. 그러나 유일한 시집 『사슴』을 발간할 때, 백석이 심혈을 기울였던 점이 고려되어야 한다. 그는 시집을 엮으면서 이미 발표한 작품의 배열 순서를 다시 정했고, 초기 작품들을 보다 완벽한 작품으로 다듬는 작업에 혼신의 노력을 바쳤다. 시집 발간과 더불어 백석의 문학적 자화상이 당대의 문단이나 독자에게 각인되었다는 측면에서도 개작시는 최초 활자본보다 유리한 입장에 있다. 작품의 질적 변화나, 이 시기의 문학 관행을 감안할 경우에도 시집본이 중시되어야 한다. 또한 4부에 개작시를 고르게 분산하여 전체 작품과의 균형과 조화를 추구한 점에서도 개작시의 위상이 과소평가될 수 없다. 이러한 점에서 향후 발간될 전집의 결정본—정본 선정의 우선권을 지닌 것은 개작된 시집본이다.

백석 시의 본문 교열에서 필자는 과도 교열의 사례와 그 폐단을 지적했다. 그 작업의 원래 목적이 당대의 맞춤법과의 괴리 관계를 검토하여 모든 작품의 본문을 그것과 일치시키거나, 의욕적인 교열로 본문의 맥락을 훼손하는 것에 본령이 있는 것이 아니다. 교열 작업은 원문 그대로를 존중하면서 명백히 잘못된 것이 아니면 본문을 그대로 인정하는 자세가 중요하다. 이것이 본문 연구의 기본이고 원전 비평 본래의 취지를 살리는 길이다. 또한 이 글은 결정본—정본 확정과 그에 따른 교열 작업에 대한 최소 개입의 원칙에 대해 기술했다. 이외에도 필자는 전집을 발간할 때의 시작품 배열, 편명의 구성 방법, 그리고 전집 발간의 장애 요인과 불가피하게 인정해야 할 사항 등 여러 문제를 언급했다. 그것들은 같은 제목의 시들에 일련번호를 부여하는 방식 등 간과하기 쉬우나, 전집 발간의 구성 방향이나 기본 원칙에 관한 중요한 사안들이다.

04

백석의 「寂境」 본문 연구

1. 서언

어느 한 작가의 전집을 편찬할 경우 발표 당시의 인쇄 형태나 지면 배치 등을 원형 그대로 보전하기가 어렵고, 출판 당시 인쇄 과정에서의 오류를 바로잡는 것도 불가피하다. 그러나 본문의 오류를 바로잡는 교열 작업은 잘못 식자(植字)되었다는 확실한 근거가 제시될 때만 허용되어야 한다. 근거가 명확치 않다면, 발표 당시의 본문을 존중하고 인쇄된 그대로를 인정하는 것이 전집 발간 작업의 미덕이다. 전집 발간 시 치밀한 검토와 분석을 거치지 않고 속단(速斷)하여 본문을 변경하는 것은 최대한 삼가야 한다. 편집자의 과도한 개입은 전승된 텍스트의 본문을 훼손시키는 주요 요인의 하나이다. 원작자의 의도 복원이나 '이런 뜻으로 사용된 단어인데, 인쇄 과정에서 식자공이 오류를 범했다'는 가정으로 전승된 본문을 교열하는 것은[80] 후대 독자들에게 심각한 영향을 끼칠 수 있다.

시어의 함축과 암시의 측면, 시인 자신의 개성적 어법이나 독특한 작시 관행이 한 작가의 작품 전체를 집대성하는 과정에서 면밀하게 검토되어야 하고 '본문을 변경하는 데 신중'을 기해야 한다.[81] 그러한 검토 후에 교열의 필요성이 제기되면, 그것의 타당성이 객관적으로 입증되어야 한다. 과도하게 개입하는 것은 원작자의 본문 내용을 변질시킬 위험성이 높다.[82] 원문 그대로를 존중하되 그것의 수정이 불가피하다면 "최소 개입의 원칙"이[83] 지켜져야 한다. 이러한 기본 원칙이 간과된 사례가 백석 전집에서 발견된다. 그 대표적인 작품이 「寂境」이다.

---

80 백석 시집 편자들은 「寂境」 3연 2행의 첫 구절 '그마음'이 '그마을'의 오식(誤植)이라고 주장한다. 원문을 변경시킨 '이 부분의 오식 여부'는 본고의 핵심 과제로서 재론이 필요하다.

81 백석의 「北新」에서 고형진(「최초의 인쇄본, 원본, 영인본, 그리고 정본」, 『서정시학』, 2007 겨울호, 69쪽)은 "안뽑은"과 "안뽑는" "둘다 말이 되지만 후자로 해석할 때 시의 의미가 훨씬 깊어지고 생기를 띠게 된다"고 지적하고 있다. 그는 "원문 그대로 두는 것이 훨씬 좋다"는 견해를 피력하면서 시의 본문을 "변개시키는 데" "신중을 기해야" 한다는 점을 거듭 강조하고 있다.

82 "'人家멀은山중에'라는 시구와 3연의 '그마을의 외딸은집'이 호응을 하며 적막한 풍경 속에 홀로 떨어져 있는 집"(이지나, 「백석 시의 개작 양상과 원본 오류의 수정」, 『원본 백석 시집』, 깊은샘, 2006, 233쪽)이 부각된다는 해석이나, "다섯 연으로 표기된[표시된/나누어진] 「꼴두기」는 여섯 연으로 수정해야 의미 파악이 용이하고 시의 구조가 안정"(이지나, 앞의 글, 247쪽)된다는 의견이 여기에 해당한다. 「고방」(고형진, 『정본 백석시집』, 2007, 35쪽)의 3연 '할아버지가예서'를 "할아버지 가에서"로 해독한 것도 본문의 의미를 변질시킨 하나의 예이다. 이에 대해 유성호(「원전해독과 해석의 문제—백석의 〈고방〉을 대상으로」, 『유심』, 만해사상실천선양회, 2011. 07/08, 373쪽)는 '「고방」 3연'의 "할아버지가예서"는, "'할아버지 가에서'가 아니라, '할아버지가 예서(여기서, 즉 고방에서)'로 보아야 한다. 이러한 원전 해독 결과는, 작품의 구조를 살피면 더욱 명확해"진다고 지적했다.

83 편집자의 '최소 개입'은 '푸코 전집 편찬의 기본 원칙으로 존중'(다니엘 드페르와 프랑수아 에발드 대담/이규현 역, 「새로운 접근 : 《말과 글》의 출간에 대하여」, 『세계사상』 창간호, 1977 여름, 25쪽) 되었다.

백석이 발간한 『사슴』(1936)에 수록된 「寂境」의 본문과 그 이후 발간된 백석 전집에 실린 동일 작품의 본문 중 끝 행에서 서로 다른 부분이 발견된다. 본문 전승의 문제점을 검토하고, 그 해결책을 찾는 작업은 충실한 전집 편찬의 기초 과제에 속하며 이후 발간될 완결판 백석 전집을 위해서도 유용한 작업이다. 뿐만 아니라 이러한 작업은 백석 시작품의 전집 편찬에만 해당되는 것이 아니라 여타의 다른 시인들의 전집 발간에서도 하나의 전범으로 활용될 가치가 있다. 이 글은 이러한 필요에 부응하기 위해서 작성된 것이며 기존의 '백석 전집'과 『사슴』에 각각 수록된 「寂境」 본문을 대비하여 심층 분석한 후 두 판본 중 어느 것이 정본으로 합당한가에 대한 문제를 해결하는 데 목적을 둔다.

2. 두 판본의 비교 분석

본문 비평(textual criticism)의 최근 추세는 원작자의 의도 복원보다는 인쇄된 판본 그대로를 존중하는 경향을 보여준다.[84] 맥갠은 최초의 의도가 반영된 원고본보다는 출판된 활자본을 중시한다. 그는 판본의 권위나 신뢰성을 측정하는 궁극적인 것으로 '최초의 의도라는 개념'을

---

84 바우워즈는 최초의 원본-원고본(Fredson Bowers, 「Textual criticism」, James Thorpe ed., *The Aims and Methods of Scholarship in Modern Languages and Literatures*, U. S. A: Modern Language Association of America, 1963/1970, pp.29-54)을 중시한다. 그러나 맥갠(McGann, Jerome J., *A Critique of Modern Textual Criticism*, U. S. A: University of Chicago Press, 1983/1992)은 활자본-인쇄본(printed text)을 선호한다. 원본(original text)은 바우워즈 식으로 정의를 내리면 원고본/필사본(manuscript)을 의미하며 인쇄본/활자본은 인쇄 과정을 거쳐 출판된 판본을 말한다.

사용하는 것에 회의적이다.[85] 의도의 실현은 작자 자신만의 문제로 국한되지 않으며 그것은 필사자나 인쇄 과정에서 편집자와의 협동 작업의 결과이기도 하다. 테니슨이나 바이런의 경우처럼[86] '최초의 의도'가 반영된 육필(肉筆) 형태의 원고보다는 인쇄된 상태에서 작가의 '최종적인 의도'가 반영되어 있고, '작가의 의도'는 개작 과정이나 수정 작업의 과정에서 얼마든지 바뀔 수 있다. 출판된 작품이 '최종적인 의도의 실현'이라는 측면에서도 신뢰할 수 있고 권위를 인정받을 수 있는 판본에 해당한다. 최초의 의도를 복원한다는 관점에서 처음 작성된 원고본에 신뢰성이나 권위를 부여했던 바우워즈 방법의 문제점이 여기에 있다.[87]

최초의 의도가 확고하고 결정적이며 불변하는 것은 아니다. 그것은 작품의 수정 작업이나 개작 과정에서 얼마든지 뒤바뀔 수 있다. 작가의 작품은 대부분 그것이 원고 상태에서 벗어나 출판되는 과정에서 처

---

85 McGann, Jerome J., op. cit., pp.55-63

86 바이런이나 테니슨의 예처럼, 작가들은 때때로 출판업자와 그들의 작품을 언어적 구성-체재-판으로 만드는 과정에서 편집진과의 협업을 적극적으로 원한다. 바이런은 그의 편집인 윌리엄 기포드에게 개정의 최종 단계에서 도움을 요청했다. 바이런은 대필자였던 쉘리가 그의 텍스트에 개입하는 것까지 받아들였다. 『차일드 해롤드』의 '칸토 3'과 같은 작품을 대필할 때 쉘리는 대부분 사소한 것이지만 변경된 내용들을 이야기했고, 바이런은 그녀가 바꾼 내용을 수용하기도 했고 원래대로 되돌리기도 했다.(McGann, Jerome J., op. cit., p.43)

87 현대 본문 비평의 핵심 과제는 비판본[작성]에 관한 논의, 원형 그대로 베낀 판본(copy-text)[선호]에 관한 이론, 최종적인 의도[에 관한] 판단 문제(McGann, Jerome J., op. cit., pp.23-36)인데, 최초의 원고 상태나 육필로 쓴 판본의 원형 복원을 선호한 바우워즈의 견해는 최근의 이론가들에 의해 도전받고 있다. 이러한 변화와 관련하여 McGann(op. cit., 1983/1992 및 *The Textual Condition*, U. S. A: Princeton University Press, 1991)과 G. Thomas Tanselle(*A Rationale of Textual Criticism*, U. S. A: University of Pennsylvania Press, 1989/1992), 그리고 Michael Hunter(*Editing Early Modern Texts*, U. S. A: Palgrave Macmillan, 2007/2009) 등도 참고했다. 이 글에서 필자는 복사본(copy-text)을 영인본(photoprint)과 유사한 개념으로 사용한다.

음의 것과 다른 모습으로 변형된다. 소월의 경우, 그의 개작 과정은 시적 형상화의 과정이었다.[88] 개정판이 거듭될수록 작가의 최초의 의도는 유동적이며 불확실하고 믿을 수 없는 것이 된다.[89] 뿐만 아니라 텍스트의 생산은 그것을 쓴 저자 개인의 관여만으로 이루어지는 것이 아니다. 그것은 일종의 사회적이고 제도적인 사건(event)에 해당하는 것이다. 특히 문학 텍스트는 저자 외에도 대필자, 인쇄공, 출판사, 편집인, 독자 등이 그것의 생산에 관여한다. 또한 그것은 문단이라는 사회적 제도 속에서 기능하며 독자에게 작용함으로써 '예술품으로서의 존재성'을 획득하게 된다. 이러한 점에 비추어 볼 때 필사된 원고본보다는 인쇄본이 정본으로서의 권위나 신뢰성을 지닌 것으로 취급될 개연성이 높다.[90]

푸코 전집 발간에서도 "이용할 수 있는 다른 판본"이 있었으나, 편집자가 신뢰한 것은 "출간된 판본"이었다.[91] '활자화된 인쇄본'이 전집 발간 시 존중되는 추세에 비추어 볼 때 원작자인 백석이 생존한 가운데

---

88 졸저, 『김정식 작품 연구』, 소명출판, 2007, 28쪽.

89 고은의 경우가 이러한 예인데, 그는 「高銀 · 略傳年譜」(『고은 시전집 2』, 민음사, 1983)에서 "작가 연보와 함께 작품 연표도 마땅히 병행되어야 하나 두 가지 이유로 이를 제외한다"고 하면서 두 번째 이유를 다음과 같이 제시하고 있다. "이번 전집 원고는 발표 당시의 원고와 상당한 차이가 있을 만치 개작해서 새 원본으로 삼고 있으므로 사실상 기왕에 발표된 작품들의 의미가 사라진 것이 이유가 된다." "앞으로는 이 전집 이전의 작품은 공인되지 않는다."(앞의 책, 888쪽) '이전 작품의 공인 여부'와 관련된 고은의 발언은 독자들에게 작용함으로써 획득하게 되는 '예술작품의 존재성'을 부정하는 것으로 논란의 여지가 있다. 그리고 그가 말하는 '새 원본'은 개작본을 뜻하는데, 이 경우 원본이란 용어 사용이 적절치 않다. 일반적으로 원본은 최초로 작성된 원고본을 말하며 그 이후 수정 과정을 거친 작품에는 개작본이라는 용어가 합당하다. F. Bowers(1963/1970)와 김영민 · 전정구(『문학이론연구』, 새문사, 1989) 참조.

90 Jerome J. McGann(1983, 1991), G. Thomas Tanselle(1992), Michael Hunter(2009) 참조.

91 다니엘 드페르와 프랑수아 에발드 대담/이규현 역, 앞의 책, 20쪽.

그 스스로 심혈을 기울여 펴낸 『사슴』의 「寂境」 본문을 교열하는 것은, 본문 변경에 대한 논리적 타당성을 입증하기 위한 치밀한 검토 작업이 선행되어야 한다.[92] 그러나 이 작품의 경우 본문 교열의 타당성에 대한 공론화 작업을 거치지 않고 시집에 수록된 「寂境」의 끝 행이 백석 전집 편자들에 의해 변경되었다. 이로 인해 「寂境」의 본문은 현재 두 개의 판본이 존재한다. 하나는 백석이 생전에 편찬한 『사슴』에 수록된 작품이고, 또 다른 하나는 편자들에 의해 집대성된 전집에 수록된작품이 그것이다. 문제가 된 곳은 3연 2행의 첫 부분이다. 『사슴』에 수록된 원문은 다음과 같다.

신살구를 잘도먹드니 눈오는아츰
나어린안해는 첫아들을낳었다

人家멀은山중에
까치는 베나무에서즞는다

컴컴한부엌에서는 늙은홀아비의시아부지가 미억국을끄린다
그마음의 외딸은집에서도 산국을끄린다

—「寂境」[93]

92 백석은 『사슴』을 펴내면서 잡지에 이미 발표된 8편의 작품을 수정하여 재수록했고 전체 편집에서 시행의 배열 등 여러 측면에서 치밀한 관심과 애정을 표했는데, 이와 같은 최초의 인쇄본 시집의 작품 내용을 변개하는 것은 문제가 있다. 졸고(「백석 시작품의 원전비평적 고찰」, 한국비평문학회, 『비평문학』, 2010. 1) 참조.

93 「寂境」은 『사슴』(1936)에 수록되어 있다. 본고 인용 작품의 출처는 영인본 『拉·越北詩人叢書 1』(동서문화원, 1988)이다. 이하 백석 시 인용은 이 책에 의한다.

영인—복사된 텍스트임에도 불구하고 문제가 된 『사슴』의 이 부분이 선명하게 '그마음'으로 인쇄되어 있다. 그런데 대다수의 편자들이 그것을 '그마을'의 오식(誤植)으로 판단하고 있다. 치밀한 검토 없이 「寂境」을 감상한다면, 마음이라는 단어에 연결된 '외딸은 집과의 의미 연계성에서 문제'가 있는 듯이 보인다. '그마음의 외딸은집'보다는 '그마을의 외딸은집'이 의미상 자연스러운 느낌을 주기도 한다. 이러한 점에 착안하여 대부분의 전집 편자들이 원래 '그마을'인데, 이 단어가 잘못 인쇄되어 '그마음'이 되었다는 입장을 취하고 있다.[94] 이것이 사슴본과 전집본이라는[95] 두 판본이 생기게 된 이유이다. 사슴본과 차이가 있는 전집본 「寂境」의 3연 2행은 다음과 같다.

그마을의 외딸은집에서도 산국을끄린다

「寂境」의 마지막 행 첫 구절을 식자공의 실수로 판단하는 견해는 다음과 같다. 평북방언학자는 '그마음'은 '그 마을'의 "분명히 틀린 글자로 보임"이라고 주장했다.[96] 그러나 그의 주장은 본문 분석을 통한 타당한 근거를 제시한 것이 아니고, 기타 참고할 만한 설명을 덧붙인 것도 아니다. 중요한 점은 '그마음'이나 '그마을'이 백석의 고향 방언과 상관없는 단어이고, '그마을'보다는 '그마음'이 시적 함의성이 풍부한 단어라

---

94 이동순(『白石詩全集—附·散文』, 창작과비평사, 1987/2002), 송준(『白石詩全集—附·詩語辭典』, 학영사, 1995), 김재용(『백석전집』, 실천문학사, 1997), 이숭원·이지나(『원본 백석 시집』, 깊은샘, 2006), 고형진(『정본 백석시집』, 문학동네, 2007), 최동호(『백석문학전집 1-2』, 서정시학, 2012) 참조.

95 편의상 시집 『사슴』에 실린 판본을 사슴본, 백석 전집에 수록된 작품을 전집본이라 칭한다.

96 김영배, 『증보 평안방언연구』, 태학사, 1997, 537쪽.

는 사실이다. '그마음'이냐 '그마을'이냐에 따라 「寂境」의 전체 의미는 큰 편차를 보일 수 있다.[97] '오식 여부의 판단'은 백석 시 연구자의 영역에 속하는 것이지 '방언 연구가'의 몫이 아니다. 이 문제와 관련하여[98] 「寂境」의 전문을 해설한 백석 시 연구자의 견해를 집중적으로 검토해 보기로 하자. 먼저 『백석을 만나다—백석 시 전편 해설』을 살펴보기로 하자.

> 마지막 행은 여러 가지 생각을 불러일으킨다. 원본대로 '마음'으로 읽는다면 이것은 상당히 시대를 앞서간 시가 된다. 백석이 늙은 시아버지의 마음을 들여다보며 그 마음속에 존재하는 집과 그 집의 산국 끓이는 모습을 상상한 것이 되기 때문이다. 그러나 『사슴』 수준에서 매우 이질적인 그러한 마음의 풍경을 그려 냈을 리가 없다. '마음'을 '마을'의 오기로 본다면 산국을 끓이는 그 외딴집을 "나어린 안해"의 친정집으로 볼 수도 있다.[99]

---

97 "「寂境」은 네 개의 경(景)을 모으고 있는데, 1연은 인생의 사실로서의 경(景)이며, 2연은 자연경물로서의 경(景)이다. 그런데 3연이 문제다. 3연은 분명히 두 개의 경(景)"을 모았는데, 원문표기인 "그 마음의 외딸은 집"일 경우와 개정본에서 바로 잡은 "그 마을의 외따른 집"일 경우, 경(景)의 층위가 달라지기 때문이다. 개정본에서처럼 "그 마을의 외따른 집"일 경우, 이 텍스트는 내리는 눈발 속에서 서서히 확장하며 적막의 넓이를 구현하게 된다. 그리고 이 때의 경(景)은 앞의 풍경들과 궤를 같이 한다. 그러나 원본대로 "그 마음의 외딸은 집"일 경우, "이 텍스트는 보다 조밀하게 뭉쳐지며, 적막의 깊이 속으로 비약하게 된다. 이 때 경(景)의 층위는 앞의 세 개와 다른 차원을 갖게 됨은 물론"(최동호 외, 「해설—한영옥」, 『백석시 읽기의 즐거움』, 서정시학, 2006, 56쪽)이다. 그러나 '마음이냐, 마을이냐'에 따라 '경(景)의 층위'가 달라짐에도 불구하고 해설자인 한영옥은 "멀리서 지켜보노라면 이 시에서 나이 어린 아내의 출산과 산국을 끓이는 컴컴한 부엌 속의 홀시아버지는 그냥 저만치 눈 내리는 풍경일 뿐"이라면서 '그 마음'이든 '그 마을'이든 "크게 상관없다"(위의 책, 57쪽)는 입장을 취하고 있다.

98 이동순, 고형진, 송준('그마음'이라고 원본을 존중하면서 '그마을'이라고 각주 형식으로 밝힘, 앞의 책, 49쪽), 이숭원, 최동호 등 전집 편자의 대부분이 '그마음'이 '그마을'의 오식이라는 입장을 취하고 있다.

99 이숭원, 「「寂境」 해설」, 『백석을 만나다—백석 시 전편 해설』, 태학사, 2008, 96-98쪽.

"백석이 늙은 시아버지의 마음을 들여다보며 그 마음속에 존재하는 집과 그 집의 산국 끓이는 모습을 상상한 것이 되기 때문이다"라는[100] 해석은 인용문에서 보듯이, 해설자에 의해 철회되었다. 문제는 "'마음'을 '마을'의 오기로 본다면"이라는 조건이 붙기는 했지만, 외딴집을 나이 어린 아내의 친정집으로 상정한 점이다. 즉 왜 '외딸은 집에서도 산국을 끓이는가'에 대한 이유를 밝힌 점이 그것이다. 그러나 이 견해는 출산한 집의 곤궁한 처지를 감안하여 「寂境」의 전체 의미를 분석할 필요성을 제기한다. 다시 말하면 시어머니가 없는 홀아비 신세이며 거기에다가 늙기까지 한 시아버지가 미역국을 끓이는 상황에 대한 고려가 그것이다.

나이 어리고 첫 출산이고 더구나 시아버지의 뒷바라지를 받을 수밖에 없는 산모의 기막힌 처지에 주목하여 외딴집에서 '산국을 끓이는 이유'를 추론해야 한다. 외딴집이 친정집이라면, 그 집에서 시집간 딸을 데려가서 해산의 뒷바라지를 했을 것이다. 사정이 여의치 않아 친정집에 데려올 수 없었다면, 친정어머니가 해산 전 딸의 집에 가서 초산(初産)을 도와주는 것이 당연하다. 부연하면 '그마을'의 외딴집이라는 주장을 수용한다면, 어린 아내의 시댁과 그녀의 친정집이 같은 마을에 있다고 할 수 있다. 그런데 '새벽부터 늙은 시아버지가 미역국을 끓이는 상황'이 벌어진 것을 고려한다면, 외딴집은 '어린 아내'의 친정집이라고 추정하기 어렵다.[101] 한 마을에 거주하는 친정어머니가 '어린 딸의 출

---

100 이숭원은 "아주 오래전 백석 연구 초창기에 나도 그런 생각을 한 적이 있다"고 하면서 그 증거로 자신의 논문을 제시(「1930년대 후반기 시의 한 고찰—백석의 경우」, 『국어국문학』 90, 1983. 12, 472쪽)하면서, 과거의 주장을 철회하고 있다.

101 "딸이 출산했다는 소식을 듣고" 친정어머니가 "산국을 끓이는 것"이라고 이숭원(『백석

산, 더구나 산고(産苦)가 심한 첫 출산'을 돕기 위해 '어린 아내의 집'에 오지 않은 것은 납득하기 어렵다. 이러한 이유로 인해, 외딴집이 어린 아내의 친정집이라고 보기 어렵다. 그렇다면 왜 산국을 끓이는가에 대한 이유와 관련하여 "작품성이 뛰어난 60편을 추려" "개별 작품에 대한 해석"을 시도한[102] 『백석 시 바로읽기』의 분석을 살펴보기로 하자.

> 그런데 바로 그 마을의 외딴 집에서도 산국을 끓인다. '마을' 앞에 붙은 관형사인 '그'는, '마을의 또다른' 집이 미역국을 끓이는 홀아버지의 집과 같은 마을에 위치한 것임을 강조한다. 같은 마을에서 외따로 떨어진 집에서도, 바로 그 마을에서 벌어지는 출산의 기쁨을 나누고, 축복을 보내는 마음을 간직하고 있는 것이다. 그런 마음은 '산국'을 끓이는 정성으로 나타난다.[103]

"외따로 떨어진 집에서도" "출산의 기쁨을 나누고, 축복을 보내는 마음을 간직"하면서 "그런 마음"이 "'산국'을 끓이는 정성으로 나타난다"는 지적이 "산국을 끓이는 집이 친정집"이라는 추정보다 설득력을 지닌다. 그러나 문제는 산모집과 외딴집이 같은 마을에 있다는 단정이다. 이 점은 사슴본과 전집본 중 어느 것이 정본으로 합당한가에 대한 문제, 즉 사슴본의 끝 구절이 오식이라는 견해의 타당성 여부와 관련되

을 만나다』, 98쪽)은 해설하고 있다. 그렇다면 그 소식을 누가 전해주었는가의 문제가 남는데, '이른 새벽 미역국을 끓이는 시아버지'가 그 소식을 전해주었을 리가 없다. 외딴집이기는 하지만, 같은 마을에 거주하는 친정어머니가 '산모집에서 피어오르는 연기를 보고' 출산소식을 알았다는 것도 상식적으로 납득하기 어렵다. 같은 마을에 있었다면 시아버지가 어린 며느리의 산통이 시작되었을 때 그것을 친정어머니에게 알리고 도움을 청했을 것이다.

102 고형진, 『백석 시 바로읽기』, 현대문학, 2006, 6쪽.

103 고형진(2006), 191-194쪽.

어 있다. 다시 말하면 같은 마을에 있는 외딴 집에서 축복과 기쁨을 나누려는 마음으로 산국을 끓인다는 지적은 「寂境」의 '본문 변경'의 정당성 여부와 직결되어 있다. 그것은 "'마을' 앞에 붙은 관형사인 '그'는, '마을의 또 다른' 집이 미역국을 끓이는 홀아버지의 집과 같은 마을에 위치한 것임"을 강조한다는 대목인데, 해설자는 『사슴』에 수록된 「寂境」의 이 부분이 오식이라는 '근거를 제시하지 않으면서'[104] '그마을'로 본문을 변경시켰다.

그러나 중요한 점은 오식 여부를 판단하기 전에 시 본문 그대로, 즉 '그마을'이 아니라 '그마음'과[105] 연관 지어 외딴집에서 산국을 끓이는 이유를 작품의 의미 구조와 관련하여 분석할 필요가 있다는 것이다. 그것은 이 작품이 적막한 산골에 사는 결손 가족의 기구한 사연, 다시 말하면 평안이나 안식과 대조되는 일제 강점기 원주민의 기막힌 가정사를 보여주고 있다는 점이다. 이 점에 주목하면서 '산국을 끓이는 이유'를 추정할 때 「寂境」에서 관심의 초점이 된 인물이 시아버지가 아니고 '어린 아내'라는 사실에 유의해야 한다. 시아버지의 처지에 초점이 맞추어졌다면, 「寂境」의 '시어 선택'에서 '어린 아내'가 '어린 며느리'로, '첫아들'이 '첫손자'로 되어야 한다. 첫아들이나 어린 아내라는 단어가 지시하듯이, 「寂境」은 '어린 나이에 출산한 가련한 여인의 정황과 가장(家長)의 부재'에 메시지의 초점이 놓여 있다. 그것은 '남편 없이 첫 아들을 낳은' 어린 여인의 삶을 통해 어떤 이야기를 전달하는 것과 관련

104 고형진(『정본 백석 시집』, 문학동네, 2007/2008, 334쪽)은 왜 이 글자가 오식인지에 대한 구체적 설명을 생략하고 있다.

105 이숭원도 "일반적으로 '마을'의 오자로 보는데, 그냥 '마음'으로 보는 사람도 있다"(『백석을 만나다』, 96쪽)고 지적하고 있다.

이 있다.

"발화자와 문맥을 재구성하거나 상상"하면서 우리가 「寂境」의 외딴 집에서 산국을 끓이는 이유를 추론하면 다음과 같다.[106] 즉 그것은 아이의 출산에 따른 기쁨을 누릴 수 없는 삶의 조건을 지닌 결손 가족의 처지를 동정하는 측은지심에서 산국을 끓일 것이라는 사실이다. 그런데 문제는 산국을 끓인 집이 '어린 아내의 집과 같은 마을'에 있다는 전제이다. 이러한 전제를 받아들인다면, 마을 주민 중 누군가 산후 처리도 해주고 '늙은 홀아비가 이른 새벽부터 미역국을 끓이는 상황'이 벌어지지 않았을 것이다. 시아버지 또한 '어린 며느리의 초산'을 위해 그러한 도움을 요청했을 것이다. 그럴 수 없었던 것은 마을이 형성된 곳에 산모집이 있지 않았기 때문이다.

"백석의 시가 늘 멀리 떨어진 호젓한 곳을 배경으로 삼은 점을 염두에 두면"[107] "人家멀은山중"은 산모집의 위치를 나타낸 것으로 파악된다. 그렇다면 시적 공간 설정으로 판단컨대 산국을 끓이는 외딴집과 산모집은 지근거리에 있지 않은 것으로 추정된다. 물론 기존의 해석을

106 "서정시란 엿듣는 발화이다. 우리가 우리의 관심을 집중시키는 어떤 이야기를 엿듣게 될 때, 우리가 전형적으로 보이는 행동은 발화자와 문맥을 재구성하거나 상상하는 것이다. …[중략]… 따라서 시를 해석한다는 것은 텍스트가 지시하는 것에서부터, 그리고 발화자와 공통된 상황과 발화자의 태도가 보여주는 성격에 관한 지식으로부터 작업해 내는 문제"(Jonathan Culler/이은경 · 임옥희 옮김, 『문학이론』, 동문선, 1999, 121-122쪽)이다.

107 이숭원은 '인가 멀은 산중'이 "집의 위치를 가리키는 것인지 까치의 위치를 가리키는 것인지" 확실치 않다면서 "백석의 시가 늘 멀리 떨어진 호젓한 곳을 배경으로 삼은 점을 염두에 두면" "[산모의-인용자 첨가] 집의 위치를 나타내는 것 같기도 하다"는 의견을 피력하고 있다. 그러나 그는 "마지막 행의 "마음"을 '마을'의 오기로 본다면 까치의 위치를 나타낸 것으로 보아야 논리에 맞다"(이숭원, 『백석을 만나다』, 96-97쪽)는 입장을 취하고 있다.

존중한다면 산국을 끓이는 외딴집이 '그 마을'에 있으나, 출산의 시간대가 밤이었고 더구나 아침에 눈이 와서 산모집에 건너가지 못하는 상황도 고려할 수 있다. 그러나 같은 마을에 거주하면서 '출산의 기쁨을 나누고' '축복을 보내는 마음'으로 '산국을 끓이는' 집이라면, 시어머니와 남편도 없는 집의 늙은 시아버지가 홀로 손자를 받고 미역국을 끓이도록 외면하지 않았을 것이다. 그런 비정한 마음을 지닌 집에서 '축복과 기쁨을 나누기 위해 산국'을 끓일 리가 없다. 이러한 점에서 '축복을 보내고' '기쁨을 나누는' 마음에서[108] 산국을 끓이는 외딴집과 산모집은 한 마을에 속해 있지 않다는 사실이 자명하다. 따라서 '그마음의외딸은집'이 '그마을의외딸은집'의 오식이라는 주장은 해석의 타당성에서 문제가 있다.

"아배는타관가서오지 않고" "엄매와나와단둘이"(「古夜」) 사는 외딴집이나 「寂境」의 "외딸은집"은 마을이 형성되지 않은 산골 지역에 위치해 있었을 것이고 그들이 처한 삶의 상황도 대동소이했을 것이다.[109] 작품이 쓰인 시대 배경에서 볼 때 아버지가 징용을 갔는지, 또는 징용을 피해 먼 만주 땅으로 도피했는지 「古夜」의 외딴집에는 어머니와 나밖에 없다. 각각의 기막힌 사연을 지닌 산골 주민들의 삶의 조건, 즉 '가장의 부재'라는 당대 조선 민중의 가족사적 보편 상황을 함축하

108 고형진(2006), 191-194쪽.

109 이하의 역사적-시대적 맥락에 맞춘 필자의 「寂境」 해석(특히 3장의 심층 분석)은 마지막 행의 '그마음'이 '그마을'의 오식이라는 견해에 대한 반론에 해당하는 것이다. '그마음'을 인정한다면, 백석 당시의 시대 상황에 초점을 맞춘 필자의 분석 이외에 구조주의나 수용미학 등의 관점에서 다양한 읽기가 개진될 수 있고, 그것은 환영할 만한 일이다. 국어문학회 정기 학술대회(군산대 황룡문화관, 2014. 8. 21)에서 이 논문에 대한 토론자(김동근 교수)를 비롯하여 여러 회원의 다양한 작품 읽기에 대한 조언에 감사드린다.

고 있는 작품이 「古夜」이고, 「寂境」도 이 범주를 벗어나지 않는다. 식민지 후기의 현실에서 볼 때 「寂境」의 산모집은 물론이고 "외딸은집" 또한 「古夜」의 "외따른집"과 비슷한 상황에 놓여 있었을 가능성이 크다.[110] 그렇지만 「寂境」의 산모집은 사정이 더욱 안 좋은 경우이다. 이 집은 가장이 부재한 것은 물론이고 시어머니조차 없는 기구한 사연의 가족사를 지닌 집안이다. 늙은 시아버지와 단 둘이 사는 어린 며느리가 첫 출산을 하였다는 사건 자체가, 기막힌 가족사의 사연을 암시하고 있다.

「寂境」의 시어들을 연결해 가는 동안 우리는 자연스럽게 홀아비의 아들이자 어린 여인의 남편, 그리고 첫 아들의 아버지로 상정되는 작품 밖의 인물을 떠올리게 된다. 이 집안의 가장은 작품의 표면에 나타나 있지 않지만, 중요한 기능을 수행하고 있다. 「寂境」은 남편의 부재에 관한 사연이 본문의 핵심을 이루고 있으며, 그것은 민족적 고난의 서사와 관련되어 있다. 즉 이 작품은 아이를 출산한 어린 여인의 곤궁한 가정사에 대한 이야기를 통해 당대 민중의 고달픈 인생살이를 압축적으로 제시하는 데 의미의 중심이 놓여 있다. 식민지 후기의 궁핍한 삶의 조건에서 비롯된 조선 민중의 실상을 형상화한 백석 식의 민중 서사가 이 작품에 함의되어 있고, 그 서사에 농축된 핵심 메시지를 파악하는 데 결정적으로 기여하는 단어가 '마음'이라는 시어이다.[111] 그것은 고

---

110 "아배는타관가서오지않고 山비탈외따른집에 엄매와나와단둘이서"(「古夜」) 참조.

111 고형진(앞의 책, 2006)은 「寂境」의 마지막 구절을 '산국'을 끓이는 정성스런 '마음'을 표현한 것으로 해석하고 있다. 이숭원(2008)도 이 구절을 '친정어머니의 마음'과 연결 지어 해설하고 있다. '마음'은 「寂境」의 의미 구조와 관련하여 핵심어 기능을 수행하고 있으며, 해석 다양성이나 풍부성이라는 측면에서 '마을'보다 더 적합한 시어로 판단된다. 『사슴』을 포함하여 남한에서 발표한 마지막 작품인 「남신의주 유동 박시봉방」까지 나

단한 조선 민중의 삶의 풍경을 떠올리게 만드는 이야기와 관련되어 있다. 민족 공동체가 감당했던 시대고(時代苦)가 「寂境」의 의미 구조에 부각되어 있다는 분석이 가능한 근거가 여기에 있다.

3. 본문의 심층 분석

「寂境」은 '축복과 기쁨의 들뜬 분위기'와는 거리가 멀다. 전체적으로 이 작품은 쓸쓸하고 고적한 분위기를 자아내며 제목도 그에 어울리는 적막한 지역이나 그러한 경계를 뜻하는 단어가 사용되었다. 시적 공간 설정이나 작품의 전체 분위기에서 볼 때 어린 아내의 집은 '고적하고 적막한 지역'에 있으며 그곳은 마을이 형성된 곳이 아님이 분명하다. 또 하나의 유력한 증거는 마을이 형성된 곳에 이 집이 있었다면, 마을 아낙네가 와서 '외롭고 고단하고 더구나 나이까지 어린 여인'의 초산(初産)을 어떤 형태로든 도왔을 것이라는 점이다. 산모집이 고립무원의 지역에 있었기 때문에 늙은 홀아비가 이른 새벽부터 해산국을 끓이고 있으며, 그 이전에는 산파 역할까지 했을 것이다. 상식적으로 판단할 때 시어머니와 남편이 없고, 나이 어리고, 첫 출산이며, 늙은 홀아비와 함께 사는 가련한 여인의 처지를 마을 주민들이 인정상 외면하기는 어려웠을 것은 자명한 사실이다.

「寂境」의 산모집과 외딴집은 주민들이 산개(散開)해 있는 외진 산골에 해당하는 곳에 있으며 그 두 집 사이의 거리는 상당한 정도 떨어져

타난 '단어 출현 빈도수'에서도 '마을'과 '마음'이 동수(同數)를 이루고 있는데, 각각 39번씩 등장한다.

있었을 것이다. 까치소리가 들리는 산중이나 그와 유사한 장소를 떠올리게 하는 시적 공간 설정도 이러한 점과 관련이 있다. 더구나 '나이 어린 아내의 집'은, 눈이 내려 인적(人跡)조차 끊긴 고적한 장소에 있다. 외롭고 쓸쓸한 지역을 의미하는 '적경(寂境)'이라는 제목이 본문의 내용을 보강하는 효과를 지니게 되는 이유가 여기에 있다.

이 작품은 적막한 경계에 있는 한 가정의 출산 풍경을 통해 '남편 없는 여인의 기구한 삶의 모습'을 상상하도록 독자들의 참여를 촉구하고 있다.[112] 그러나 그 모습은 단순히 어린 아내 한 가족의 서사에 그치는 것이 아니라, 식민지 후기 조선 민중 대다수 삶의 한 전형으로 '결손 가족의 기구한 사연'을 제시했다는 점에서 「寂境」은 시대사적 가치를 지니게 된다. 아버지가 부재한 상황에서 탄생한 아들, 그리고 늙고 홀아비인 시아버지의 해산 도움을 받을 수밖에 없었던 '어린 며느리'의 기막힌 가족사를 통해 당대 민중의 삶의 한 전형을 형상화한 것이 그것이다. 백석은 여러 작품에서 조선 민중이 겪어야 했던 생의 고난을 그려내고 있다. 「寂境」은 말할 것도 없고 「女僧」도 이 범주에 속하는 수작의 하나이다.

> 섶벌같이 나아간지아비 기다려 十年이갔다
> 지아비는 돌아오지않고
> 어린딸은 도라지꽃이좋아 돌무덤으로갔다

---

112 종래의 작품 해석에 해당하는 것이 수용미학에서 말하는 '문학 텍스트의 구체화'인데, 그것은 "문학 텍스트를 읽고 이해하고 받아들이며 해석하는"(차봉희 편저, 『수용미학』, 문학과지성사, 1985, 48쪽) 행위이다. "독서과정에서 이루어지는 의미구성은 텍스트가 표현하지 않았던 것을 독자가 상상행위를 통해서 포착하는 것"(앞의 책, 80쪽)이며, 이것이 문학 텍스트를 구체화하는 '독자의 참여, 즉 읽기 행위'이다.

山꿩도 설게울은 슳븐날이있었다
山절의마당귀에 女人의머리오리가 눈물방울과같이 떨어진날이있었다

—「女僧」 일부

이 작품의 여인은 섭벌같이 집을 나간 남편을 10년 동안 기다렸다. 그러나 그는 오지 않았고, 그녀는 남편을 찾아다니다 어린 딸마저 돌무덤에 묻어버린 비극적인 삶을 견뎌야 했다. 여승이 될 수밖에 없었던 사연이 잘 함축된 이 작품이 보여주듯이, 당대 민중들의 고단한 세상살이를 하나의 풍경화처럼 제시하는 매력이 백석 시에 내재되어 있다. 그리고 '그러한 시대의 고단한 삶의 풍경' 속으로 독자들을 견인해 간다는 점에서 백석은 식민지 후기를 대표하는 시인이다. 따라서 백석 시를 감상하는 핵심 포인트는 「女僧」이나 「寂境」 같은 작품에 함의된 시대상과 그로 인한 개개인의 고통스런 생활현실을 생생하게 경험하는 것이다.[113] 그의 두드러진 시적 개성에 해당하는 이러한 점은 여러 작품에서 확인된다.

녯城의돌담에 달이올랐다

113 김환태가 말하는 '재구성적 체험'이 여기에 해당하는 것인데, 그것은 "한 작품의 생명과 약동성을 체험하는 것"(졸고, 「재구성적 체험과 김환태의 실천비평」, 『현대문학이론연구』, 현대문학이론학회, 2013. 12, 263쪽)이다. 김환태가 주장한 재구성적 체험은 수용미학에서 말하는 '심미적 경험'과 유사한 것으로 파악된다. 이저에 의하면 "상상적인 것을 경험할 수 있는 가능성"으로서 수용 그 자체를 '해석의 대상'으로 삼을 수 있다. 다시 말하면 수용은 "의미론적인 과정이 아니라 상상적인 것이 텍스트 내에서 어떻게 형태화되고 있는가"를 경험할 수 있는 과정이다. 이 수용 과정에서 "텍스트에 주어진 구조적 · 기능적 지시를 거쳐 수용자의 의식내에 텍스트라는 상상에 따른 대상이 생겨나게 되고" "비로소 텍스트의 경험"이 이루어지는데, 이것이 "수용자의 심미적 경험"(차봉희 편저, 앞의 책, 1985, 90쪽)이다.

묵은초가집웅에 박이
또하나달같이 하이얗게빛난다
언젠가마을에서 수절과부하나가 목을매여죽은밤도 이러한밤이었다

—「흰밤」

「흰밤」에서 백석은 우리로 하여금 묵은 '초가집웅'에 박이 '하이얗게' 빛나는 달밤에 목매달아 죽은 수절과부의 사연을 떠올리게 만든다. 앞서 살펴본 「女僧」과 「흰밤」은 물론이고 「쓸쓸한 길」에서도 백석은 '따르는 사람도 없이 쓸쓸하게 치러지는 장례의 한 장면'을 보여주고 있다.[114] 이 작품의 이면(裏面)에는 기막힌 삶의 곡절이 내재되어 있다. 「寂境」도 유사한 맥락에서 해석의 가능성을 열어놓은 작품이다. 시아버지나 어린 아내의 처지를 동정하고, 기막힌 그 가족의 사연을 이해하는 '그 마음'으로 외딴집에서도 산국을 끓이는 것이라는 추론이 가능한 이유가 여기에 있다.

어린 아내의 집안 사정을 이해하고 헤아리는 비슷한 처지의 외딴집 아낙네의 '따뜻한 마음'이 산국을 끓이게 만드는 것이다. 다시 말하면 해산한 그 집에서 꼭두새벽에 피어오르는 연기를 보고 멀리 떨어진 외딴 '집에서도' 산국을 끓여 동병상련의 처지에 있는 산모집에 가져다주려고 한다. '컴컴한 부엌에서는'과 '외딸은 집에서도'에 사용된 조사의 용례에 주목해 보면 이 점이 확인된다. "미세한 문의 의미의 변

114 "거적장사하나 山뒤ㅅ녚비탈을올은다/ 아—딸으는사람도없시 쓸쓸한 쓸쓸한길이다/ 山가마귀만 울며날고/ 도적개ㄴ가 개하나 어정어정따러간다/ 이스라치전이드나 머루전이드나/ 수리취 땅버들의 하이얀복이 서러웁다"(「쓸쓸한 길」).

환을 초래"하는[115] 특수조사 '-도'의 사용에 주목하여 이 부분을 살펴보기로 하자.

> 컴컴한 부엌에서는 미역국을 끓인다.
> 외딸은 집에서도 산국을 끓인다.[116]

'-는'과 '-도'는 국을 끓인다는 사실을 설명하는 것에는 차이가 없다. 그러나 '-도'는 다른 곳에서도 '끓인다'는 의미가 내재되어 있고, '-는'은 다른 곳에서는 '끓이지 않을지도 모른다'는 의미를 함축하고 있다. 조사 '-도'는 제시된 사실의 내용 가치와 동류(동일/유사)의 것이 더 존재함을 들어 보인다는 점에서 국을 끓이는 선후 관계는 산모집이 먼저이고 이어서 '외딸은 집'이다. '-는'과 '-도'는 이러한 미묘한 의미의 대조를 보인다.[117]

'컴컴한 부엌에서 미역국'을 끓이는 것은 그 어느 곳에서도 '해산국'을 기대하기 어렵다는 의미를 내포하고 있다. 홀아비인 시아버지가 직접 해산구완을 위한 국을 끓이는 행위는, 어린 아내의 친정이나 친척은 물

---

115 홍사만, 『국어 특수조사 신연구』, 역락, 2002, 220쪽.

116 '문맥 현현의 예로서 조사 {도}는' 부사 '역시, 또한'이나 서술어 '동일'과 공존 관계를 형성함으로써, 서로 중복 공존적인 양상을 띤다. '가중과 극단 제시, 감탄적 · 강의적 특성 특히 동일어구 반복형이나 부사어형, 용언 어미 등에 첨가될 때의 조사 {도}는 그 대부분이 화자의 강한 감정적 요소에 의한 강조적 첨의 기능을 나타낸다.'(홍사만, 앞의 책, 233쪽 참조)

117 "집에서도 열심히 공부한다./ 집에서는 열심히 공부한다." 이 두 문장은 공부를 한다는 사실을 설명하는 것에는 차이가 없다. 그러나 '-도'의 경우 집에서는 물론이고 학교 등에서도 열심히 공부한다는 의미가 내재되어 있다. '-는'에는 집에서는 열심히 공부하지만, 다른 곳에서는 오히려 열심히 공부하지 않는지도 모른다는 의미를 함축하고 있다.(홍사만, 앞의 책, 220쪽 참조)

론이고 이웃의 도움조차 받을 수 없는 절박한 상황을 암시한다. 외딴 집이 '마을'에 있었다면 이러한 상황은 발생하지 않았을 것이다. 추정컨대 어린 아내의 집 근방에서 피어오르는 연기를 보고, 외딴집에서 해산의 사실을 알았을 것이다. 소문으로 듣던 그 집의 기막힌 사연에 동정과 연민을 느껴 산국을 끓이는 마음이 「寂境」에 표현되어 있다. 다시 한 번 강조하면, 산모집의 처지를 십분 이해하고 안타까워하는 마음으로 산국을 끓이는 정황을 표현한 것이 마지막 행이다. 심층 분석의 결과 "그마음의외딸은집"이라는 설정은 이 시의 의미 구조와 맞물려 있는 핵심 어구이다. 따라서 '그마음'이 '그마을'의 오식이라는 주장은 철회되거나 유보되어야 한다.

이 시기 조선 민중의 보편적 삶의 양상을 전형화한 모습이 사슴본 「寂境」에 부각되어 있으며, 그것을 세세히 묘사한 것이 아니라 압축적 이야기로 뭉뚱그려 일거에 보여주는 백석 특유의 민중적 삶의 서사가 이 작품에 담겨 있다. 식민지 조선 민중이 직면했던 삶의 궁벽함이나 기구함은 「寂境」이 쓰인 시대의 일반적 현상이었고, 각각의 사연은 다르지만 그 처지는 상당수가 비슷했을 것이다. 그래서 '기막힌 사연을 지닌 결손 가족의 그러한 마음'을 헤아리는 외딴 집에서도 '산국'을 끓이는 것이다.

4. 맺음말

필자는 「寂境」 본문의 전승과 보전의 문제를 거론하고 그 해결책을 이 글에서 모색하였다. 기존의 전집에서 「寂境」의 마지막 행의 '그마음'을 '그마을'로 교열한 것은, 최소 교열 원칙이나 인쇄본을 중시하는 최근의 본문 비평 이론에도 위배된다. 특히 전집본은「寂境」의 해석 다양성이나 풍부성을 제한하는 측면이 농후하다. 원작자인 백석이 심혈을 기울여 출판한 본문을 보전하고 전승하는 작업은 전집 편찬의 기초 윤리에 속하는 문제이다. 전승되는 두 판본 중『사슴』에 수록된「寂境」의 본문 그대로를 인정하는 것이 현재로서는 타당하다. 그 타당성을 뒷받침하기 위한 본고의 논의 결과를 요약하면 다음과 같다.

첫째, 시 제목에 사용된 단어 '적경(寂境)'은 적막한 지역이나 경계를 의미한다. 이것은 일차적으로 첫 아들을 출산한 집이 적막한 지역에 위치해 있다는 것을 지시하며, 그 집이 군락을 이룬 마을 안에 있지 않다는 것을 뜻한다. 따라서 시집본「寂境」의 마지막 행의 '그마음'이 '그마을'의 오식이라는 주장은 타당성이나 객관성이 결여되어 있다.

둘째, 2연의 "인가멀은산중"도 제목의 '적경'에 부합되며 출산한 집이 적막한 곳에 있다는 사실을 반복적으로 제시하여 강조하고 있다. 그러한 '산중'이라는 공간적 배경은 제목과 상호 연관성을 지니면서「寂境」의 분위기를 보강하는 기능을 수행하고 있다. '어린 아내'의 집은 산골 지역에 있는 '가장 부재의 결손 가족'으로 추정된다.

셋째, 어린 아내의 남편은 작품의 표면에 나타나 있지 않지만, 중요한 기능을 수행하고 있다. 늙은 홀아비의 아들이자 어린 아내의 남편, 그리고 첫 아들의 아버지로 상정되는 작품 밖의 인물을 떠올리도록「寂境」의 시어들이 선택되어 있다는 점에 주목한 이유가 여기에 있다. 이 작품은 남편의 부재에 관한 사연이 본문의 핵심을 이루고 있으며, 그것은 식민지 말기 조선 민족이 겪어야 했던 고단한 삶의 서사와 관련되어 있다. 즉 이 작품은 어린 나이에 남편도 없이 늙은 시아버지의 도움을 받아 아이를 출산한 여인의 곤궁한 삶에 대한 이야기에 의미의 중심이 놓여 있다.

백석 전집의 발간은 그의 문학 세계를 학문적으로 종합하고, 그에 관한 문헌 자료의 정밀한 분석 작업을 가능하게 만드는 첫 걸음이다. 그것은 한 단계 높은 차원의 백석 문학 연구의 출발점을 마련하는 것을 뜻하는데, 그 첫 번째 과제는 '본문의 전승과 보전'에 관한 문제로 집약된다. 물론 충분한 논의 후 교열의 필요성이 인정된다면 잘못 인쇄된 부분을 바로잡아 본문이 와전(訛傳)되는 것을 막아야 한다. 그러나 객관적이고 확실한 근거 없이 편집자의 주관적 판단에 의거하여 본문이 변경되는 것이 용인되어서는 안 된다. 이후 발간되는 백석 전집에서는 이러한 점이 충분히 반영되어야 할 것이다.

2부

01

임의 침묵과 '되다'의 시학

한용운

1

만해(萬海)의 『님의 沈默』은 관념이 평이한 시의 정서로 서정화되어 있다. 때문에 그의 시작품들은 생경하거나 난해한 관념시로 머물기를 거부하고 있다. 이 점이 많은 만해 시 연구가들의 논의의 대상이 되어 왔다. 동시에 이러한 논의들이 보여주는 뚜렷한 경향은 『님의 沈默』을 만해의 불교적 신앙이나 그가 처했던 식민지적 상황과 관련하여 조국이나 불타 또는 이 두 가지의 일체화에 이르는 과정으로 이해하고 있다는 점이다. 그리하여 이 경향을 대표하는 영향력 있는 논의들은 이후의 독자들에게 만해 시를 이해하는 '기준'을 제시해 주는 데 결정적인 역할을 한 듯하다.

그러나 동시에 이러한 기준은 만해의 시세계를 일정한 이해의 지평 속으로 획일화시킴으로써 후대 독자들의 '새로운 이해'를 가로막는 장애 요인이 될 수도 있다. 만해 시를 이해하는 기준이 문학 작품 이외의 요소들에 지나치게 경도되어 그의 시가 그의 사상이나 그 당대의 삶을 대변해 온 것처럼 오해되어 옴으로써, 우리가 만해 시를 이해하려 할 경우 우리는 만해 자신이 되거나 적어도 그 당대의 삶을 영위했던 그 당대인으로 돌아가야 한다는 모순에 봉착하게 된다.

문학 작품의 위대성은 시간을 초월하여 영원한 가치로 우리에게 '새롭게' 다가오는 데 있다고 할 때, 만해 시를 일정한 해석의 틀로 제한하여 이해하는 것이 바람직한 현상만은 아니다. 만해 시가 1920년대 독자들에게 감동을 줄 수 있었듯이, 비록 감동의 종류는 다를지라도 오늘날도 엄연히 그의 시는 우리를 감동케 하고 있다. 따라서 우리는 만해 시가 역사와 시대에 처한 상황이 각기 다른 독자들에게 각기 상이한 감동을 '새롭게' 전달해 줄 수 있는 비밀을 그의 시작품을 통하여 밝혀 보려 한다.

우리는 이러한 목적을 달성하기 위하여 만해 시를 논한 기존의 방법들과는 달리 그의 시가 간직한 서술 구조를 분석함으로써, 그의 시세계를 이해하는 출발점을 삼을 것이다. 그리하여 우리는 만해 시의 중심어인 임과 침묵의 의미를 밝혀 보겠다.

2

『님의 沈默』에 수록된 시의 절반 가까이에 '되다'나 혹은 '되다'라는 의미 범주에 포용될 수 있는 동사들이 등장하고 있다. 이것은 곧 '되다'가 만해 시 서술 구조의 중핵에 자리 잡고 있을 것이라는 추론을 가능케 해 준다.

'되다'는 무엇(X)을 무엇(Y)으로 되게 하는 변화와 생성을 의미하는 과정 동사이며, 화자의 의지와 무관한 피동성을 내포하고 있다. 때문에 우리는 만해 시를 대하는 순간 그의 시에 나오는 자연물, 더 나아가 인간의 삶 또는 그 삶에서 일어나는 사랑 이별 죽음까지도, '만들어지는' 것들이 아니라 그 스스로 '되어지는' 것들이라는 인상을 받게 된다. 만해 시 문장의 서술 구조에서 '되다'가 어떠한 기능을 수행하는지를 살펴보는 것이 그의 시를 이해하는 첫걸음이다.

> 그리하야 나로하야금 님에게서 하나가되게 하서요
>
> —「하나가되야주서요」

> 나의노래는 님의귀에드러가서는 天國의音樂이되고 님의꿈에드러가서는 눈물이됨니다
>
> —「나의노래」

> 쏫은 말도업시 나의눈물에비처서 둘도되고 셋도됨니다
>
> —「海棠花」

> 타고남은재가 다시기름이됨니다
>
> —「알ㅅ수업서요」

> 그밧긔秘密은 한쪼각붉은마음이 되야서 당신의꿈으로 드러갓슴니다
>
> —「秘密」[1]

---

1 이 글에 인용된 한용운의『님의 沈黙』작품의 출처는『한국현대시사자료집성 3』(엄형섭 편, 태학사, 1982)이다.

만해 시의 대부분이 그렇듯이, 위의 예시(例詩)들도 하나같이 모순적—역설적 사실을 진술하고 있다. 즉 1)에서 나와 임이 하나가 되기를 바란다. 2)에서 나의 노래는 임의 귀에 들어가서 천국의 음악이 되지만, 임의 꿈에 들어가면 눈물이 된다. 3)에서 꽃은 나의 눈물에 비쳐서 둘도 되고 셋도 된다. 4)에서 타고 남은 재가 다시 기름이 된다. 5)에서 '그 밖의 나의 비밀'이 한 조각 붉은 마음이 되어서 당신의 꿈으로 들어갔다. 「秘密」이나 「하나가되야주서요」처럼 만해 시에서는 일상의 현실에서 불가능하면서도 모순되는 역설이 자주 나타난다.

그러나 이러한 역설과 모순으로 점철된 만해 시의 어법들은, 신(神)—무한자(無限者)의 조화(造化)를 함축한 동사 '되다'에 의하여 높은 차원의 진리를 담보할 수 있게 된다. 예컨대 '노래가 音樂이나 눈물이라는 것'이 아니라 노래가 음악으로도 눈물로도 '될' 수 있다는 점에서 만해의 시적 진술은 일차적으로 동사 '되다'의 사용으로 그 진실성을 보장받게 된다.

'되다'는 인위성(주체 의지)이 배제된 동사이며, 나아가 그것은 자연의 섭리나 신의 조화를 함축하는 움직임—변화의 가능성을 지시한다. 때문에 만해 시에서 '되다'는 무엇인가를 되게 하는 진리를 말할 때 쓰인다. 그것은 'X가 Y로 되다'처럼 인간의 능력이나 책임을 초월하는 자연의 진리를 진술하는 데 사용된다. 따라서 '되다'는 예시(例詩)들의 문장이 일탈되고 역설화되어 이미 그것들 자체가 모순덩어리인 의미를 조화와 화해의 통합된 의미 세계로 변화시켜 주는 기능을 수행한다. 만해의 작품들은 일상어로 만들어진 것이 아니라 모순된, 왜곡된, 일탈된, 역설화된 표현을 통하여 진리를 포착하게 '되는 언어'로 이루어진 것들이다.

몇 개의 예에 불과한 이러한 동사 '되다'가 만해 시 전체의 구조 속에서 모순된 언어적 사실을 어떻게 시적 진실을 향한 통합과 질서와 조화의 세계에 이르게 할 수 있는가를 살펴보자.

바람도업는공중에 垂直의波紋을내이며 고요히써러지는 오동닙은 누구의발자최임닛가
지리한 장마끗헤 서풍에 몰녀가는 무서은검은구름의 터진틈으로 언뜻언뜻보이는 푸른하늘은 누구의 얼골임닛가
꼿도업는 깁흔나무에 푸른이씨를거처서 옛塔위의 고요한하늘을 슬치는 알ㅅ수업는향긔는 누구의입김임닛가
근원은 알지도못할곳에나서 돍뿌리를울니고 가늘게흐르는 적은시내는 구뷔구뷔 누구의 노래임닛가
련꼿가튼발꿈치로 갓이업는바다를밟고 옥가튼손으로 끗업는하늘을만지면서 써러지는날을 곱게단장하는 저녁놀은 누구의詩임닛가
타고남은재가 다시기름이됨니다 그칠줄을모르고타는 나의가슴은 누구의밤을지키는 약한등ㅅ불임닛가

—「알ㅅ수업서요」

「알ㅅ수업서요」는 미지(未知)의 대상, 즉 '누구'로 지칭된 대상에 대한 경건한 노래이다. 또한 '누구'라는 부정사(不定詞)는 인간과 자연의 이미지를 동시에 불러일으키는 모습—대상을 설의적 의문 구조로 가시화(可視化)하기 위해 사용되고 있다. 따라서 '누구'는 알 수 없다는 의문의 대상화이다.

그러나 오동닙 · 푸른하늘 · 향기 · 시내 · 저녁놀 등의 자연적인 이미지와, 발자취 · 얼굴 · 입김 · 노래 · 시 등 인간적인 이미지를 동시에

불러일으키는 시어들이 대응되어 '누구'라는 미지의 대상이 작품 전면에 구체화되어 있다. 만해 시 전편을 통하여 우리는 이 시에 국한되어 사용된 '누구'가 곧 임을 지칭하고 있음을 알 수 있다. 또한 이 시에서 오동잎의 발자최, 시내의 노래, 저녁놀의 시는, 그것들 스스로 '되어지는' 행위 속에서 조용히 울리는 소리를 형상화하고 있으며, 이 소리들이 근원이 밝혀지지 않은 침묵의 소리임을 동시에 암시해 준다. 이러한 점에서 만해 시의 핵심어인 임과 침묵의 함의(含意)를 그 심층 구조에 내포하고 있는 작품이 「알ㅅ수업서요」이다.

「알ㅅ수업서요」에서 알 수 없다는 의문은, 임과 침묵의 소리에 대하여 알 수 없다는 물음과 통한다. 우리는 이러한 물음에 대한 답을 구함으로써 일차적으로 만해 시를 이해할 수 있는 기틀을 마련할 수 있다. 그러나 이 물음에 대한 대답을 이 작품만으로 국한시킬 필요는 없다. 이 물음은 만해 시 전체와 관련되어 있으며, 동시에 자연과 인간 모두에 관련된 '존재의 존재인 바의 그것'을 묻는 본질적인 문제와 관련되어 있기 때문이다. 이러한 물음은 미지의 사실 추구가 아니라 삶의 진실을 추구하는 물음으로, 이미 그것의 대답은 마치 소크라테스의 질문처럼 '거기 그 물음 속'에 대답을 포함하고 있을지도 모른다. 우리는 이 물음을 해명하기 위하여 「알ㅅ수업서요」의 서술 구조에 접근해 보자.

이 시는 여섯 개의 의문문으로 구성되어 있다. 그러나 보다 중요한 점은 이러한 의문문이 단순히 무엇에 대한 무지(無知)의 의문이 아니라 이미 모든 것을 알고 있음을 확인하는, 그리하여 구태여 '물음'이 아니라 '알고 있음'을 설의적인 의문으로 제시하여 확인하려는, 또는 그것이 그렇게 되어 있다는 확신을 가능케 하는 자문자답 식의 물음이라는 것이다. 이 물음은 푸른 하늘과 푸른 이끼 등의 색채어에 의하여, 혹은 서풍 · 바다 · 깁흔나무 · 적은시내 등에서 연상되는 청색 이미지에 의하여 푸른 하늘을 향한 청청하고 높은 달관과 각성의 경건한 분위기 속에서, 더 나아가 유장한 톤이 일으키는 엄숙하고 신비로운 분위기 속에서 제기되는 질문이다.

때문에 '누구의~임닛가'라는 설의적 의문문의 반복은 자연 현상이 단순히 반복된다는 사실 제시가 아니라 오히려 무한한 반복 속에서 어느 하나도 같지 않은 자연의 변화를, 또는 고요함 속에서 일어나는 역동적인 자연을 포착하면서 이 시의 구조를 유기적으로 통합하고 있다. 이 시는 유기적인 구조 속에서 누구라는 대상을, 또는 고요한 침묵의 소리를 비의적(秘義的)인 방법으로 구체화하기도 하고, 더 나아가 수많은 자연 현상이 하나가 되고 그 하나는 수많은 자연 현상으로 변화될 수 있음을 예증하기도 한다. 설의적 의문 구조 속에서 '누구'의 '소리'는 신비의 대상으로 가려지기도 하고 언뜻언뜻 무루하게 섬광적 계시로 그 소리를 들려주고 그 모습을 보여준다.

우리는 이 시가 임의 존재나 침묵의 본질을 암시하고 있음을 직감할 수 있다. 즉 그것은 사물의 존재는 물론이고 인간의 존재까지도 변화되고 소멸되는 것으로 파악하고 있다는 점이다. '고요히 떨어지는 오동잎, 서풍에 몰려가는 검은 구름, 가늘게 흐르는 시냇물, 기름이 되는 타고 남은 재' 등에서처럼 서술 동사 '떨어지다 · 몰려가다 · 흐르다 · 타다 · 되다' 등은 사물의 존재와 관련된 낙하와 이동과 소멸과 생성을 뜻한다. 나아가 그것들은 사물의 수직 운동(떨어지다)과 수평 운동(흐르다) 및 변화 과정(타다, 되다)을 통하여 사물—인간의 존재론적인 상황—상태를 서술하고 있다. 사라지지 않는 것, 변화를 허락하지 않는 부동의 모습은 긍정적인 가치를 지니는 존재의 본모습은 아니다. 그것은 만상의 순환에 역행하는 것이며, 부정되어야 할 것을 의미한다.

모든 사물은 움직이고 변화하고 소멸됨으로써 새롭게 다시 생성되어야 한다. 항상 불가사의한 계기성과 순환성을 지닌 소멸과 생성은 생명력을 이어가는 자연의 본질이나 신의 섭리에 속한다. 때문에 이 시에서 소멸되는 사물들은 다시 새 생명으로 탄생되기 위하여 인간의 의지와 무관한, 아니 인간의 의지를 배제한 '되다'라는 서술 동사가 사용되었다. "타고남은재가 다시기름이됩니다"에서 '되다'가 지닌 언어의 의도는 주체(화자)의 배제이다. 즉 그것은 인간이 배제된 자연(객체)의 순환성을 나타낸다. 그리하여 죽음(타다)으로써 다시 태어나는(되다) 이 시의 주제를 한 마디로 명확히 밝혀 주고 있다.

타버리는 자기 소멸과 다시 기름이 되는 자기 환생은 우주 생성의 섭리를 간직한 동사 '되다'의 사용으로 더욱 감동적인 힘을 얻게 된다. 그리하여 '그칠줄을모르고타는 나의가슴은 … 등불임닛가'에서처럼 자기를 소멸시키는 행위는 빛으로 다시 변화되어 온누리를 비춰주는 등불이 될 수 있다. 여기에 바로 이 시가 그것의 심층 구조에 간직한 임과 침묵의 함축적인 의미가 있고, 이러한 의미는 설의적 의문 구조를 통하여 '그 질문 속에 간직되어 있는 그 대답'이다.

우리는 「알ㅅ수업서요」에 나온 서술 동사를 중점적으로 분석하면서 극히 모호한 '임과 침묵'의 의미를 암시적이기는 하지만 보다 구체적으로 감지할 수 있었다. 우리는 자연 현상 속에서 느껴지는 인간의 이미지로서의 임과, 결코 그 자체로서는 소리를 지닌 의미가 될 수 없는 침묵의 소리가 용이하게 확정지을 수 없는, 그리하여 모순과 역설을 동시에 지닌 누구(님)의 노래(침묵)라는 사실을 확인할 수 있었다.

'누구의 노래'는 이 시의 서술 동사, 특히 '되다'라는 피동성을 지닌 동사의 심층에 자리 잡고 있는 상징적이고 역설적인 의미화 작용에 의해 그것의 함축적 내용 구조가 지시되어 있다. 즉 그것은 생성과 변화를 암시하는 동사 '되다'에 의해 그 내용의 진실성을 보장받고 있다. '누구'로서 지칭된 임의 의미를 구체화하기 위하여 우리는 다음의 시를 살펴보기로 하자.

님의얼골을「어엽부」다고 하는 말은 適當한말이아닙니다
어엽부다는말은 人間사람의얼골에 대한말이요 님은 人間의 것이라고 할수가 업슬만치 어엽분 까닭입니다

自然은 엇지하야 그러케어엽분님을 人間으로보낸는지 아모리생각하야도 알수가업습니다
알것습니다 自然의가온대에는 님의짝이될만한무엇이 업는까닭입니다

님의입설가튼 蓮꼿이 어데잇서요 님의살빗가튼 白玉이 어데잇서요
봄湖水에서 님의눈ㅅ결가튼 잔물ㅅ결을 보앗슴닛가 아츰볏에서 님의微笑가튼 芳香을 드럿슴닛가
天國의 音樂은 님의노래의反響임니다 아름다은별들은 님의눈빗의化現임니다

아아 나는 님의그림자여요
님은 님의그림자밧게는 비길만한 것이 업슴니다
님의얼골을 어엽부다고하는말은 適當한말이아닙니다

—「님의 얼골」

임의 얼굴이 '어엽부다'라는 말은 적합하지 않다. 그것은 인간—사람

에 대한 말이기 때문이다. 인간의 것이라고 할 수 없을 만큼 어여쁜 임을 '어엽부다'라고 말하는 것이 '적당하지 않은 이유'가 여기에 있다. 만해 시에 나타나는 이러한 진술은 일상어의 의미 차원을 넘어선, 그리하여 일상어로는 도저히 포착할 수 없는 심상치 않은 그 무엇인가를 개현(開顯)하려는 시적 언어를 지향하고 있음을 의미한다. 그것은 모순과 역설로 일관된 언어로서, 일상의 차원에서 사용되기에는 적당치 않은 말을 뜻하는데, 그러한 말—언어에는 일상어를 빌려와서 표현하고자 하는 존재—대상을 그려내야 한다는 시인의 고뇌, 그리고 존재에 대한 언어의 한계를 극복하기 위한 만해식의 언어 용법, 비유컨대 하이데거가 말한 바의 '존재를 언어화'하기 위한 시인의 언어 사용법에 대한 고뇌가 담겨 있다.

> 「님」만님이 아니라 긔룬것은 다님이다 衆生이 釋迦의님이라면 哲學은 칸트의님이다 薔薇花의님이 봄비라면 마시니의님은 伊太利다
>
> —「군말」 일부

서시에 해당하는 「군말」에서 시인은 임이 다의적인 의미로 사용될 수 있음을 말하고 있다. '님은~이다'라는 진술에서 만해는 임, 즉 누구(X)에 대하여 그것의 실체(Y)는 무한하다는 점을 말하고 있다. 이 시에서 임(X)은 무한한 모습(Y′, Y″, Y‴ ……)으로 변용되어 있고, 단일한 의미로 규정되기를 거부한다.

임의 본 모습을 개현하려는, 다시 말하면 '존재의 존재인 바의 것'을 밝히려는 이러한 언어는 항상 고정화되어 일정한 언어 의미의 차원에 안주하기를 거부하는 언어이다. 「군말」이나 「님의얼골」에서 임을 고

정적인 의미로 파악하지 않은 것은 바로 언어를 존재화하기 위하여 언어의 한계성을 뛰어넘으려는 고뇌의 몸짓이다. 때문에 만해 시에 나오는 '임'이란 시어는 일상어를 통하여 도저히 존재케 할 수 없는 임, 그리하여 현실에서 부재하고 있는 임을 존재하는 임으로 개현하는 존재 기호(存在記號)의 성격을 띠고 있다. '임'이란 언어는 실제로 언어화할 수 없는 임의 모습을 포착하기 위한 시적 언어이다. 만해는 일상어로 보여줄 수 없고 느낄 수 없는 임의 실체를 독자로 하여금 느끼고 보게 하기 위하여 일상적 어법을 넘어서는 역설적인 표현 방법을 사용하고 있다.

만해 시에 나오는 '임'은 단일한 의미로 의미되어질 수 없다. 그 임은 지극히 추상화된 임, 그리하여 앰비규어스한 다층적 의미로 해석되어야 하는 임이며, 동시에 그 의미 자체가 모순된 임의 의미를 포용하는 역설의 개념이기도 하다. 때문에 '임'은 일상 언어 의미의 차원을 넘어서서 중생 · 철학 · 봄비 · 이태리 등 다의성을 지니게 되므로 그 임은 항상 '누구'로 있으며 이러한 누구는 부정적(不定的)인 대상, 곧 언제나 변화 없이 있는 고정된 임이 아니라 누구에게나 '누구'로 다가올 수 있는 임이 되는 모순 개념이다. 그러나 이러한 모순 개념으로서의 임이 그것의 모순성을 뛰어넘어 임의 본질을 개현하는 존재 기호로 있을 수 있는 것은 동사 '되다'에 의하여 가능하다.

> 님이여 당신과내가 사랑의속에서 하나가되는것을 참어주서요 그리하야 당신은 나를사랑하지말고 나로하야금 당신을사랑할수가업도록 하야주서요 오오 님이어
>
> ―「참어주서요」 일부

이 시는 임과 내가 이원적인 별개의 각자가 아니라 하나로 합일될 수 있음을, 또는 그렇게 '되어야' 한다는, 모순을 모순으로 남게 하지 않는 화해의 변증법을 보여 주고 있다. '되다'라는 동사는 "나로하야금 님에게서 하나가되게 하서요"(「하나가되야주서요」)에서처럼 '하나가 될 수 없는 임과 내가' '하나가 될 수 있게' 하는 언어의 마술적인 힘을 우리에게 보여준다.

임과 "나는 나룻배/ 당신은 行人"(「나루ㅅ배와行人」)에서처럼 공동의 운명에 묶이거나, "나는 나의임을 힘썻 껴안엇습니다"(「잠업는꿈」)에서처럼 일체화된다. 나와 임의 관계는 마치 장주(莊周)의 「胡蝶夢」에서 "내[莊周]가 나비인가, 나비가 내가 되었는가"와 같은 몽환의 극치에 이르게 된다.

> 아아 당신의얼골이달이기에 나의얼골도 달이되얏습니다
>
> —「달을보며」 일부

> 당신은 나의 꼿밧헤로오서요 / … / 나는 나븨가되야서 당신숨은꼿위에 가서 안것습니다
>
> —「오서요」 일부

> 나는 숣음의三昧에 「我空」이되얏습니다// 꼿향긔의 무르녹은안개에 醉하야 靑春의曠野에 비틀거름치는 美人이어 / … / 그대는 滿足한사랑을 밧기위하야 나의팔에안겨요/ 나의팔은 그대의사랑의 分身인줄을 그대는 웨 모르서요
>
> —「숣음의三昧」 일부

당신은微笑가되어서 나의마음에숨엇다가 나의 감은눈에 입마추고「네가 나를보너냐」고 嘲弄합니다

—「어데라도」 일부

'미소 · 꽃향기 · 취하야 · 청춘 · 광야 · 꽃밭 · 아아 · 달' 등의 어휘들이 발산하는 환상과 열정과 영탄과 도취의 몽환 속에서 나와 임은 하나로 합일된다. 따라서 임과 나의 관계는 임에 의한 나의 관계가 아니라 나에 의한 임의 관계로, 더 나아가 나의 마음이 관계된 임의 모습으로 그 관계가 변화된다. 임과의 이별을 "눈물의源泉을만들고 마는것은 스스로 사랑을깨치는"(「님의 沈黙」) 것을 아는 까닭에, 만해는 인위성이 개재된 사랑은 진정한 사랑이 아님을 안다. 사랑은 만들어지는 것이 아니라 무루하게 되어지는 것이다. 그것은 임과 나의 육체적이고 찰나적인 사랑이 아니라 나의 마음속에 간직된 임의 모습과 관련된 정신적이고 영원한 사랑일 때 사랑의 본질은 임과 나의 관계 바로 '그곳의 거기에서' 만 개현된다.

아아니쁜갓지마는 나는 님을보내지 아니하얏습니다
제곡조를못이기는 사랑의노래는 님의沈黙을 휩싸고돔니다

—「님의沈黙」 일부

임의 있고 없음이 문제가 아니라 그 임의 모습을, 또는 임의 모습이 간직될 수 있는 내 마음을 비워 놓을 수 있느냐 없느냐가 문제이다. 가버린 임에 대한 미움과, 그 임이 가버림에 대한 절망과, 내가 버림받았다는 설움과, 그 임을 미워할 수밖에 없는 고통을 내 마음으로부터 모

두 털어냄으로써, 더 나아가 임의 떠남조차도 임에 대한 미움조차도, 또는 그로 인하여 일어나는 내 마음의 고통까지도 모두 털어버림으로써, 다시 말하면 내 마음을 공(空)하고 허(虛)하게 함으로써 임의 존재는 내 마음의 '거기 그곳에' 있음을 또는 '거기 그곳에' 임의 모습을 간직할 수 있음을 이 시는 보여주고 있다. 여기서 우리는 만해 시어가 창출하는 마술적인 힘과 신비한 생동성을 감지할 수 있다. 그 생동성이 깃든 만해의 시어는 「反比例」에서처럼 '당신의 소리'가 침묵일지라도, 침묵의 그 소리가 노랫가락이 되어 '나—화자'로 하여금 역력히 들리도록 만드는 힘을 발휘한다.

> 당신의소리는 「沈黙」인가요
> 당신이 노래를부르지 아니하는때에 당신의노래가락은 역역히들닙니다 그려
> 당신의소리는 沈黙이여요
>
> —「反比例」 일부

도대체 어떻게 침묵이 당신의 소리가 되어 노래 부르지 아니하는 때에 당신의 노랫가락이 화자—나에게 들릴 수 있는가. 그리고 역력히 들리는 그 노랫가락이, '당신의 소리'는 침묵이라고 나—화자에 의하여 또 다시 부정되는가. 정—반—합의 변증법적 진술과 닮은 이 시의 비의적(秘義的) 의미를 우리는 어떻게 밝힐 수 있단 말인가. 뿐만 아니라 시인은 「反比例」에서 침묵이 노랫가락이 되고, 그것이 다시 침묵이라는 사실만을 이야기한 것이 아니다. "당신의얼골은 「黑暗」인가요/ 내가 눈을감은때에 당신의얼골은 분명히보입니다 그려/ 당신의얼골은

黑暗이여요"(「反比例」)라고 눈을 감을 때 '당신의 얼골'을 볼 수 있다고 시인은 말한다. 그러나 우리는 서둘 필요는 없다. 만해 시는 결코 만들어진 것이 아니라 그 스스로 되어진 것이며 그 시는 일상의 삶을 넘어선 역설과 모순의 참—진실의 세계를 지향하기 때문이다. 다시 동사 '되다'에 주목해 보자.

> 나의노래는 님의귀에드러가서는 天國의音樂이되고 님의꿈에들어가서는 눈물이됨니다
>
> —「나의노래」 일부

'나의 노래'가 임의 귀에 들어가면 천국의 음악이 되고, 임의 꿈속에서는 눈물이 될 수 있다는 진술은,「反比例」의 경우처럼 당신의 소리가 침묵인데도 불구하고 당신이 노래를 부르지 않는 그 때에 '나—화자는 당신의 노랫가락을 역력히 들을 수 있다'는 역설적이고 모순적인 언어 표현이 주를 이루고 있다. 그러나「反比例」에서 살펴본 것처럼「나의 노래」의 이러한 모순—역설이 '되다'에 의하여 극복되고 있다. 즉 그것은 노래가 음악과 눈물이라는 것이 아니라, 음악으로도 눈물로도 될 수 있다는 변화와 생성을 함축했다는 점에서 '노래'라는 시어는 고정화된 언어의 한계성을 넘어선다.

또한 임과 나의 관계가 나에 의한 임의 관계라는 점에서 이 시의 노래는 곧 임의 침묵으로 합일될 수 있다. 결국 침묵의 노래는 내 마음 속에 간직된 임의 모습처럼 나의 내심에 자리 잡은 근원의 울림으로 내 스스로에서 불려서 내 스스로에게로 들려오는 노래이다. 그 노래는, "벗이어 부끄럽습니다 나는 그대의노래를 드를때에 엇더케 붓그럽고

떨리는지 모르것습니다/ 그것은 내가 나의님을써나서 홀로 그노래를 듯는까닭임니다"(「타골의詩를읽고」)에서와 같이 내 스스로 홀로 들어야 되는 노래이다. 이러한 노래는 들려오는 것이 문제가 되지 않고 들을 수 있음이 문제가 된다. 이 노래는 일정한 곡조로 일정한 소리(의미)로 들려오는 노래가 아니라 내 마음의 심층에서 우러나는 근원의 울림으로서의 노래이다. 모든 것은 내 마음이 만들어내는 것이다.

> 나는 마음이 압흐고쓰린때에 주머니에 수를노흐랴면 나의 마음은 수놋는 금실을짜러서 바늘구녕으로 드러가고 주머니속에서 맑은노래가 나와서 나의마음이됩니다
>
> —「繡의 秘密」 일부

마음에 관계된 노래는 그 마음에 따라서 얼마든지 다른 노랫소리로 들려 올 수 있다. 따라서 이 노래는 "긴밤은 근심바다의첫물ㅅ결에서 나와서 슯은音樂이되고 아득한沙漠이되더니"(「여름밤이기러요」)와 같이 변화를 전제로 한다. 구체적으로 만해 시의 침묵의 노랫소리를 들어 보자.

> 달아레에서 거문고를타기는 근심을이즐ㅅ가함이러니 츰곡조가끗나기전에 눈물이압흘가려서 밤은 바다가되고 거문고줄은 무지개가됩니다
>
> 거문고소리가 놉헛다가 가늘고 가늘다가 놉흘때에 당신은 거문고줄에서 그늬를쀕니다
>
> —「거문고탈때」 일부

거문고 소리에서 나와 임이 분열되고 대립되는 것이 아니라 하나로

합쳐진다. 유려하게 가늘게 높게 낮게 흐르는 멜로디, 순환적인 음향, 유장한 톤 그리고 '되다'는 동사가 이 시의 구조적 조화를 가능케 한다. 만해는 임의 침묵의 예술적 형상화를 거문고의 선율의 힘에 의하여 이룩하고 있다. 그리하여 시의 세계 속에서 '거문고줄'은 무지개가 되어, 자연 현상인 무지개가 음악적 소리로 변화될 수 있다. 이것이 곧 자연의 본질 속에 들어가 임을 움직이는, 또는 임을 존재케 하는 침묵의 노래를 울리게 하려는 시인의 의도이다.

근심과 고뇌의 현실을 만해는 언어의 힘으로 극복하고 있으며, 이러한 극복의 배후에는 변화되어야 할 자연의 사물과, 그 속에서 항상 같지 않은 곡조로 불리는 노래, 그리하여 침묵일 수밖에 없고 동시에 침묵이기 때문에 눈물의 노래로도, 천국의 음악으로도 변용될 수 있는 '임의 침묵'이 자리 잡을 수 있다. 때문에 이러한 침묵은 "목마친 묘한 가락"(「써날때의님의얼골」)으로도, "虛無의絶頂에 올너가서 어지럽게 춤추고 미치게노래"(「잠꼬대」) 하는 소리로도, 또는 임의 노래의 반향으로도 될 수 있다. 어떻게 침묵이 이렇게 묘하고 무한한 노래가 될 수 있는가. 그것은 침묵이 참된 노래 즉 무곡조(無曲調)의 노래이기 때문에 가능하다.

> 참된노래에 곡조를부치는것은 노래의自然에 恥辱입니다
> 님의얼골에 단장을하는것이 도로혀 흠이되는것과가티 나의노래에 곡조를부치면 도로혀 缺點이됩니다
>
> —「나의노래」 일부

참된 노래는 무곡조의 노래, 그것은 "사랑의神"(「나의노래」)을 감동

시키는 근원적인 울림이요 침묵의 소리이다. 그 노래는 일정한 곡조가 없으므로 공(空)하고 허(虛)한 소리가 되고, 그 소리는 자연의 신비를, 임의 마음을 또는 나의 마음까지도 노래라는 형식으로 무한히 표현해 낼 수 있다. 때문에 이 노래는 임의 귀에 들어가서 "天國의音樂"이 되고 "님의꿈에드러가서"(「나의노래」) 눈물이 된다. 그 눈물이 "또한밤을지나면"(「葡萄酒」) 포도주가 된다. 시인은 「葡萄酒」에서 슬픔의 눈물과 목매임의 울음이 환희와 열락의 꿈을 부르는 디오니소스적인 축제의 포도주가 될 수 있음을 노래하고 있다.

3

만해 한용운의 임은 우리의 우리임을 확인케 해 주고, 우리의 삶을 우리의 삶일 수 있도록 인도해 주는 빛이고 희망이다. 그 임은 부패와 폭력이 난무하고 진실과 허위가 공존하는 이 세상을 살아가야 하는 우리에게, 혹은 경제적 고통과 분단과 그 분단으로 인한 이산의 아픔에 허덕이는 우리에게 살아 있음의 희망을, 살아갈 수 있음의 기대를 동시에 가져다 줄 임이다. 그 임은 우리를 광명으로 이끄는 빛이고 이 세상의 썩음을 방지하는 소금이다.

나아가 그 임은 현실을 극복케 해 줄 우리의 임이요, 애인이요, 불타가 '될' 수 있다. 이러한 의미에서 '침묵'도 항상 "거기에서 임의 존재를 존재할" 수 있도록 노래해 주는 근원적인 울림으로 나타나는 우렁찬 소리이어야 한다. 오히려 곡조가 없이 노래만이 있음으로써 그 곡조를 우리 스스로 헤아릴 수 있게 비워 놓은 공(空)하고 허(虛)한 소리이다.

침묵은 우리가 그 오묘한 소리를 들을 수 있을 경우에만 우리의 마음속에서 울려오는 노래가 되고, 우리가 그 노래를 들을 수 없으면 그 침묵은 무언(無言)으로 있게 된다. 침묵은 우리의 마음이 비어 있으면, 또는 우리가 우리이기를 버리고 높은 화해의 공동체로 있게 되면 그것은 근원의 울림으로 우리를 감동케 할 수 있다. 반면에 우리가 우리이기를 고집하여 우리의 마음을 용서와 화해와 조화가 들어설 수 없도록 우리 자신만으로 에고화하면 더 이상 그 오묘한 소리를 들을 수 없는 무곡조(無曲調)의 노래로 남아 있게 된다.

우리는 만해 시의 임이 '누구'인가, 침묵은 어떤 '소리'인가 알려고 할 필요가 없다. 그것들은 이미 일상어의 차원으로 그 본질을 포착할 수 없기 때문이다. 그 임은 우리의 임, 우리 마음속의 임이나 그 모습일 때, 또는 그 침묵은 우리가 곡조를 붙이고 우리가 불러야 될 때, 우리들의 노랫소리요, 우리들의 임의 소리가 될 수 있다. 임과 침묵은 신비의 베일에 싸여 있는 비밀의 소리이거나 미지의 대상이 아니다.

임과 침묵은 우리 자신의 '이 땅에 이렇게 그 있음의 있음'을 알게 될 때 우리 모두의 임이요, 울림이 '될' 수 있다. 공(空)하고 허(虛)하도다 임의 침묵이여, 마침내 시인이 '되도다' 만해여.

02

귀향에의 의지

이육사

1

육사의 시작(詩作)은 식민지 시대의 암담한 절망과 고통을 '어떻게 그가 극복할 수 있었는가' 하는, 말하자면 조국 독립을 위하여 혼신의 힘을 쏟은 그의 40평생의 마지막 10년간의 적나라한 삶의 기록이라는 의미를 지니고 있다. 때문에 그의 시는 그의 행동의 바로미터이고, 그의 삶의 궤적은 곧 그의 시창작의 궤적과 같다. 동시에 그의 시에는 끝내 일제에 굴종함으로써 삶을 보전했던, 그리하여 살아서 조국 해방의 감격을 '부끄럽게 맛볼 수 있었던' 여타 시인들의 자괴(自愧)와 선망(羨望)이 뒤섞인 참회의 언사를 불러냈던 높은 기상과 치열한 저항성과 의연함이 간직되어 있다.

"눈물을 흘리지안는 사람이되라고 배워온" "세살때부터의버릇"으로 오직 삶 그 자체를 일관했던 육사는 말도 아니고 글도 아닌 이 땅의 "무서운 규모"가 길러낸 매운 시인이었다. 그의 시는 "한발자욱이라도 물러서지 안흐려는 내길을 사랑"하는 마음이며, 동시에 나 "自身에 犧牲을 要求하는 努力"이자 "내 氣魄을 키우고 길러" 내려는 치열한 삶의 역정(歷程)이기도 했다. 따라서 육사 시에 있어서 중요하게 지적되어야 할 점은 그가 독립 운동을 했다거나, 초인적인 삶과 장엄한 죽음을 보여 주었다거나, 혹은 지조 있는 식민지 시대의 마지막 양심이었다는 사실이 아니다. 그것은 육사가 유언을 대신한 '金剛心'에서 나온 연속적인 행동의 일환으로 시작(詩作)을 했다는 사실이다.[2]

육사 시는 금강심(金剛心)의 기백으로 유언장을 대신했던 그의 최후의 언어이며, 절망적인 시대를 극복하려는 희망을 결코 절망적일 수 없는 하나의 꿈으로, 그리하여 가난한 시대를 결코 가난하지 않은 노래의 씨앗으로 풍요롭게 하려 했던 준열한 행동이자 시창작의 결과이다. 따라서 육사 시에 관한 기존의 연구들이 시 자체보다 그의 생애, 더 정확히는 의열단 단원이었던 육사의 투사적인 삶에 과도히 의존해 왔던 점은 마땅히 불식되어야 한다. 육사 시 연구의 관건은 그의 생애를 시에 대비시키는 일이 아니라 시작의 결과인 시를 해명하는 일이다. 하여 아직도, 그리고 이렇게 살아 있어서 죄송한 우리의 부끄러운 삶을 자성하는 데서 육사 시 연구의 참된 의의를 찾아야 할 것이다.

2

육사가 처했던 시대는 암흑과도 같은 절망의 시기였다. 동시에 이러

---

2 " "의 글은 이육사의 「季節의 五行」(「조선일보」, 1938. 12. 24-28)의 여러 부분을 인용한 것이며 그 출처는 심원섭의 『원본 李陸史 전집』(집문당, 1986, 211-219쪽)이다.

한 시대를 살아야 했던 육사의 삶은 그 자체가 하나의 고통이었고 따라서 그러한 삶의 고통은 곧 시작(詩作)의 고통을 뜻했다. 때문에 육사의 시작은 처절하리만큼 고통스러운 자기 확인의 출발점이자 세계와 자아를 철저히 인식하는, 그리하여 세계에 대하여 대결의 자세를 갖추는 준엄한 행동의 일환이라는 의미를 지니고 있다.

육사의 시작이 갖는 이러한 의미를 우리는 「年譜」, 「獨白」, 「路程記」 등과 같은 육사 자신의 자전적인 삶을 드러낸 시들에서 확인해 볼 수 있다. 그의 자화상과 같은 「路程記」에서 육사의 시작이 갖는 의미를 밝혀 보자.

> 목숨이란 마—치 께여진 배쪼각
> 여기저기 흐터저 마을이 한구죽죽한 漁村보다 어설푸고
> 삶의 틔끌만 오래묵은 布帆처름 달어매엿다.
>
> 남들은 깃벗다는 젊은날이엿건만
> 밤마다 내꿈은 西海를 密航하는 「쩡크」와 갓해
> 소금에 짤고 潮水에 부프러 올넛다.
>
> 항상 흐렷한밤 暗礁를 버서나면 颱風과 싸워가고
> 傳說에 읽어본 珊瑚島는 구경도 못하는
> 그곳은 南十字星이 빈저주도 안엇다
>
> 쫓기는 마음! 지친 몸이길래
> 그리운 地平線을 한숨에 기오르면
> 시궁치는 熱帶植物처름 발목을 오여쌋다.

새벽 밀물에 밀여온 거미인양
다삭어빠진 소라 깍질에 나는 부터왓다
머—ㄴ 港口의 路程에 흘너간 生活을 들여다보며

—「路程記」[3]

「路程記」는 미당의 「自畵像」이 그렇듯이 육사 자신의 투철한 자기 인식이자 자기 확인의 결과로 보인다. 물론 이 시는 미당의 「自畵像」처럼 "찬란히 틔여오는 어느 아침"을 기약하지 않으면서, '병든 수캐처럼 허덕거린 삶'의 파탄을 드러냈다는 점에서 일단 미당의 그것과 구별된다. 그러나 이 시가 「自畵像」에서 미당이 그랬듯이 절망적인 자기 확인으로서의 '노정(路程)'을 보여주고 있다는 점에서 육사의 삶의 한 모습을 적나라하게 드러낸 그의 '자화상'임에 틀림없다. "목숨이란 마치 께어진 배쪼각"이란 구절이 이를 단적으로 증명하고 있다.

이러한 구절에서 보듯 이미 육사의 목숨은 온전한 모습이 아닌 깨어지고 흩어진 삶의 티끌에 불과하고 오래 묵은 "布帆처름" 매달린 그 무엇이다. 남들은 기쁨과 아름다운 꿈속에서 젊은 날의 삶을 즐겼던 그러한 날에 육사 자신은 고통과 어둠 속에서 끝없이 방황해야 했다는 비감(悲感)을 그는 「路程記」를 통하여 말하고 있다. 하여 이 시는 육사의 입지(立地)가 항상 흐릿한 어둠뿐인, 그리고 장벽(암초)이 놓인 험난한 항해의 노정에 있었다는 사실을 밝히고 있다.

따라서 태풍과 싸우는 데 있어 그 자신을 극복할 수 있는 단 하나의 희망인 '珊瑚島'조차 그 향방이 묘연하고, 어둠을 밝혀 줄 단 하나의 '빛'

---

3 이하의 인용시 출처는 심원섭(앞의 책)이다.

조차 그 작은 광명(光明)을 아끼는 듯하다. 그러한 절박한 상황에 육사는 있어야 했다. 쫓기는 마음, 지친 몸이었기에 그리운 지평선을 한숨에 오르려 하나 그의 발목은 항상 묶여 있어야 했고, 그의 삶은 새벽 밀물에 밀려온 '거미'처럼 다 삭아빠진 폐허의 '소라 껍질로부터' 온 삶일 수밖에 없었다. 때문에 세계의 절망적인 어둠과 그러한 어둠에서 고통스런 항해를 계속해야 하는 육사는 아득한 항구의 노정에서 흘려보낸 과거를 반추하게 된다. 덧없이 흘려보낸 과거 생활의 회상은 곧 아름다웠던, 그러나 지금은 상실된 고향의 삶에 대한 그리움이자 향수이다.

그리고 이러한 향수는 자기 자신을 돌아보는 한 계기가 된다. 말하자면 고향을 떠난, 더 정확히는 고향으로부터 버림받은, 타기(唾棄)된 존재로서 자기 자신을 인식하는 한 계기가 된다. 이러한 점은 「路程記」에서뿐만 아니라 「年譜」에서도 확인된다. 「年譜」에서 육사는 수긍할 수 없는, 그러나 엄연히 현실로 다가온 자신의 운명을 자각한다.

> 「너는 돌다리목에 줘왔다」든
> 할머니 핀잔이 참이라고하자
>
> 나는 진정 江언덕 그마을에
> 버려진 문바지였은지몰라?
>
> 그러기에 열여덟 새봄은
> 버들피리 곡조에 부러보내고
> 첫 사랑이 흘러간 港口의밤
> 눈물섞어 마신술 피보다 달드라

공명이 마다곤들 언제 말이나했나?
바람에부처 돌아온 고장도 비고

서리밟고 걸어간 새벽길우에
肝잎만 새하얗게 단풍이들어

거미줄만 발목에 걸린다해도
쇠사슬을 잡어맨듯 무거워졌다

눈우에 걸어가면 자욱이 지리라고
때로는 설래이며 파람도불지

—「年譜」[4]

"참이라고 하자", "였은지 몰라?"와 같이 다분히 수긍될 수 없는 타기된 존재로서, 말하자면 '고향'과 '혈통'으로부터 버림받은 '문바지'로서 자신의 운명을 자각하는 육사의 아픈 자기 인식을 「年譜」는 보여주고 있다. 육사는 자신의 의지와는 상관없이 운명적으로 열여덟 젊음의 새봄을 "버들피리의 곡조"에 "부러보내"야 했다는 사실을, 그리고 타향의 항구의 어둠 속에서 눈물이 섞인 피보다 더 단 술에 취하는 광란의 삶을 살아야 했다는 사실을 시작을 통하여 밝히고 있다.

그러나 동시에 중요한 사실은 그의 시작이 망향자로서, 어두운 타향

---

4 「年譜」(심원섭, 앞의 책, 36쪽)의 첫 행은 "너는 돌다리목에 줘왔다」든"이다. 그러나 이 행에서 "너는 … 줘왔다」든"은 "「너는 … 줘왔다」든"으로 교열하는 것이 바람직하다. 이 작품이 처음 수록된 『시학(詩學)』(1939. 3)에서 "「"을 누락시킨 것은 "원전 자체의 오식"(앞의 책, 305쪽)으로 편집상의 실수로 판단된다. 이하에서 원본의 오류가 발견될 경우, 그 오류를 바로잡은 작품들이 인용될 것이다.

살이만을 읊는 데 그치지 않고 아직 불가능한, 그러나 언젠가는 가능한 '귀향에의 의지'를 강력히 시사하고 있다는 점이다. 때문에 그의 시작(詩作)은 가난한 시대의 불행한 시인일 수밖에 없었던 자신의 입지를 철저히 인식하는 데서 멈추지 않고 그 자신의 생애의 장엄한 순간을 연출하기 위한 연속적인 행동으로 이어진다. 이러한 시작 태도의 일단을 우리는 「獨白」에서 엿볼 수 있다.

「路程記」가 그의 노정이 어둠에 싸인 험난한 항해의 도상(途上)에 있다는 그 당대의 세계 인식을, 그리고 「年譜」가 고향과 혈통으로부터 버림받은 고독한 존재라는 자아의 확인을 시작(詩作)한 데 반하여, 「獨白」에서 육사는 지향도 목적도 없는, 찾아야 할 대상도 당도해야 할 지점도 상정할 수 없는 절망적인 시대의 끝없는 고통스러운 방황을 시작(詩作)하고 있다.

갈멕인양 떠도는 심사
어데 하난들 끝간델 아리
오롯한 思念을 旗幅에 흘니네

船窓마다 푸른막 치고
촛불 鄕愁에 찌르르 타면
運河는 밤마다 무지개 지네

빡쥐같은 날개나 펴면
아주 흐린날 그림자 속에
떠서는 날쟌는 사복이 됨세
닭소래나 들리면 갈랴

안개 뽀얗게 나리는 새벽
그곳을 가만히 나려서 감세

—「獨白」 일부

「獨白」에서 육사는 "끝간델 아리" 없는 방랑과 방황의 심경을 갈매기를 통하여 형상화하고 있다. 육사의 이러한 방황과 방랑을 단적으로 드러낸 시어는 "어데"이다. 이 시대가 정확한 목표 지점을 설정하기 어려운 시대임을 함축하고 있는 '어데'라는 시어는 육사 시 전체의 의미망을 구성하는 중요한 단어이다. 그의 시는 '어데'라는 시어를 통하여 이 시대가 기약 없는 상실의 시대였음을 진솔히 드러내고 있다. 그러나 동시에 「獨白」에서 보듯, 육사는 '어데서도' 희망을 찾을 수 없는 이 시대의 절망을 시작(詩作)함으로써 진정 이 시대의 절망을 절망으로 자각할 뿐만 아니라, 이러한 자각의 계기를 이 시대의 절망을 극복하기 위한 고통스런 행동의 출발점으로 삼고 있다.

육사는 자기 정위(自己定位)의 고통스런 몸부림을 통하여 새 세계를 희구하는 방랑과 그러한 방랑을 마감 짓고자 하는 결단을 가능케 하는, 그러나 아직은 어둠이 팽배해 있고, 때문에 새벽 빛을 간절히 염원해야 하는 절망적인 기다림의 미학을 추구하고 있다. 따라서 그의 시작은 "오롯한 思念을 旗幅에 흘리게" 하는 행동으로, "닭소래"가 들리는 새벽을 기원하는 끊임없는 기다림의 행위로, 나아가 「絶頂」에서처럼 절망의 극점까지 다다라야 하는 숨찬 노정으로 이어진다.

우리는 육사의 시작이 갖는 의미를 밝혀 보았다. 이제 우리는 고향을 잃은 육사의 방랑적인 삶과 그러한 삶을 살아야 했던 그의 고통의 몸부림을, 그리하여 이러한 몸부림을 통하여 그 당대의 어둠과 절망을 '귀향에의 의지'로 극복하려 했던 육사의 시들을 살펴보기로 하겠다.

3

육사의 시작 행위가 갖는 의미를 밝히는 가운데 우리가 살펴보았듯이, 그의 입지는 어둠뿐인, 그래서 아직 '어데서도' 닭소리가 들릴 기미가 보이지 않는, 다시 말하면 새벽빛의 희망을 예견할 수 없는 고난의 '밤'이란 시간이다. 때문에 그의 시작은 세계를 있는 그대로, 말하자면 루카치의 표현대로 '타락한 시대의 타락한 모습을 타락한 방식'으로 드러내려 한 절망적인 인식으로부터 출발하고 있다. 우리는 이러한 육사의 시작의 의미를 단적으로 함축하고 있는 '밤'으로부터 육사 시의 본질을 밝히는 작업을 시작하는 것이 온당할 듯하다.

洞房을 차자드는 新婦의 발자최 같이
조심스리 거러오는 고이한 소리!
海潮의 소리는 네모진 내들창을 열다
/ … /
남생이 등같이 외로운 이 서―ㅁ 밤을
싸고오는 소리! 고이한 侵略者여!

―「海潮詞」 일부

沙漠은 끗업시 푸른하늘이 덥혀
눈물 먹은 별들이 조상오는밤

―「江건너간 노래」 일부

때로 白鳥를 불러 휘날려보기도 하건만
그만 기슴을 안고 돌아누어 흑흑 느끼는밤

—「湖水」 일부

자연적인 세계의 밤은 곧 인간 자신의 영혼의 어둠과 죽음의 암흑을 뜻한다. 동시에 밤은 어둠이 주는 시각 활동의 마비 때문에 과거의 회상에 잠기게 한다. 그리고 어둡다는 사실 때문에 절망의 상황을 뜻한다. 그 밤은 "고이한 侵略者"가 "싸고오는 소리"가 들리는 공포의 밤이며, "눈물 먹은 별들이 조상오는" 절망의 밤이며, "돌아누어 흑흑" 흐느끼는 통곡의 밤이다. 그리하여 어둠의 장막에서 육사가 겪는 고통스런 삶의 절박성은 위태위태하게 온 세계까지도 절망으로 몰아간다. 그것은 세계와 자아에 대한 위협적인 파멸을 예고하면서 현실 상황에 대한 지속적인 절망의 분위기로 이끌린다. 때문에 육사는 모든 것이 어둠의 베일에 가린 '세계의 무의미성'에 의미를 부여하기 위하여 시작(詩作)을 감행한다.

이것은 세계와 자아의 불협화에 대한 지속적인 절망과 그 절망이 빚어내는 시대적 · 역사적 상황의 고통을 인식한다는 것을 뜻한다. 이러한 육사의 시작 태도의 치열함과 그의 시가 보여주는 준열한 저항 의식은, 식민지 시대의 절망과 어둠에 대한 대결의 자세가 결여된 1920년대의 초기 시에 드러난 허무하고 감상적인 패배 의식과 대비해 볼 때 더욱 두드러진 가치를 지닌다. 예컨대 1920년대의 월탄 박종화의 「密室로 도라가다」와 같은 시와 육사의 시는, 식민지적 상황을 희망이 없는 '절망적인 어둠'의 상황으로 인식했다는 점에서는 유사한 성격을 지녔다고 할 수 있다. 그러나 그러한 시대적인 어둠과의 대결에서 보여주는 자세, 말하자면 그 당대의 현실에 대한 웅전의 자세는 현격한 차이를 보이고 있다.

오—검이여 참삶을주소서,
그것이 만일 이세상에 엇을수업다하거든
열쇠를주소서
죽음나라의열쇠를주소서,
참『삶』의 잇는곳을 차지랴하야
冥府의巡禮者ㅣ 되겟나이다.
漆버슨 거츤棺桶을가르처
그것이 眞理의곳이라하면,
나는 그棺에 내몸을담어
虛華의 이시절을 詛呪하랸다.
어둔밤별아래 째드러진屍體에
永遠의『참』이 잇다하면
나는 쒸여가 죽엄을안어
『참』의동무가되려한다.

씃까지 이세상은 어둠의시절,
삶이란 스러저가는 燭불의 무리
/ … /
거짓갓흔 젊은삶의날은
씃업시~벌우에 춤을추는데
아—나는 도라가다,
쓸쓸한['하'의 오자—인용자]고 고요한
나릿한 만수향냄새써도는

캄캄한 내密室로도라가다.

—박종화, 「密室로 도라가다」 일부[5]

이러한 시가 보여주듯, 세계—현실의 어둠은 거부되어야 할 부정적인 현실—세계임에도 불구하고, 그것과의 준엄한 대결을 회피함으로써 결국 이 시는 그 당대의 시대적 소명감도 민족적 요구도 외면한 채 '캄캄한 어둠의 내 밀실'로 도피하거나, '하 수상한 시절'을 저주하거나, 구체적으로 드러나지 않은, 그래서 허황된 '참'을 찾기 위하여 죽어 나자빠진 시체에 뛰어가 같이 죽음으로써 '참의 동무'가 되겠다는 몽롱함과 나약함을 보여주게 된다.

그러나 육사는 이러한 절망적인 어둠 속에서 오히려 자신의 영혼을 일으켜 세우기 위하여 무언가를 찾게 되고, 이러한 그의 행동은 어둠(밤) 속에서 찾는다는 단순한 사실에서 보듯 목표도, 그 목표에 이르는 길도 직접적으로 주어지지 않은 현실의 상황을 인정하는 '좁은 문'을 통과하는 이 시대의 어쩔 수 없는 패러독스를 뜻한다. 따라서 그는 절망을 절망으로 이기는 '어둠의 초극'을 향한 하나의 여유를 마련하려 한다. 하여 그는 참된 고통과 자기 시련의 '밤'이란 좁은 문을 거쳐 가기 위하여 어둠을 예비하는, 즉 '황혼'을 포용하는 행위인 드넓은 대지에의 사랑을 시도한다.

내 골방의 커—텐을 것고
정성된 맘으로 黃昏을마저드리노니

---

5 月灘, 「密室로 도라가다」, 『白潮』, 1922. 1.

바다의 한갈메기들 갓치도
人間은 얼마나 외로운 것이냐

黃昏아 네 부드러운 손을 힘껏내미라
내 뜨거운 입술을 맘대로 맛추아보련다
그리고 네품안에 안긴 모—든것에
나의 입술을 보내게 해다오

저—十二星座의 반ㅅ작이는 별들에게도
鍾소리저문 森林속 그윽한 修女들에게도
쎄멘트 장판우 그만흔 囚人들에게도
의지할 가지없는 그들의 心臟이얼마나 떨고잇슬가

「고비」沙漠을 끈어가는 駱駝탄 行商隊에게나
『아푸리카』綠陰속 활쏘는『인데안』에게라도
黃昏아 네부드러운 품안에안기는 동안이라도
地球의 半쪽만을 나의타는 입술에 맛겨다오

네 五月의 골방이 아늑도 하오니
黃昏아 來日도또 저—푸른 커—텐을 것게하겠지
情情이 살어지긴 시내물 소리갓해서
한번 식어지면 다시는 도라올줄 모르나부다

—「黃昏」

'황혼'을 맞는 마음은 내 골방의 커튼을 걷고 나 자신을 정성스럽게 드러내는 일이다. 이렇듯 자신을 진솔히 드러냄은 곧 내 자신의 고독을 드러내는 것이고, 이 시가 보여주듯 이러한 내 고독은 곧 인간 전체의 고독으로 다시 확인된다. "人間은 얼마나 외로운 것이냐"에서 보듯 육사는 인간을 외로운 존재로 자각한다. 그리하여 그가 예비한 황혼은 그 황혼이 몰고 올 어둠과의 대결을 예비하는 것이며, 동시에 어둡다는 사실에서 알 수 있듯 외부와 차단된 자기 고독에 대한 인식이다. 이러한 외로움의 인식은 외부의 적과 대결하기 위한 것이 아니라, 자기 자신의 내부의 적과 치열한 대결의 자세를 갖추는 것이다.

그 대결은 자기 인고(忍苦)의 치열한 고통이 수반되는 싸움이 되어야 한다. 때문에 육사는 밤의 어둠과 대결하기 위하여 일단 어둠을 어둠으로 인정하는 자세를 견지하면서, 어둠을 어둠으로 극복하는 방법을 모색하고 있다. 하여 황혼의 부드러운 손을 잡고 자기 자신의 뜨거운 입술을 가지고 황혼의 품 안에 있는 모든 것에 애정스런 키스를 한다. 이러한 육사의 행동은, 지조의 시인 변영로의 「論介」의 그것에서처럼 '그 석류(石榴) 속 같은 입술'로 '죽음을 입 맞추는' 행동이다. 말하자면 그것은 종교보다도 거룩한 분노의 몸짓이자, 사랑보다도 강한 불붙는 정열이다.

따라서 죽음과도 같은 '밤'과의 대결을 예비하는 황혼과의 만남은, 그 황혼의 품에 안겨 거룩한 분노와 불붙는 정열로 '뜨겁게 타는 내 입술'을 "情情이 살어지긴 시냇물"의 소리가 들리는, 그래서 "한번 식어지면 다시는 도라올" 수 없는 '반쪽만의 地球'에 맡길 수 있게 된다. 이러한 행위는 오히려 어둠 속에서 빛을 찾는, 아니 어둡기 때문에 빛이 필요한 밤의 절망을, 동시에 그 밤이 주는 고독과 고통을 희망과 꿈으로 꿈꿀 수 있는 시작(詩作)의 행위로 이어질 수 있다.

슬픔도 자랑도 집어삼키는 검은 꿈
파이프엔 조용히 타오르는 꽃불도 향기론데

연기는 돛대처럼 날려 항구에 들고
옛날의 들창마다 눈동자엔 짜운 소금이 저려

—「子夜曲」 일부

때론 너를 불러 꿈마다 눈덮인 내 섬속 透明한 玲珞으로 세운 집안에 머리 푼 알몸을 黃金 項鎖 足鎖로 매여 두고

—「邂逅」 일부[6]

날근 거미집 휘두르고
끝없는 꿈길에 혼자 설내이는
마음은 아예 뉘우침 안이리

—「喬木」 일부

육사의 시세계는 꿈이 주조를 이룬다. 그러나 그 꿈은 1920년대 우리 시단을 풍미했던 그런 허망하고 나약한, 그리하여 퇴폐적이고 자조적(自嘲的)이기까지 한 낭만과 감상이 겹쳐진 꿈은 아니다. 진정 한 시대의 아픔과 그 시대의 고통을 온몸으로 안으면서 그 시대를 가장 치열하게 살아야 했던 육사에게 있어 꿈은 오히려 밤이 주는 어둠과 고통을 헤쳐 여명의 새벽빛을 찾아야 했던, 그리하여 절망해야 하는 시대에 결

---

6 「邂逅」 원문(심원섭, 앞의 책, 61쪽)의 '정쇄(頂鎖)'는 '항쇄(項鎖)'의 오식(誤植)이다. '頂鎖' 뒤에 이어지는 '족쇄(足鎖)'라는 단어와의 의미 연관성을 고려할 때 '頂鎖'보다는 '項鎖'가 적절하다.

코 절망할 수 없었던, 아니 절망하지 않으면 안 되는 그 당대의 시대 인식을 절망해서는 안 된다는 의지로 버텨 냈던, '절망을 절망으로 이기는 비법으로서의 꿈'이다. 그의 꿈은 깊은 고통에서 끌어낸 심원한 꿈이며, 현실을 꿈의 미래로 실현하는 고통의 꿈화(化)에 있다. 그것은 말하자면 절망적인 꿈을 상징하는 "강철로 된 무지개"이다.

매운 季節의 챗죽에 갈겨
마츰내 北方으로 휩쓸려오다

하늘도 그만 지쳐 끝난 高原
서리빨 칼날진 그우에서다

어데다 무릎을 꾸러야하나?
한발 재겨디딜 곳조차 없다

이러매 눈깜아 생각해볼밖에
겨울은 강철로된 무지갠가보다.

—「絶頂」

육사의 삶은 「絶頂」에서 '구극적인 시적 표현을 얻은 셈'이다. 말하자면 육사는 "매운 季節의 챗죽"과 "서리빨 칼날진" '절정'의 한계 상황에서 한 발자국의 후퇴도 용납지 않는 치열한 저항을 보임으로써 '매운 계절' 그 자체의 한계를 뛰어넘는 황홀한 '무지개'를 발견할 수 있게 된다. 그러나 우리는 그 무지개가 여타의 다른 시인들이 흔히 사용했던 낭만적 이미지로서의 꿈과 동경을 표상하는 무지개가 아니라 "강철로

된" 무지개라는 사실에 주목해야 한다.

「絶頂」의 무지개는 강철과도 같은 강한 금속성의 비정함을 표상하는 광물성의 이미지이다. 육사의 시는 비정하리만큼 날카로운 금속성과 차가운 무정(無情)을 상징하는 광물성 이미저리가 주종을 이루고 있다. 따라서 나약하고 여성적인, 말하자면 꽃 · 나무와 같은 식물성의 이미저리가 주종을 이루다시피 했던 한국 시가사(詩歌史)의 전통에서 볼 때, 육사 시는 하나의 변종(變種)처럼 느껴질 수 있다. 그러나 바로 이 점이 육사 시의 남성적이고 대륙적이고 웅혼한 기개와 강한 비정(非情)의 세계를 돋보이게 하면서 동시에 육사를 우리 현대 시사의 독보적인 존재로 있을 수 있게 한다. 이러한 비정한 의지에서 나오는 불굴성 때문에 그의 시는 일제의 압박이 유례없이 커져서 가혹한 무게로 우리 민족의 영혼까지도 말살하려 했던, 그리하여 이에 대항하는 싸움조차도 아무런 의미가 없어 보이는 이 시대의 절망적 상황에서도 오히려 최초의 위대한 저항성을 띠면서 그 자체의 무력한 싸움에 내적 의미를 부여할 수 있게 된다. 이것이 그 '어데서도' 화합과 희망을 찾을 수 없었던 우리 민족의 영혼 그 자체에 의미를 부여해 주는 '찬란한 하나의 꿈'으로 또는 '황홀한 하나의 신앙'으로 '마침내' 확신된다.

> 푸른 하늘에 다을드시
> 세월에 불타고 웃둑 남아서서
> 차라리 봄도 꽃피진 말어라
>
> 날근 거미집 휘두르고
> 끝없는 꿈길에 혼자 설내이는

마음은 아예 뉘우침 안이리

검은 그림자 쓸쓸하면
마츰내 湖水속 깊이 거우러저
참아 바람도 흔들진 못해라.

—「喬木」

"차라리" "마츰내" "참아" 등은 육사의 인고의 절제와 의지적 결단 그리고 도덕적 윤리 의식을 단적으로 표현한 시어들이다. 동시에 "말어라" "안이리" "못해라" 등과 같은 준엄한 명령형 종결 어미로 인하여 육사의 신념과 불굴의 의지는 하나의 신앙처럼 확신된다. "차라리 봄도 꽃피지" 말라는 비정하리만큼 냉혹한 이 시대의 상황 인식을 통하여 그는 오히려 이 시대의 절망과 준엄한 대결을 감행하려는 강한 의지, 말하자면 '절망을 철저히 절망'함으로써 절망적인 상황의 역전을 가능케 하는 자신의 의지를 보여준다.

하여 육사의 꿈은 "차마" 바람도 흔들 수 없는 의지적 신념으로 확신되고 "오히려" 세월에 불탐으로써 우뚝 설 수 있다. 이제 육사의 시작은 "어데 하난들 끝간델" 알 수 없는 '지향과 목표'가 없는, 따라서 희망이 없는 이 시대의 절망을 "꽃城"을 가꾸는 의지로 용솟음치게 하는 활력을 불러일으킨다.

동방은 하늘도 다 끗나고
비 한방울 나리잔는 그때에도
오히려 꽃츤 밝아케 되지안는가
내 목숨을 꾸며 쉬임업는 날이여

北쪽「쓴드라」에도 찬 새벽은
눈속 깁히 꽃 맹아리가 옴작어려
제비떼 까마케 나라오길 기다리나니
마츰내 저버리지못할 約束이여!

한 바다 복판 용소슴 치는곧
바람결 따라 타오르는 꽃城에는
나븨처럼 醉하는 回想의 무리들아
오날 내 여기서 너를 불러보노라

—「꽃」

육사는 이 땅의 우리 민족에게 저버리지 못할 약속의 실행을 확언하고 있다. 그는 하나의 결핍을 미래의 풍요로 기약하는 시작(詩作)을 통하여 미적 창조의 신비로운 경이와 꿈을 심오한 '꽃'의 이미지를 빌려 형상화하고 있다. 그는 절망과 우울과 고통이 팽배한, 그리하여 우리 민족이 마지막으로 희구해야 했던 이 시대의 꿈을 신비로운 꽃—희망으로 "밝아케" 피우고 있다. 하여 이 시는 이미 멸망 상태에 빠진 민족의 영혼을 그 내부로부터 재생시키는 열망을 보여 준다.

육사는 거대한 혼돈 속에서 몰가치화한 이 시대의 죄악을 꿈으로, 꽃으로 변모시키는 영원히 사라지지 않는 하나의 통일된 세계를 「꽃」을 통하여 창조했다. "참아" 이 시대의 어둠을, 그 어둠이 주는 절망을 절망할 수 없었던 육사는 꿈을, 꽃을 "마침내" 하늘의 별을 찾는 "노래의 씨앗"으로 승화시키는 시작을 감행한다. 그리하여 시인 육사는 "아롱진 서름밖에 잃을것도" 더 이상 없는 이 땅에서 "한개의새로운 地球를" 차지할 "오는날의깃븐 노래를" 부른다. 그 숱한 별 중에서 꼭 한 개의

별을.

한개의 별을 노래하자 꼭한개의 별을
十二星座 그숫한 별을 었지나 노래하겟늬

꼭 한개의별! 아츰날때보고 저녁들때도보는별
우리들과 아—주 親하고그중빗나는별을노래하자
아름다운 未來를 꾸며볼 東方의 큰별을가지자

한개의 별을 가지는건 한개의 地球를 갓는것
아롱진 서름밖에 잃을것도 없는 낡은이따에서
한개의새로운 地球를차지할 오는날의깃븐노래를
목안에피ㅅ때를 올녀가며 마음껏 불너보자

처녀의 눈동자를 늣기며 도라가는 軍需夜業의 젊은동무들
푸른 샘을 그리는 고달픈 沙漠의 行商隊도마음을 축여라
火田에 돌을 줍는百姓들도沃野千里를 차지하자

다같이 제멋에 알맞는豐穰한 地球의 主宰者로
임자없는 한개의 별을 가질 노래를 부르자

한개의별 한개의 地球 단단히다저진 그따우에
모든 生産의 씨를 우리의손으로 휘뿌려보자
罌粟처럼 찬란한 열매를 거두는 餐宴엔
禮儀에 끄림없는 半醉의 노래라도 불너보자

—「한개의별을노래하자」 일부[7]

육사는 투철한 자아와 세계의 인식을 통하여 현실, 즉 절망적인 궁핍과 고통이 팽배한 이 시대의 아픔을 극복할 수 있는 하나의 빛을 발견한다. 총총히 비치는 무수한 별이 아니라 '어데엔가' 있어야 할, 아니 있지 않으면 안 되는 필연적인 하나의 희망을 그는 시작(詩作)한다. 이것이 '꼭 한 개의 별'을 노래해야 되는 까닭이다. 따라서 육사에게 초극 정신이란, 어떠한 암흑과 고통과 고난 앞에서도 결코 절망하거나 물러서지 않는 자신의 길을 스스로의 희생으로 마련함으로써 가능했던 위대한 정신의 결정체라고 볼 수 있다.

그의 시는 금강석처럼 굳건한 그의 기백과 영혼의 울림인 최종적인 언어이자 이 시대의 어둠을 조상(弔喪)하는 유언이 될 수 있다. 동시에 그의 시는 '東方의 아름다운 미래를 꾸미는 별'이고 그 별은 "한개의새로운 지구(地球)", 말하자면 고통과 절망이 사라진 원래의 아름다운 고향의 순수성을 보전한 "다같이 제멋에 알맞는豊穰한 地球"를 차지할 '主宰者'의 기쁜 노래가 될 수 있다. 그 노래는 때문에 "목안에 피ㅅ때를 올녀가며 마음껏" 부르는 노래, "모든 生産의 씨를 우리의손으로 휘뿌"릴 때 부르는 노래, 그리하여 "罌粟처럼 찬란한 열매를 거두는 餐宴"에 "禮儀에 끄림" 없이 부르는 "半醉의 노래"여야 한다.

'마침내' 이러한 노래는 우리의 고향, 우리의 '광야'에 울려 퍼질 대지에의 우렁차고 웅혼한 합창의 노래, 말하자면 "이 曠野에서" "白馬타고

---

7 「한개의별을노래하자」의 원문(심원섭, 앞의 책, 26쪽) 4연은 6행으로 오해할 여지나 있으나, 사실은 3행이다. 1-2행이 한 행이고, 3-4행이 한 행이다. 그리고 본문의 '嬰粟(영속)'을 필자가 '罌粟(앵속)'으로 교열했다.

오는" 초인을 "목노아" 부르는 '함성'의 장엄한 울림이 된다.

까마득한 날에
하늘이 처음 열리고
어데 닭 우는 소리 들렷스랴

모든 山脈들이
바다를 戀慕해 휘달릴때도
참아 이곧을 犯하든 못하였으리라

끈임없는 光陰을
부지런한 季節이 픠어선 지고
큰 江물이 비로소 길을 열엇다

지금 눈 나리고
梅花香氣 홀로 아득하니
내 여기 가난한 노래의 씨를 뿌려라

다시 千古의 뒤에
白馬타고 오는 超人이 있어
이 曠野에서 목노아 부르게하리라

—「曠野」

「曠野」에서는 비참하고 우울했던 그래서 고통스러웠던 방황은 맑고 깨끗한 미래의 기대로 대치되어 있다. 육사는 이 시에서 위협적일 만큼 위태위태했던 파멸의 역정과 고통을 정갈 어린 귀향에의 의지로 승화시켜 놓고 있다. 때문에 이 시는 구원과 희망이 충일한, 그러나 아직 "千古의 뒤"에나 기약할 수 있는 기다림에 차 있다. 그러나 이러한 기다림은 단순한 미래에 대한 희망을 피력한 그 자체로 끝나고 있지 않다는 점을 주목할 필요가 있다.

이러한 기다림은 "있어"라는 현재의 확신과 "하리라"라는 단호한 결단에 의하여 허망한 꿈이 아니라 "白馬타고 오는" 초인의 도래를 현실로 다가서게 한다. 그러나 우리는 이러한 육사의 시작이 갖는 참된 그리고 진정한 의미를 왜곡해서는 안 된다. 육사의 귀향에의 의지는, 타락한 시대에 살았기 때문에 타락한 방식으로 살았던, 즉 가난한 시대의 고통스런 시인에 머물렀던 그 자신의 화려한 귀향의 기대를 시작(詩作)한 것이 아니라는 사실을 명심해야 한다. 궁핍과 고통과 타락이 팽배했던 시대의 시인으로 머물 수밖에 없는 육사는 오늘의 가난을 미래의 풍요로 이끄는 "노래의 씨앗"을 예비하는 데 만족하려 했다.

하여 그의 최종적인 시작의 의의는 그의 가난한 하나의 씨앗이 하나를 넘어 가득한 풍요로움을 동반하는 그러한 시대에 새로운 '초인'이 도래하여 안주할 자리를 마련하는 데 있다. 왜냐하면 이미 타락할 대로 타락한, 그리하여 절망과 궁핍으로 찌든 그러한 시대에 타락하고 절망적인 방식으로 어쩔 수 없이 살았던 그에게 있어 귀향은 오히려 '고향의 순수성'을 해칠지 모르기 때문이다. 이미 상실됐던 고향의 재건은 새로운 귀향자에 의해서만 가능하다. 이것이 「曠野」에서 육사가 그 자신의 노래가 아닌 '초인의 도래'를 목 놓아 불러야 되는 까닭이다. 따라서 그는 가난하고 타락한 이 시대의 절망을 겪지 않은, 새로운 시대를 새롭게 건설할 수 있는 초인의 도래를 예언하면 된다.

이러한 숭고한 정신을 작시한 「曠野」가 있기 때문에 드넓은 광야를 가꾸는, 그러나 '매화 향기만이 홀로 아득한' 그러한 때 이른 시기임에도 불구하고 가난한 노래의 씨앗은 뿌려질 수 있다. 동시에 육사가 이 땅의 광야에서 목 놓아 불려야 하는 '위대한 작시(作詩)의 명인'으로 남을 수 있는 것도, 씨앗의 열매를 거두는 수확자이기를, 재건된 고향의 진정한 귀향자이기를 스스로 거부한 겸양에서 비롯된다. 따라서 「曠野」의 예언은 이미 예언이 아니라 우리에게 드높은 초인의 노래로 메아리칠 풍요로운 광야—고향의 건설이란 믿음으로 확신된다.

하여 청포 자락을 휘날리며 푸른 희망을 가꿔온 '손님'을 우리 모두의 진정한 귀향자로 환대할 식탁, 말하자면 우리 모두의 공동체, 밥상 공동체를 작시함으로써 육사는 그의 생애의 마지막 꿈을 실현하고 있다. 육사는 그 생애의 결정적인 순간을, 이 전형적인 조선의 향토적 서정이 깃든 「靑葡萄」의 식탁이 주는 평화로움 속에서 맞이한다.

> 내 고장 七月은
> 청포도가 익어가는 시절
>
> 이 마을 전설이 주저리주저리 열리고
> 먼데 하늘이 꿈꾸려 알알이 들어와 박혀
>
> 하늘 밑 푸른 바다가 가슴을 열고
> 흰 돛단 배가 곱게 밀려서 오면
>
> 내가 바라는 손님은 고달픈 몸으로
> 靑袍를 입고 찾아온다고 했으니

내 그를 맞아 이 포도를 따 먹으면
두 손은 함빡 적셔도 좋으련

아이야 우리 식탁엔 은 쟁반에
하이얀 모시 수건을 마련해 두렴

—「靑葡萄」

4

우리는 말해야 한다. 버림받은 존재로서 먼 이향(異鄕)의 항구를 방황했던, 그래서 서러웠고 피보다 더 단 술로 광란의 삶을 살아야 했던 육사의 고통과, 그러한 고통을 고통스럽게 극복했던 그의 꿈과 희망과 의지를. 동시에 이러한 육사의 꿈과 희망과 의지에 의하여 어둠과 타락이 팽배했던 상실의 시대에 '비로소' 고향의 재건이 가능했다는 사실을. 아니, 지향과 목표가 없던 극도의 궁핍한 시대의 '그 어데서도' 희망을 찾을 수 없었던 절망을 마감 짓고자 재촉했던 꿈의 노래, 그 노래의 씨앗이 '작시의 명인' 육사에 의하여 '마침내' 하나의 현실로 꽃피울 수 있었다는 사실을.

우리는 말하지 않으면 안 된다. 육사는 그가 생애의 마지막 순간까지 노래했던 '귀향의 기쁨'과 '그 환대'를, 가난했기 때문에 타락해야 했던 그 자신의 삶을 이유로 그 스스로 거부하고 오히려 우리 민족의 염원이었던 '새로운 손님'을 맞는 수고로운 시작(詩作)을 통하여 왁자지껄 쏟아지는 웃음이 깃든 평화롭고 화합된 우리 민족의 식탁 공동체 · 밥상 공동체를 마련했다는 사실을. 우리의 식탁 그리고 그 위의 은쟁반

이 놓인 '하이얀 모시수건'의 그 순수함은, 진정한 귀향자의 도래가 쉽지 않던 절망적인 시대에 육사의 노래, 그 가난한 육사의 노래가 있었기 때문이라는 사실을.

이제 우리는 과거의 회상이나 추억이 아닌 현재의 사실로, 지나간 긴 고통의 좁은 문을 통과해야 했던 육사의 설움과 고통과 저항을 '마침내' 경건하게 말할 수 있다. 그리고 우리는 자성해야 한다. 이렇듯 피둥피둥 살아 있어서 즐거웠던, 아니 즐거워했던 우리의 부끄러운 삶이 '차라리' 죄송스러울 정도로 엄숙했던 저 위대한 육사의 삶이 있었기 때문이라는 사실을.

03

빼앗긴 조국과 민족적 정체성의 위기

이상화

1

이상화는 1901년 대구의 전통적인 선비 집안의 차남으로 태어났다. 그는 1922년 『백조』 창간호에 「말세의 희탄」과 「단조」를 발표하여 문단에 데뷔했고, 1941년 『문장』 폐간호에 「서러운 諧調」를 마지막으로 작품 활동을 마감했다. 20여 년의 문단 생활에서 그가 창작 활동을 치열하게 전개했던 시기는 1920년대이다. 이 시기는 일제가 문화 정치를 표방함으로써 서구 문예 사조의 유입과 더불어 각종 문예 잡지가 창간되고 본격적인 의미의 한국 근대 문학이 정착되었던 시기이다. 그러나 동시에 이 시기는 전통 문화와 민족정신을 말살하려던 문화 식민 통치가 뿌리를 내린 시대이기도 하다.

기존 질서가 와해되면서 외래 사조의 수용과 조선 문화의 계승 사이에 갈등이 첨예화되고 민족 내부의 동질성이 파괴된 시기로서, 그야말로 민족의 정체성이 혼란을 겪던 고난의 시절이 바로 이상화가 그의 이름을 시단에 각인시킨 1920년대였다. 전통 민요에서 민족 문학의 형식을 발견하려는 노력이나 조선심이나 조선혼의 자각으로 시조 부흥론이 대두한 것은, 역설적으로 이 시대가 민족적 자아의 정체성이 흔들리던 위기의 시대임을 증언한다.[8]

2

민족적 정체성이 위협받던 시기에 창작된 「빼앗긴들에도 봄은오는가」는 혼란의 와중에서 방황하는 조선의 민족적 정체성의 위기 상황을 극복하려는 시인의 의지를 담고 있다.

> 지금은 남의땅—빼앗긴들에도 봄은오는가?
>
> 나는 온몸에 해살을 밧고
> 푸른한울 푸른들이 맛부튼 곳으로
> 가름아가튼 논길을따라 꿈속을가듯 거러만간다.
>
> 입슐을 다문 한울아 들아
> 내맘에는 내혼자온것 갓지를 안쿠나
> 네가끌엇느냐 누가부르드냐 답답워라 말을해다오.
>
> 바람은 내귀에 속삭이며
> 한자욱도 섯지마라 옷자락을 흔들고

---

8 박철희, 「이상화 시의 정체」, 『이상화연구』, 새문사, 1981.

종조리는 울타리넘의 아씨갓티 구름뒤에서 반갑다웃네.

고맙게 잘자란 보리밧아
간밤 자정이넘어 나리든 곱운비로
너는 삼단가튼머리를 깜앗구나 내머리조차 갑븐하다.

혼자라도 갓부게나 가자
마른논을 안고도는 착한도랑이
젓먹이 달래는 노래를하고 제혼자 엇게춤만 추고가네.

나비 제비야 깝치지마라
맨드램이 들마꼿에도 인사를해야지
아주까리 기름을바른이가 지심매든 그들이라 다보고십다.

내손에 호미를 쥐여다오
살찐 젓가슴과가튼 부드러운 이흙을
발목이 시도록 밟어도보고 조흔땀조차 흘리고십다.

강가에 나온 아해와가티
짬도모르고 끗도업시 닷는 내혼아
무엇을찻느냐 어데로가느냐 웃어웁다 답을하려무나.

나는 온몸에 풋내를 띄고
푸른웃슴 푸른설음이 어우러진사이로
다리를절며 하로를것는다 아마도 봄신령이 접혓나보다.

그러나 지금은—들을빼앗겨 봄조차 빼앗기겠네

—「빼앗긴들에도 봄은오는가」[9]

봄이 배경이자 제재인 이 작품은 들판의 봄나들이를 노래한 것이 아니다. 봄이라는 계절 속에 놓여 있는 자신의 정체성을 확인하는, 다시 말하면 도래한 계절과 어울릴 수 없는 자신의 상황을 인식한 것에 의미의 초점이 놓여 있다. 푸름이 피어나는 생명의 봄을 맞이했지만 예전의 봄과 달리 현재 다가온 계절은 답답하고 괴롭기까지 하다. 하늘과 들이 침묵하고, 화자는 불구자처럼 절뚝거리며 들판을 걷는다. 이러한 들판의 상황은 식민지 원주민의 정신적 분위기를 함축한다. 따라서 이 작품의 가치는 당시의 민족 현실을 직접 노래한 데 있는 것이 아니라, 조국의 운명과 일치된 자기 존재를 봄이라는 시간과 들이라는 공간 속에서 성찰하도록 만든 점에 있다. 빼앗긴 상황에서 어김없이 찾아오는 계절을 인정하지 않으려는 화자의 모습을 통하여 그 시대 그 민족이 마땅히 지녀야 할 정신적 자세를 문제 삼고 있는 것이다. 「빼앗긴들에도 봄은오는가」의 분석을 통하여 그러한 실상을 확인해 보기로 하자.

지금은 남의 땅—빼앗긴들에도 봄은오는가?

첫 연에서 문제가 되는 것은 화자의 어조이다. 체념일 수도 있고, 의심일 수도 있고, 절망일 수도 있는 화자의 어조를 올바로 이해하는 것이, 작품의 의미를 파악하는 데 중요하다. 전체 의미를 결정하는 문제

---

9 김학동, 『이상화전집』, 새문사, 1987, 50-51쪽.

와 관련하여 살펴보면, 화자의 어조는 자연 현상의 변화를 진술한 일반 화법과 거리가 있다. 1연에서는 '말하여진 것'과 '의미하는 것' 사이에 불일치가 존재한다. 일종의 반어법에 해당하는 화자의 어조에는 봄이 왔음에도 불구하고 그 봄을 인정하지 않으려는 의도가 암시되어 있다. 그 이유는 2연 이후 제시되는 '푸른들과 종조리', '잘 자란 보리밭과 나비 제비', '맨드램이와 봄 신령'을 비롯하여 마지막 연의 '봄조차 빼앗기겠네'가 지시하듯이, 화자는 현재 진행된 계절의 변화를 이야기하고 있기 때문이다. 그렇다면 첫 연은 '봄은 왔으나 봄 같지 않다'는 화자의 느낌을 반영한 것인데, 왜 그런가를 밝히는 문제가 중요하다. 화자의 심층 의식에 놓여 있는 정서를 이해하기 위해 과거의 문학 속에 나타난 봄맞이와 관련된 의미 맥락을 고려할 필요가 있다.

화자의 '봄맞이 경험'은 그것이 사용되어 왔던 방식과 환경에 의해 내포적인 의미를 획득하고 있다. 두보의 작품에 나타난 정서와 사상을 통해 시인 자신의 정서와 사상을 강화시키는 수단으로 '봄'이 등장하는데, 그것은 일종의 인유에 해당한다. 수사법상 인유는 강력한 정서적 효과와 더불어 적은 단어로 많은 것을 말할 수 있는 비유의 수단으로 활용된다. 1연은 두보의 「春望」에서 연상되는 폭넓고 풍부한 의미 전환의 가능성을 지닌다. 하나의 의미 범주를 형성한 역사적 맥락에 참여함으로써, 핵심어인 봄이 화자의 심리 상태를 그려내는 비유어로 바뀌었다. 그것은 자연 현상의 변화에 명칭을 부여하는 단순한 기호가 아니라, 인간의 삶과 연결된 어떤 것을 추론하게 만든다. 봄을 언제까지나 오지 않은 계절로 인식하려는 화자의 마음은, 그가 서 있는 식민지 현실에 대한 어떤 생각과 연결되어 있다.

3

'지금은 남의 땅'이라는 화자의 언술은, 과거에 그 땅을 빼앗기지 않았다는 사실을 암시하고 있다. 그런데 그 땅을 현재 누군가 '강제로 빼앗아' 갔다. 강탈당한 국토에서 맞이하는 봄은, 빼앗기기 이전의 봄과 다르다. 그것은 봄이 와서 초목이 우거졌지만 나라가 망했다는 두보의 '국파산하재 감시화천루(國破山河在 感時花濺淚)'로 이어지면서 '오 설업다 이를 두고 봄이냐'[10]와 연결된다. '꽃잎도 눈물을 뿌리는' 서러운 봄맞이 감정이 '봄이 왔으나 봄이 온 것 같지 않다[春來不似春]'[11]에 담긴 괴롭고 착잡한 정서이다. 그 정서가 식민지 원주민이 당면한 고통으로 확인되면서, 들을 빼앗긴 것이 화자의 문제만이 아니라 민족 공동체의 또 다른 '나'의 문제라는 인식을 불러온다. 시인은 조선 민중의 자아를 표상하는 화자를 내세워 식민지 상황을 경험하게 만듦으로써 봄맞이를 당대의 민족 문제를 조망하는 하나의 관점으로 부각시켰다. 국권을 잃어버린 조선의 핵심 문제에 근접한 시인의 관념을 높이 평가해야 하고, 당연히 그래야 하는 이유가 바로 여기에 있다.

나는 온몸에 해살을 밧고/ 푸른한울 푸른들이 맛부튼 곳으로/ 가름아가튼 논길을따라 꿈속을가듯 거러만간다.// 입슐을 다문 한울아 들아/ 내맘에는 내혼자온것 갓지를 안쿠나/ 네가 끌엇느냐 누가부르드냐 답답워라 말을 해다오.

10 김소월이 두보의 「春望」을 우리말로 옮긴 「봄」(『조선문단』, 1926. 3)에서 인용했다.

11 동방규(東方虬)의 「소군원(昭君怨)」 제3수의 한 구절이다.

'나'는 온몸에 햇살을 받고 푸른 하늘과 푸른 들이 맞붙은 지평선을 향해 들판을 걸어간다. 비현실의 세계인 '꿈속'을 배회하듯이 걸어가는 발걸음은 빼앗기지 않았던 옛날의 들길을 연상시킨다. 가르마 같은 그 들길을 따라 걷던 화자는, 문득 '혼자만의 국토'가 아님을 깨닫는다. 돈호법의 사용으로 인간적 이미지를 불러일으키는 하늘과 들이 나와 더불어 아름다운 국토의 일부를 이루고 있다. 그러나 인격체로 부상한 들과 하늘이 입술을 다물고 있다. 말없이 침묵하고 있는 상황은, 모든 것을 빼앗기고도 그 사실조차 말할 수 없는 원주민의 답답한 상황을 암시한다. 그러나 죽은 듯이 침묵하고 있는 국토에 몸담은 그 모든 것들이 생명 현상 자체를 포기한 것은 아니다. 말할 수 없음의 상태에서도 그 품안에는 살아 있는 것들로 가득 차 있다.

> 바람은 내귀에 속삭이며/ 한자욱도 섯지마라 옷자락을 흔들고/ 종조리는 울타리넘의 아씨갓티 구름뒤에서 반갑다웃네.// 고맙게 잘자란 보리밧아/ 간밤 자정이넘어 나리든 곱은비로/ 너는 삼단가튼머리를 깜앗구나 내머리조차 갑븐하다.// 혼자라도 갓부게나 가자/ 마른논을 안고도는 착한도랑이/ 젓먹이 달래는 노래를하고 제혼자 엇게춤만 추고가네.// 나비 제비야 깝치지마라/ 맨드램이 들마꽃에도 인사를해야지/ 아주까리 기름을바른이가 지심매든 그들이라 다보고십다.// 내손에 호미를 쥐여다오/ 살찐 젓가슴과가튼 부드러운 이흙을/ 발목이 시도록 밟어도보고 조흔땀조차 흘리고십다.

순식간에 솟아나는 사물들의 감각적 체험으로 봄맞이의 감동을 표현한 이 부분의 중심 비유는 의인법이다. 내 귀에 속삭이는 바람은 한순간도 멈추지 말라고 옷자락을 흔든다. 종달새는 반갑다 웃고, 고운비로 머리를 감은 보리밭도 고맙게 자라고 있다. 간밤에 내린 비는 마른 논을 안고 도는 도랑물을 채워 주고, 그 도랑은 젖먹이 달래는 노래를 부르며 흥에 겨워 어깨춤을 춘다. 봄을 맞이한 사물들의 생명 현상을 통해 빼앗긴 조국의 봄이 죽어 있지 않음을 호소한다. 들판의 삶에 뿌리를 내린 사물 모두에게 조선적 친밀감을 부여한 감각적 이미지와 비유를 동원하여 생명감 넘치는 숨소리를 강렬하게 전해 준다.

특히 민족 공동체의 생산 터전인 들판을 활기찬 여성 이미지로 감각화한 '살찐 젖가슴과 같은 부드러운 흙'이 감동적이다. 풍만한 여성미로 가득 찬 국토에서 근로정신을 고취하는 '내 손에 호미를 쥐어다오'라는 구절에는 농민들의 생활을 동경하는 공동체 의식이 절실하게 표현되어 있다. 토속적 삶의 아름다움에 기초하여 사물의 세부적 관계를 밀도 있게 전달하는 언어 감각의 형상과 색조와 운치가 주목된다. 적재적소에 배치된 방언들이 불러오는 향토적 정서는 전라 방언의 향기를 전달한 김영랑 시편의 언어 감각을 무색케 할 만큼 탁월하다.

'깝치지 마라'는 경북 지방어로 '서둘지 마라'를 의미하고, '맨드램이'는 '민들레'를 뜻한다. '들마꽃'은 '들마을의 꽃', 즉 들판에 피어 있는, 혹은 마을 입구에 피어 있는 꽃을 말한다. 특정 지역의 독특한 향토적 정감을 불러내는 방언과 더불어 '아주까리' 등은 고유한 민족적 삶의 정취를 자아낸다. 관념적 시각에서 국토가 인식된 것이 아니라, 생활 현장에 밀착된 정서로 조국 사랑의 감정이 함축되어 있다. 찰나의 멈춤도 허용하지 않는 자연의 변화 속에서 생명감 넘치는 농경 문화적 삶의 모습을 생생하게 그려냈는데, 인간과 자연의 친화감을 조성한 이 부분만으로도, "상화는 전통적 정서의 시인이 아니라 오히려 서구적 낭만주의적 성격에 가깝다"라는[12] 비판적 견해를 뒤집기에 충분하다. 예전의 모습과 다르지 않은 봄맞이의 감동을 통해 시인은 빼앗긴 들에 대한 안타까운 마음을 서정성 높은 예술의 양식으로 구현해 냈다.

> 강가에 나온 아해와가티/ 짬도모르고 끗도업시 닷는 내혼아/ 무엇을찻느냐 어데로가느냐 웃어웁다 답을하려무나.// 나는 온몸에 풋내를 띄고/ 푸른웃슴 푸른설음이 어우러진사이로/ 다리를절며 하로를것는다 아마도 봄신령이 접혓나보다.

인간과 자연이 조화를 이룬 세계에서 화자는 자기 존재의 모습을 회의한다. '내 혼'은 당시의 태평스런 분위기에 휩싸여 방황하는 민족적 자아의 모습을 연상시키는데, 화자는 그 당시의 시대상과 사회상을 적실하게 반영하고 있다. "이 시인과 그 민족상과의 불가피한 표현의 연결성과 필연성을 시와 시대와의 상관관계에서 보여주고" 있는데, '무엇을 찾느냐, 어디로 가느냐'라는 '혼의 탄식'이야말로 박두진이 잘 지적했듯이, 그 당시의 낙망과 비애, 퇴폐와 허무감 속에 휩싸였던 "20년대 식민지 조선의 모든 젊은이들의 슬픈 명제이며 유행어"였다.[13] 푸른 웃음과 푸른 설움이 섞여진 정서의 혼란은 온몸에 풋내를 띤 생활을 빼앗겼기 때문이고, 그것은 식민지 현실을 견뎌야 했던 모든 조선 청년들의 모순된 감정을 표현한 것이다. 동시에 그것은 자신의 현 상황을 똑바로 인식하지 못하고 봄 신명에 홀린 듯 빼앗긴 들을 되찾으려는 의지를

---

12 서정주, 「이상화와 그의 시」, 『한국의 현대시』, 일지사, 1969.

13 박두진, 「이상화와 홍사용의 시」, 『한국현대시론』, 일조각, 1970.

상실한 채 불구의 삶—다리를 절며 하루를 걷는 삶을 살 수 밖에 없었던 정신적 분위기를 암시한다.

4

무한히 진행되는 시간의 타성에 젖어 조국을 상실했다는 사실을 망각하는 정신적 해이로 인해 시인은 영원히 국토를 찾지 못할 것이라는 위기감에 휩싸인다. 조국의 재생을 상징하는 봄맞이의 기쁨과 함께 빼앗긴 들에 대한 설움이 함께 어우러진 민족 공동체에 대한 어떤 경고가 필요하다. 마지막 연은 시인이 환상적 밀실의 세계에서 뛰쳐나와 식민지 현실의 변화를 추동하는 깊은 사색에 몰입했음을 확신케 한다. 역설의 형태를 띠고 있는 끝 구절의 경고는, 1연의 수사학적 질문에 대한 답변의 성격을 지닌다. 잘 알려져 있듯이, 역설은 말하고자 하는 것의 진실성을 강조하는 데 초점이 놓인 비유의 한 방법으로, 그 가치는 충격에 있다.

> 그러나 지금은—들을빼앗겨 봄조차 빼앗기겠네

가슴을 파고드는 큰 울림으로 다가오는 이 구절은 격정 어린 감정의 토로나 울분이 아니라 담담하고 자기 고백적인 독백에 가깝다. 진지하지만 사뭇 침통하고 애달픈 그 어조가 우리의 가슴을 후벼 파는 것은 무슨 이유일까? 그것은 영원히 빼앗길 것 같은 국권 상실에 대한 하나의 공포감이 자리 잡고 있기 때문이다. '봄조차 빼앗기겠네'라는 화자의 역설적 어법은 자주 독립의 불확실성과 불가능성이 증대하는 민족의 불안한 상황을 함축하고 있다.

자포자기적 절망의 분위기가 만연하는 것을 경고하는 의미를 담고 있는 이 구절의 봄은, 이제까지 우회적인 방법으로 함축했던 봄맞이에 대한 관조적 태도를 반전시킨다. 처음과 끝에 나타난 봄의 비유적 의미는 그것의 표면적인 유사성에도 불구하고 근본적인 차이가 존재한다. 구체적인 역사적 언급을 넘어서서 보다 보편적인 의미 단계를 상정한다고 할지라도, 마지막 연은 텍스트 내적 의미만을 강조하는 형식주의적 독해 방법을 거부한다.

11연의 봄은 고도의 은유로 해석하도록 유도한다. 어떤 해석을 내리든 그것은 시의 본질적인 의미와 단단하게 결합되어 있다. 봄은 하나의 단어로 설명할 수 없는 것을 표현하는 발전된 은유로 파악되는데, 민족의 어떤 선택과 관련하여 식민지 현실에 대한 의미 있는 발언을 함축하고 있다. 일반적으로 하나의 사물을 그 사물이 아닌 어떤 것, 즉 그 사물과 유추적인 관계를 나타내는 어떤 것에 의하여 기술하는 비유가 은유이다. 그것의 원리는 단순히 하나의 사물에 대해서 말하지만 그 의미는 그 사물이 아닌 것을 가리키고, 따라서 다른 것을 의미한다고 이해된다.

하나의 새로운 개념을 형성한 은유는 언어로 표현된 관념이며, 이 관념은 또한 시인의 중요한 경험과 관련된 무엇인가를 표현하기 위해 하나의 상징으로 기능한다. 이상화는 봄맞이의 경험을 은유적 상징에 의탁하여 우리 모두에게 식민지 조국의 현실을 돌아보는 문제로 전환한다. 따라서 봄마저 빼앗길 것 같다는 우려를 표명한 것은, 식민지 조선의 현실을 단순히 반영한 것이라기보다는, 조선의 현재 상황을 개선하는 어떤 중요한 문제의식을 불러일으킨다. 봄조차 빼앗길 것이라는 역설적 어조에 내재한 의미에 근접해 갈 때 이러한 점이 더욱 분명해진다. 그것은 과거에 빼앗기지 않았고, 미래에도 빼앗길 수 없는 들판의 생활공간을 '현재' 빼앗겼기 때문에 자연의 순환으로 지칭되는 봄이라는 시간조차 마음대로 누릴 수 없다는 것을 의미한다.

빼앗긴 들로 표상되는 국토의 상실보다 더 안타까운 것은 봄으로 상징되는 시간의 부자유를 뜻하는 정신 현상이다. 봄이라는 자연 현상을 빼앗길 것이라는 우려에서 유추되는 것은, '들판'이라는 물질이 아닌 어떤 정신적인 것, 즉 조선의 생명적인 어떤 영혼의 측면을 암시하는데, 그것은 시간의 타성에 젖어 무감각해져 버린 태평스런 민족정신과 결부되어 있다. 식민지 현실을 개선하는 최후의 방법은 '빼앗겼다는 그 사실'을 잃어버리지 않는 정신인데, '눈에 보이지 않는 원주민의 마음'이 해이된 시대 분위기가 문제이다. 따라서 1연의 '봄이 왔으나 봄이 온 것 같지 않다'라는 화자의 관조적 태도와 수미상관의 연결을 보여주는 마지막 연은, 국토의 빼앗김보다 정신의 매너리즘을 경계하는 의미를 담고 있다.

빼앗긴 조국을 되찾으려고 민족의 정신적 각성을 촉구하는 것, 그것은 잃어버려서는 안 되는 민족의 정기를 회복하려는 의지, 다시 말하면 식민지 원주민의 혼미한 정신 상태를 개조하여 자주 독립에의 의지를 다지는 것을 뜻한다. 시인은 그것이 지금의 상황에서 일제에 대응하는 최상의 저항 방법임을 시사한다. 요약한다면 봄날 하루 들판의 나들이를 다룬 이 시는, 패배와 허무와 절망으로 무너져 가는 민족정신의 위기 상황을 염려한 것이며 동시에 조선의 정기—민족의 생명이 말살되어 가는 특정 시기의 역사 현장의 경험을 전달하여 식민지 현실에 눈뜬 민족적 자아상을 모색한 것이다.

5

이상화는 1920년대 조선 시단에 흐르던 공기를 예민하게 호흡하였을 뿐만 아니라 사회 문제에 대하여도 날카로운 관심을 보였다. 그 무엇에도 구속되지 않는 자유혼으로 그는 조선 사회 내부의 불합리를 향하여 선전(宣戰)하는 민족적 자아를 탄생시켰다.

그 자아로 하여금 비극적 삶의 중심에 놓여 있는 고통의 핵심에 접근해 가도록 하여 중요한 통찰을 끌어내는 데 이상화는 성공했다. 식민지 원주민의 착잡한 고통을 통렬하게 느끼도록 만든 시인의 깊은 통찰력은, 1920년대 시작 활동을 했던 다른 어떤 시인과도 비교되지 않을 만큼 빼어난 것으로 평가된다.

그는 저항의 기백을 상실해 가는 민족의 현실을 예리하게 간파했고, 우리에게 민족혼을 일깨워 주는 봄을 빼앗겨서는 안 된다는 예언자적 통찰을 보여주었다. 복잡하고 포괄적인 민족의 당면 문제를 서정 예술의 양식으로 통합하여 피압박 민족의 총체적 경험을 형상화한 점이, 시인 이상화를 고난의 식민지 시대를 대표하는 투철한 비판적 사실주의 시인으로 높이 추앙하고 참다운 민족 작가로 길이 받들도록 만든다.

04

발한과 출혈이 빚어낸 실존의 모습

유치환

1

청마 유치환(1908—1967)은 「旗빨」이라는 작품에서 '깃발'을 끌어들여 인간의 삶에 관한 어떤 경험을 표현하고 있다. 인생에 대한 예리한 관찰을 통해 얻어낸 시인의 총체적인 경험이 「旗빨」에 응축되어 있다. 그것을 이해하기 위한 독자의 창조적이고 능동적인 읽기 활동이 필요하다.

주의 깊은 독자라면 구체적인 소재—깃발에 대응하는 추상적인 관념을 암시하는 핵심어가 '마음'이라는 사실을 알 수 있다. '깃발'과 '마음'의 관련 양상을 살피는 것이, 작품 전체의 의미에 다가가는 지름길이다.

2

유치환은 마음을 표현하기 위해 깃발이라는 소재를 동원하고 있다. 깃발은 한마디로 정의하기 어려운 인간의 마음을 지시하는 구체적인 사물이다. 시인은 그 사물에 빗대어 무엇인가를 효과적으로 표현하기 위해 이미지 등의 수사법에 의존하여 주제에 해당하는 메시지 전달을 의도한다. 그 메시지와 관련하여 모순되는 내용을 서술하고 있는 첫 행의 의미가 중요하다. 즉 "이것은 소리없는 아우성"이라는 내용이 문제이다. '아우성'은 '큰 외침—소리'이다. 당연히 소리—외침이 있어야 하는데, 그 낱말 앞에 '소리 없는'이라는 수식어가 붙어 있다. 소리가 없으면 아우성이 아니거나, 아우성이 되려면 소리가 있어야 내용 논리상 맞다. 문학적 진실, 혹은 시적 진실에 해당하는 이 구절은 전체 의미를 결정하는 열쇠에 해당하는 부분이다.

> 이것은 소리없는 아우성
> 저 푸른 海原을 向하야 흔드는
> 영원한 노스탈쟈의 손수건
> 純情은 물결같이 바람에 나부끼고
> 오로지 맑고 곧은 理念의 標ㅅ대 끝에
> 哀愁는 白鷺처럼 날개를 펴다.
> 아아 누구던가
> 이렇게 슬프고도 애닯은 마음을
> 맨처음 공중에 달줄을 안 그는.

—「旗빨」[14]

14 출처는 유치환의 『靑馬詩抄』(엄형섭 편, 『한국현대시사자료집성 9』, 태학사, 1982)이다.

첫 행의 '이것'은 '깃발'을 가리킨다. 그리고 그것에 대한 정보를 제공하는 낱말은 '소리 없는'과 '아우성'이다. 깃발을 표현하기 위해 시각적 이미지가 아닌 청각적 이미지를 끌어들인 점이 특이하다. 귀—청각에 호소하고 있는 이 대목에서 독자의 추리력과 상상력이 필요하다. 여기서 표현하려는 것은 '깃발'의 소리—청각이 아니라 그것의 모습—시각에 초점이 놓여 있다. 깃발이 어떤 모습을 하고 있는가를 보여주기 위해 시인은 '소리 없는'이라는 단어를 통해 청각적인 감각을 닫으라고 요구한다. 독자는 귀를 막고 눈을 활용하여 깃발의 모습을 떠올려야 한다. 아우성치듯이 격렬하게 움직이는 감각적 영상을 머릿속에서 그려 보라. 일종의 이중 감각에 해당하는 이 구절에서 시각이 강조되어 있다.

아우성치는 것처럼 격렬하게 움직이는 '깃발'의 모습을 생생하게 떠올리게 하기 위해, 즉 아우성치듯 격하게 움직이는 모습을 강조하기 위해 시인은 청각적 이미지를 시각적 이미지로 전환한 것이다. 강렬한 깃발의 모습을 재현해낸 이 점이 「旗빨」을 이해하는 관건이다. 몸부림치는 동작이 부각된 깃발의 모습을 통하여 유치환은 '마음'을 표현하려고 한다. 명쾌하게 전달하기 어려운 추상적인 생각—관념을 형상화하기 위해 구체적인 소재—사물을 끌어들여 그것에 빗대어 이야기하려는 이유가 여기에 있다. 시인은 독자에게 '마음'과 '깃발'의 상관관계—그 둘 사이에 나타난 유사성을 떠올리라고 요구한다. 그것은 깃대에 매어 있는 깃발처럼, 마음도 보이지 않는 어떤 얽매임—구속된 상황에 있다는 점과 관련되어 있다.

깃발은 푸른 해원을 향하여 날아갈 수 없다. 깃대에 매어 있기 때문이다. 인간의 마음도 깃발처럼 얽매임의 상황에 놓여 있다. 깃대에 묶여 있는 깃발과 마찬가지로 인간의 마음도 현실 상황에 매어 있다. 현실을 벗어나서 자기가 바라는 이상 세계로 날아가고 싶으나, 상황이 그것을 허락하지 않는다. 인간의 마음을 생생하고 박진감 있게 표현하기 위해 시인은 그것과 유사한 처지나 모습을 보여주는 사례로 깃발을 제시한다. 그것은 각각의 인간 존재가 처해 있는 삶의 모습을 암시하면서 동시에 그러한 운명의 굴레에 묶여 항거하는 실존적 몸부림을 상징한다.

'항상 지금 여기의 상황'에 갇혀 있는 인간의 모습과 유사한 깃발은 "소리없는 아우성"을 반복한다. 미지의 세계로 날아가도록 바람이 부추기면 깃발은 언제나 그 자리에서 그 모습으로 자기의 현실—한계 상황을 벗어나려고 격렬한 움직임을 계속한다. 운명의 굴레로부터 벗어나려고 몸부림치는 그 모습이 슬프고 애처롭고 안타깝고 애달프기까지 하다. 시지포스의 고통을 연상시키는 그것은 인간 존재 모두에게 어쩔 수 없이 부여된 생의 모습을 환기시킨다. 깃대로부터 달아나려고 몸부림치는 깃발은, 현실에 속박되어 있는 실존의 모습 그 자체를 미메시스한 것이다. 그러나 더욱 중요한 것은 인간 존재의 자기 한계에 대한 근본 문제이다. 그 한계를 벗어났을 때 '어떤 상황에 처하게 될 것인가'라는 인간 실존의 포괄적인 삶의 진실—실상을 이 시가 함축하고 있다는 사실이다.

깃대를 벗어난 깃발은 '깃발로서의 존재 가치—존재 의의'를 상실한다. 깃대를 떠나는 순간 깃발은 지상으로 추락할 것이다. 그 때에 깃발은 이상향을 꿈꿀 수 있는 그 시절을 그리워하게 될지도 모른다. 인간도 마찬가지이다. 모든 속박으로부터 벗어났다는 것은 자신의 운명이 끝났다는 것을 의미한다. 구속의 상황을 벗어나서는 안 되는 존재, 그러나 끊임없이 그 상황으로부터 탈출하려고 몸부림치는 존재, 그 안타까운 실존의 모습이 인간에게 부여된 운명—멍에인지도 모른다. 생의 감옥/구속에서 벗어나려 몸부림치는 것, 그것이 인간에게 주어진 삶의 길이라는 진실/ 진리를 이 작품은 깃발을 통해 '보여주고' 있다. 현실을 벗어나 미래를 꿈꾸는 존재, 영원히 잡을 수 없는 미래를 향해 발버둥치는 존재가 인간이다.

3

예술—시를 통해 인간의 실존 탐구에 임한 유치환의 높은 긍지가 「旗빨」에 반영되어 있다. "이詩는 나의 出血이오 發汗이옵니다. …[중략]… 항상 詩를 지니고 詩를 앓고 詩를 생각함은 얼마나 외로웁고 괴로운 노릇이오며 또한 얼마나 높은 자랑이오리까." "이 자랑이 없고 詩를 쓰고 지우고, 지우고 또 쓰는 동안에 절로 내몸과 마음이 어질어지고 깨끗이 가지게 됨이 없었던들 어찌 나는 오늘까지 이를 받들어 왔아오리까."[15]

『青馬詩抄』의 「序」에서 시인 유치환이 밝힌 말이다. 그는 생의 본질과 의의를 「旗빨」이라는 짧은 한 편의 작품 속에 응축시켰다. '쓰고 지우는' 발한과 출혈의 노력이 있었기 때문에 그것이 가능했다. "내 앞에서 나의詩를 云謂"하지 말고 "가만이 읽으시고 가만이 덮으시고 가만이 느껴주시기를"(「序」) 바랐던 그의 자부심을 우리는 존중해야 한다.

---

15 유치환의 「序」(엄형섭 편, 앞의 책, 383쪽).

05

민중의 생리와 불굴의 저항 정신
김수영

일상생활의 주변에서 관찰한 평범한 사실을 통하여 인간에 관한 어떤 진실을 예술적으로 형상화하는 것이 시인의 주된 임무이기도 하다. 「풀」에서 김수영은 '풀과 바람의 관계'를 관찰하여 어떤 진실을 이야기한다. 그러나 이 작품에서 시인은 바람이 불면 풀이 눕고, 바람이 지나가면 다시 일어서는 평범한 자연 현상, 즉 언제 어디서나 바람이 불면 눕고 다시 일어서는 풀의 모습을 반복적으로 제시할 뿐이다.

풀이 눕는다
비를 몰아오는 동풍에 나부껴
풀은 눕고
드디어 울었다
날이 흐려서 더 울다가
다시 누웠다

풀이 눕는다

바람보다도 더 빨리 눕는다
바람보다도 더 빨리 울고
바람보다 먼저 일어난다

날이 흐리고 풀이 눕는다
발목까지
발밑까지 눕는다
바람보다 늦게 누워도
바람보다 먼저 일어나고
바람보다 늦게 울어도
바람보다 먼저 웃는다
날이 흐리고 풀뿌리가 눕는다

—「풀」[16]

1연에서 풀은 바람이 불면 눕는다. 풀에 가해지는 외부의 압력, 곧 바람이 불면 저항하지 않고, 그 압력에 수동적으로 순응하는 모습을 보여준다. 2연은 수동적이던 풀이 바람보다 더 빨리 눕고, 더 빨리 울고, 먼저 일어나는 풀의 능동적인 모습—수동적이던 풀이 능동적으로 변화한 모습을 그리고 있다. 3연은 "발목까지/ 발밑까지"라는 표현이 지시하듯이 땅 바닥까지 눕거나 바람보다 늦게 누워도 먼저 일어나고, 바람보다 늦게 울어도 바람보다 먼저 웃는 풀의 이미지를 형상화하고 있다. 그것은 끝없는 외부의 압력에도 굴복하지 않고 끈질긴 저항력을 지닌 풀의 모습을 이야기한 것이다. 「풀」은 수동적 객체에서 능동적

16 김수영, 『김수영 전집 1-시』, 민음사, 1981.

주체로 부상한 풀의 모습을 '눕다, 일어서다, 울다, 웃다'의 동사들을 통해 제시하면서 그것이 끊임없이 되풀이되는 자연 현상으로서의 바람과 풀의 관계를 연상하게 만든다. 그 결과 이 시에서 동사의 반복은 '풀이 간직한 자연적인 속성'을 두드러지게 나타내는 효과를 낳는다.

웃고 울고 일어서고 눕는 활유적 인격이 부여된 풀은, 끈질긴 생명력을 지닌 민초(民草)의 모습과 겹쳐진다. 동시에 그것은 독자로 하여금 외부 압력에 대응/반응하는 끈질긴 민초의 행동/속성을 유추하게끔 유도한다. 현실적인 압력의 상황에서도 일단 굽혔다가 다시 일어서는, 그리하여 결코 쓰러지지 않고 끝끝내 견뎌내는 풀의 속성/행동과 민중의 생리는 유사한 어떤 관계를 형성한다. 풀의 속성으로부터 민중의 생리를 이끌어낸 그 점이 「풀」의 성공 요인이다. 그러나 중요한 것은 어느 때건, 어떤 경우든 항상 풀이 일어서는 것은 아니라는 자연 현상을 시인이 외면하지 않았다는 점이다. 이것이 '흐린 날', 다시 말하면 결코 좋은 세월이 아닌 때에 풀이 누워 있다는 사실로 끝을 맺은 이유이다.

풀과 마찬가지로 대다수의 민중들도 스스로에게 직접적인 압력이 가해지지 않는 한, 결코 일어서지 않는다. 그럼에도 불구하고 이 시의 의미를, 일단 굽혔다 일어서는 민중의 생리/속성, 그리고 흐린 날이더라도 성급하게 일어서지는 않으며 참을 수 있는 만큼 그 불리한 상황을 잠잠히 지켜보는 것으로 한정한다면, 그것은 「풀」의 가치를 반감시킨다. 역사의 능동적 주체로서의 민중들도, 흐린 날이라고 해서 숨죽이고 무작정 누워 있는 것은 아니다. 그들은 누워 있는 체할 뿐이다. 김수영은 「풀」의 리듬 구조에 이러한 의미의 민중상을 펼쳐 보인다.

이 시의 리듬 구조에는 겉으로 드러나지 않은 민중의 속성이 함축되어 있다. 그것은 흐린 날에도 그대로 누워 있는 것이 아니라, 커다란 함성으로 '흐린 날'의 상황을 지켜보고 있다는 진실을 암시한다. '불굴의 저항'을 상징하는 탁월한 「풀」의 리듬 구조에서 독자는 상황이 좋지 않은 흐린 날에도 침묵하지 않는 민중의 생리를 발견할 수 있다. 민중의 함성이 「풀」의 두운(頭韻)에 절제된 형태로 단순하면서도 치밀하게 배치되어 있다. 서우석은 그 두운의 모음들을 뽑아서 다음과 같이 분석한다.

첫 연	둘째 연	셋째 연
우이우으아아	우아아아	아아아아아아아아
우— 아—	우아—	아 ——————[17]

각 연의 두운을 지배하는 모음의 소리 효과 때문에 「풀」은 각 연마다 호흡이 이어지면서 자연스러운 리듬의 속도감을 불러일으킨다. 각 연의 두운을 지배하는 모음의 소리 효과가 「풀」의 통일된 리듬감을 형성하고, 그 리듬감에 실려 김수영의 시어는 생생하게 살아 있는 민중의 함성이 된다. '흐린 날' 잠잠하게 숨죽이고 누워 있으면서도, 풀은 '우아 우아 아' 하고 외친다. 풀과 바람의 관계에서 나타나는 자연 현상인 '울다와 웃다', '눕다와 일어나다'의 상호 대립되는 요소들이 '우— 아—' 질러대는 함성과 상승 작용을 일으킨다.

풀로 상징되는 민중들의 생리가 '통일된 리듬의 희열'과 함께 앙상블을 이루면서 독자를 매료시킨다. 역사 현실에 대한 민중들의 대응력/

---

17 서우석, 『詩와 리듬』, 문학과지성사, 1981, 155쪽.

응전력을 모호하고 추상적 진술이 아니라, 생동감 있는 리듬으로 형상화한 김수영의 「풀」이 시대의 현장과 밀접히 관련되어 있다는 지적은 이러한 대목을 염두에 둔 평가이다.

시인이 풀이라는 하찮은 존재에서 '울고 웃고 눕고 일어나는' 민중의 능동적 의지를 발견해 낸 것은 놀라운 일이다. 김수영이 말한 대로 '시인은 언어를 통해 자유를 읊으며 또 자유'를 산다. 독자는 몸으로 살아가는 민중의 진정한 고통과 좌절, 그리고 그것들을 딛고 다시 일어서는 불굴의 저항 정신을 「풀」에서 읽어낼 수 있다. 이 작품은 온갖 불의와 압제의 상황에서 다시 일어서는 능동적인 민중의 자유 의지를 노래하고 있다.

김현은 김수영의 시적 주제를 '자유'라고 말한다. 김수영의 초기 시편에서부터 그가 죽기 직전에 썼던 작품에 이르기까지 자유는 그의 끈질긴 탐구 대상이었다. '우리 시대의 가장 서슴없고 가장 치열한 양심의 시인', 김수영의 정신이 도달한 세계가 이 시에 반영되어 있다.

투철하고 예리한 시대정신과 육탄적 저항 의지가 빚어낸 김수영의 또 다른 시세계를 반영한 시편들도 다수 있다. 독자들은 「瀑布」 「달나라의 장난」 「시골선물」 「헬리콥터」 「구름의 파수병」 「謀利輩」 「敵」 「巨大한 뿌리」 「어느 날 古宮을 나오면서」 「사랑의 變奏曲」 등에서 그의 진면목을 대할 수 있을 것이다.

3부

1. 물질주의 예술관의 확산과 미래의 시문학 운동
2. 현실 대응으로서의 해체시 운동 — 박남철 · 황지우
3. 정치 상황과 문학의 위기 — 황지우
4. 인간의 탐욕과 자연의 파업 — 오세영
5. 알레고리의 언어 잔치상 — 장종권

01

물질주의 예술관의 확산과 미래의 시문학 운동

1. 예술관의 변화

자본주의 시장의 수요가 예술의 내용을 결정하는 중요한 요인이 되었고 상업적 동기가 작용함으로써 그것의 성격에 주목할 만한 변화가 생겼다. 상품화의 길을 강요받고 있는 시문학도 마찬가지 환경에 놓여 있다. 자본 시장에서 '경쟁력을 갖추었느냐, 그렇지 않느냐'가 시문학의 사활을 결정하는 상황이 벌어졌다. 그로 인해 시 창작의 목적이 물질의 재화를 추구하는 행위로 변질되었다. 시쓰기가 개인의 물질적 욕구를 충족하기 위한 '보상'의 의미를 띠게 됨으로써 본연의 예술정신이 실종되었고, 출판 시장이 요구하는 경쟁의 논리에 적응한 시인만이 살아남는 시대가 도래했다. 문학적 능력에 대한 보답으로 재물을 요구하는 물질적 가치관이 확산되면서 시인에 대한 평가의 척도가 바뀌었고 출판 시장에서 그 징후가 뚜렷이 나타났다. 대중적 인기에 영합하는 시인이 문화 상품화 시대의 다크호스로 등장했다.

류시화의 『그대가 곁에 있어도 나는 그대가 그립다』(푸른숲, 1991)는 88쇄, 『외눈박이 물고기 사랑』(열림원, 1996)은 33쇄의 판매 기록을 보여주고 있다. 그가 엮은 『지금 알고 있는 걸 그때도 알았더라면』(열림원, 1998)도 19쇄에 이르고 있다. 정호승의 『외로우니까 사람이다』(열림원, 1998)도 10쇄를 찍었다. 놀라운 사실은 정호승 시인의 인기에 편승하여 1979년 초판을 개정한 『슬픔이 기쁨에게』(창작과비평사, 1993)라는 시집이 무덤에서 벌떡 일어나 대중 독자의 경박한 감각을 자극하면서 8쇄를 거듭했다. 이정하의 『그대 굳이 사랑하지 않아도 좋다』(푸른숲, 1997)는 현재 13쇄에 이르고 있다. 이밖에도 용혜원 등의 시집이 출판 시장의 매력적인 상품으로 진열되어 있다.[1]

자본주의 시장의 이윤 추구 상품으로 거래되는 대부분의 시집들은, 반사실주의 정서를 유포시키는 환상의 대응물에 불과하다. 그것들은 세기말의 혼돈과 어둠을 헤쳐 나가는 것이 사랑뿐이라는 낭만적 메시지를 유포하면서 몽롱한 환상 속에서 순간의 위안을 느끼도록 현실 감각을 마비시키고 있다. 각박하고 황폐한 삶에서 시문학이 자위 수단이 될 위험과 함께 자극과 배설의 출구로 이용될 가능성이 농후하다. 이것은 물질주의 예술관이 낳은 당연한 현상이다. 출판 시장은 이제 단순히 문학작품을 거래하는 장소의 개념을 넘어서서 이윤 추구를 목적으로 하는 자본주의 시장 원리에 의해 지배받기 시작했다.

예술가의 혼이 깃들어 있는 비물질적 정신 활동을 돈과 교환하는 풍조가 만연하고 있음에도 불구하고 세기말의 혼미한 예술정신을 일깨

---

1 20세기의 마지막 연도인 1999년도 기준임.

우는 시인을 찾아보기 어렵다. 칸딘스키가 지적한 것처럼, 예술을 생산하는 토대가 바뀌는 순간 그 정신이 죽어버린다. 물질주의 예술관이 자리 잡게 되면서 예술가들은 재화를 목적으로 대중 독자의 저급한 요구에 영합하는 글쓰기에 자기 능력을 소진하게 된다. 그들은 예술 형식을 빌려서 불순한 내용을 전파하고 독자를 기만하면서 물질중심주의 시대의 정신적 갈증을 나쁜 쪽에서 해소시켜 준다. 예술계에 만연한 물질주의 사상은 인간의 영혼을 정화하는 길을 외면하면서 오직 물질의 풍요만을 찬양하고 인간의 정신을 타락의 길로 이끄는 잘못된 풍조를 확산시킨다.

자본주의 시장의 비인간적인 물질주의 이데올로기를 제어하는 방패의 기능이 전무한 것이 세기말 문화예술계의 현실이고, 정신적 공포와 불안을 잠재우는 구원의 종소리가 한국 시단에서 사라져 버린 것이 오래 전의 일이다. 최근의 출판 시장에서 인기를 누린 그 어떤 시집에서도 물질적 욕망을 초월하는 정신적 삶의 가치를 노래하거나 물질적 재화를 대신해 줄 정신의 풍요로움을 추구하는 경향을 발견하기 어렵다. 환상에 가까운 사랑 타령이나 허황된 그리움의 정서로 일관한 그 시집들의 어느 곳에서도 기성문학 모델의 한계와 모순을 극복하기 위한 80년대식의 전위적 실험에 매진하거나 현실개혁을 위한 뜨거운 문학적 연대 의식을 찾아볼 수 없다.

2. 시문학의 상품화 경향과 정체성 혼돈

"20세기 말의 핏빛 일몰이 보이는"(「자본에 살어리랏다」) 오늘의 우리 시단에서 정말 필요한 시인의 과업은, 세기말의 정신적 허기를 채워주는 영혼의 양식을 마련하는 일이다. 대부분의 시인들은 이러한 과업을 포기하고 출판 시장의 노예가 되어가고 있다. "나는 이제 너에게도 슬픔을 주겠다./ 사랑보다 소중한 슬픔을 주겠다."로 시작하여 "보리밭에 내리던 봄눈들을 데리고/ 추워 떠는 사람들의 슬픔에게 다녀와서/ 눈 그친 눈길을 너와 함께 걷겠다./ 슬픔의 힘에 대한 이야기를 하며/ 기다림의 슬픔까지 걸어가겠다."(「슬픔이 기쁨에게」)로 끝나는 이 시는 자본 시장의 논리에 부응한 작품일지 모르나, 철딱서니 없는 문학 지망생의 습작품 정도에 해당한다. "그리운 미친년 간다./ 햇빛 속을 낫질하며 간다."(「柳寬順 1」)[2] 역시 진정한 예술 정신을 묵살하는 자본주의 시장의 속된 물질주의 예술관이 만들어낸 역사 인물 탐구의 조잡한 모조 상품에 불과하다. 유관순 열사의 왜곡된 이미지로 인해 이 작품은 숭고한 투쟁을 희석시킬 뿐만 아니라 신세대의 역사적 상상력을 오염시킬 우려가 크다. 박남철은 물질만을 떠받드는 출판 시장의 현실을 야유하면서 반어적으로 꼬집고 있다.

> 나는 포르노 소설을 한권 쓰고 싶다.
> 나는 포르노 소설 아닌 포르노 소설을 한권 쓰고 싶다.
> 나에게 5년의 기한을 주고 5억을 댈 수 있는 출판사 사장은 연락하라.
> 하지만, 공연히
>
> ―「여름의 입김」 일부[3]

---

2 정호승, 『외로우니까 사람이다』, 열림원, 1998.

3 박남철, 『자본에 살어리랏다』, 창작과비평사, 1997.

"포르노 소설 아닌 포르노 소설을 한권 쓰고" 싶은 시인은, "나에게 5년의 기한을 주고 5억을 댈 수 있는 출판사 사장은 연락"하라고 말한다. '하지만' 그것은 '공연히' 해본 소리에 불과하다. 그것은 에로티즘이 난무하는 출판계의 현실을 반어적으로 야유하기 위한 의도에 불과하다. 이러한 의도의 밑바닥에는 예술 창작의 자유를 억압하는 자본주의 출판 시장의 무자비한 탐욕에 저항하는 '시문학의 역할에 대한 기대'가 자리 잡고 있다. 시장 경제 체제에 길들어지고 순화되어 있는 통속문학에 대한 안티테제로서의 순수문학이 우리 문단에서 사라지고 있다. 삶의 고통을 잠시 망각하게 만드는 위안의 문학이 대중들의 호기심을 자극하며 정통 시문학의 자리를 빼앗고 있다. 「여름의 입김」은 좋지 않은 쪽에서 세기말의 고통스런 삶을 일시적으로 망각하게 만드는 대중문학이 득세하는 현실을 풍자한 것이다.

박남철과 더불어 1980년대 시단을 화려하게 수놓았던 저항적 아방가르드 황지우의 활약이 기대되는데 그마저도 문학의 귀족주의를 선언하면서 시인의 역할을 포기한 상태이다. 최근에 발간한 『어느 날 나는 흐린 酒店에 앉아 있을 거다』(문학과지성사, 1998)에서 권위주의적 독제 체재에 저항했던 80년대 아방가르드 문학운동의 모든 것을 부정하면서 옹색한 변명을 늘어놓고 있다. 그의 가슴을 채운 것은 현실 개혁과 미래사회의 비전을 상실한 퇴영적 지식인의 공허한 폐허의식뿐이다. "슬프다// 내가 사랑했던 자리마다// 모두 폐허다"로 시작되는 시에서 그 징후를 읽어낼 수 있다. 그의 가슴속엔 언제나 부우옇게 이동하는 사막의 모래가 몰려와 서걱거린다.

젊은 시절, 내가 自請한 고난도
그 누구를 위한 헌신이 아녔다
나를 위한 헌신, 한낱 도덕이 시킨 경쟁심;
그것도 파워랄까, 그것마저 없는 자들에겐
희생은 또 얼마나 화려한 것이었겠는가

그러므로 나는 아무도 사랑하지 않았다
그 누구도 걸어 들어온 적 없는 나의 폐허;
다만 죽은 짐승 귀에 모래의 말을 넣어주는 바람이
떠돌다 지나갈 뿐
나는 이제 아무도 기다리지 않는다
그 누구도 나를 믿지 않으며 기대하지 않는다

—「뼈아픈 후회」 일부[4]

"젊은 시절, 내가 自請한 고난도 그 누구를 위한 헌신이 아녔다"와, "나는 이제 아무도 기다리지 않는다 그 누구도 나를 믿지 않으며 기대하지 않는다"라는 푸념이 '과거의 뼈아픈 후회'의 내용을 구성하고 있다. 80년대 초반의 살벌한 '무림시대'에 '시인이 무엇을 해야 하는가, 혹은 할 수 있는가'의 문제로 심각한 번민을 거듭했고, 그것이 기성문학을 불신하고 거부하는 저항적 아방가르드 시문학 탄생의 원동력이 되었다. 군사 독재 권력이 자행한 폭력에 대해 침묵할 수밖에 없었던 그 시기에 황지우는 '말할 수 없음을 말하기' 위해 시문학의 형식을 파괴했고, 그것은 반리얼리즘의 방법을 동원하여 리얼리즘을 구현하는 뛰

---

4 황지우, 『어느 날 나는 흐린 酒店에 앉아 있을 거다』, 문학과지성사, 1998.

어난 기법의 하나였다.[5]

"말할 수 없음"으로 시 예술의 양식을 해체함으로써 그의 시는 진실을 알려야 할 상황을 무화(無化)시키고 있는 제도권에 대한 강력한 항체로 존재했었다. 기성문학의 양식을 파괴하는 효과를 통해 진실에 대해 침묵하고 있는 기성문학을 날카롭게 풍자하거나 강렬하게 부정했다. 이것이 황지우 시의 '의미구현의 방법이자 시의 메시지'가 되었다. 그러던 황지우가 "그 누구에게도 말할 수 없는 비밀; 나의 사상이 없어졌어"(「석고 두개골」)라고 탄식하면서, "아아, 옛날에 내 노래를 들어주던 아이들은 어디로 갔는가?/ 다시 탄압이나 받았으면!"(「서해까지 밀려 있는 강」)이라고 과거 영광의 환영을 좇으면서, 또 한편으로 그 영광을 배태했던 자신의 미학을 부정하는 자아분열 증세를 보인다.

"당대에 대한, 당대를 위한, 당대의 유언으로"[6] 생각한 황지우의 저항

---

5 그는 은폐된 역사의 진실과 허구 사이를 방황하면서 정치 상황과 문학예술의 관계를 재조명하기 위해 전통 사실주의 시문학이 재현할 수 없었던 표현의 한계를 뛰어넘었고, 그것은 그야말로 처절한 몸부림으로 다가오면서 독자들을 고문했다. 이러한 점에서 80년대 시 분야에서의 형식 해체 작업은 예술사조에 관련된 문제라기보다는, 시인의 역할을 포기할 수밖에 없었던 폭력적인 정치 상황이 빚어낸 특이한 현상과 결부되어 있었다. 그 현상을 시문학으로 집요하게 껴안은 것이 첫 시집 『새들도 세상을 뜨는구나』(문학과지성사, 1983)였다.

6 "나는 시를, 당대에 대한, 당대를 위한, 당대의 유언으로 쓴다./ 上記 진술은 너무 오만하다( )/ 위풍 당당하다( )/ 위험천만하다( )/ 독자들은 ( )에 O표를 쳐 주십시오./ 그러나 나는 위험스러운가( )/ 얼마나 위험스러운가( )/ 과연 위험스러운가( )에 ?표 !표를 분간 못하겠습니다./ 不在의 혐의로 나는 늘 괴로워했읍니다./ 당신은 나에게 감시당하고 있는가( )/ 당신은 나를 감시하고 있는가( )/ 독자들이여 오늘 이땅의 시인은 어느 쪽인가( )/ 어느 쪽이어야 하는가( ) O표 해 주시고 이 물음의 방식에도 양자택일해 주십시오./ 한 시대가 가고 또 한 시대가 왔지만/ 우리가 우리의 동시대와 맺어진 것은 악연입니다./ 나는 풀려날 길이 없습니다 도저히, 그러나,/ 한 시대를 감시하겠다는 사람의 외로움의 질량과 가속도와 등거리도 양지하여 주시기 바랍니다./ 죄의식에 젖어 있는 시대, 혹은 죄의식도 없는 저 뻔뻔스러운 칼라 텔레비젼과 저 돈범벅인 프로 야구와 저 피범벅인 프로 권투와 저 땀범벅인 아시아 여자 농구 선수권 대회와 그리고 그때마다의 화환과 카 퍼레이드 앞에,"(황

적 글쓰기의 이면에는, 시대와의 악연을 괴로워하는 원죄의식이 잠재해 있었다. 그리하여 진실을 밝히지 못하는 문학예술과 당대의 폭력적 사회 상황 사이에서 "풀려날 길" 없는 "不在의 혐의"로 괴로워했던 그의 예술정신이 기성문학의 미학을 전복하는 혁명을 주도했다. 전위문학의 상표 역할을 하던 아방가르드 미학과 그것을 받쳐주던 저항성의 요소를 제거해 버린 이번 시집에서 현실 사회와 연결된 어떤 문맥도 발견할 수 없다. 뿐만 아니라 황지우 시문학의 정체성조차 확인하기 어렵다.

저항적 아방가르드의 현실 비판 의식을 이어가려는 의지와 노력이 전혀 나타나 있지 않은 이번 시집에서 '묽은 논물에 입체로 내려와 있는 저녁노을 빛을 등진 농촌 마을, 튀밥을 튀겨놓은 듯한 꽃나무들이 늘어선 거리, 병원 영안실 뒤편의 저녁노을이 비치는 미루나무 숲' 등[7] 근대화된 한국인의 내면 풍경을 그려내려는 자기 갱신의 변화가 나타나 있다. 하지만 그 풍경 묘사는 공동체의 집단 정서를 추방해 버린 개별 자아의 의식 분열에 초점이 맞춰져 있다. 그럼에도 불구하고 80년대 아방가르드 미학의 향수를 자극하는 판매 전략에 힘입어, 작품의 저변에 흐르던 저항성의 씨를 말려버린 『어느 날 나는 흐린 酒店에 앉아 있을 거다』가 자본 시장의 인기 품목으로 부상하는 데 성공했다. 80년대의 명성이 자본 시장의 이윤 추구 목적을 성취하기 위한 광고 상표로 등장했고, 저항적 아방가르드 미학을 희생의 제물로 삼아 이 시집은 자

지우, 「도대체 시란 무엇인가」, 『새들도 세상을 뜨는구나』, 문학과지성사, 1983).

7 "붉은 저녁빛이 斜線으로 들어가는 마을,/ 묽은 논물에 立體로 내려와 있다"(「아직은 바깥이 있다」), "공중 가득 흰 꽃팝 튀겨놓은 날"(「여기서 더 머물다 가고 싶다」), "세브란스 병원 영안실 뒤편 미루나무 숲으로/ 가시에 긁히며 들어가는 저녁 해"(「망년」) 등이 여기에 해당한다.

본 시장의 상품적 가치를 인정받았다. 그러나 제품의 내용과 다른 상표와 광고만으로 아방가르드 미학의 향수를 자극하는 것은 한계가 있다. 바로 이 점이 그의 시문학에 공감했던 옛 독자들에게 깊은 울림을 주지 못하는 이유이다.

과거의 명성을 자본 시장의 상표로 이용한 판매 전략과 그것을 은밀히 뒷받침한 출판사 소속 평론가들의 선전 광고 문구의 효과를 적절히 활용한 위장술은, 장 보드리야르가 지적한 것처럼 소비 과정에서 발생하는 욕구와 충족 사이의 소외 현상을 불러일으킬 뿐이다. 황지우의 시집은 소비자들에게 사용가치보다는 상품이 상징하는 사회적 기호를 소비하도록 부추긴 과대 포장 상품인데, 자본 시장의 논리와 은밀히 야합함으로써 과거의 명성을 출판 시장의 교환가치로 전환시킨 것이다.

프롬이 말했듯이, 시장 경제 제도는 시장 문화를 만들어내고 시장적 인격을 형성한다. 궁극적으로 그것은 인간을 물화(物化)하고 개인을 수단화하는데, 자본 시장의 이윤 추구를 위해서는 '시장적 인격'의 가면을 쓰고 과거의 명성과 이미지까지도 상품화하는 현상이, 자본주의 시대의 시 예술의 생존 논리로 자리 잡는다. 문단의 기대를 배반하면서 자기 문학의 정체성을 시장에 팔아버리는 시장적 인격이 성행하는 추세를 탓할 일이 아닐지 모른다. 그렇지만 그의 시집이 이름 있는 잡지사가 제정한 백석문학상의 수상작으로 결정된 처사는 납득할 수 없다. 올해 제정된 백석문학상의 선전과 앞날의 권위를 위해서는 황지우만한 상표를 찾기가 어려웠을지 모른다. 그러나 백석의 시정신과 전혀 무관한 황지우 시집을 수상작으로 선정하여 문학상 운영에 비인간적인 자본 시장의 논리를 앞세우는 것은 심각한 일이 아닐 수 없다. 자본 시장의 상품적 성격이 강화된 시인의 인기 품목을 수상 제도에 교묘히 이용하는 제도적 사기 현상이, 품위와 권위를 생명으로 삼아야 할 수상 제도에서 비일비재한 것이 어제오늘의 폐단인 것은 아니다.[8] 그러나 창작과비평사조차도 그러한 상업주의에 물들었다는 사실은 물질주의 예술관이 문단 전체에 확산된 고질병임을 입증하는 것이다.[9]

3. 노동시의 자기 부정과 자본주의 시대의 미아들

정말 심각한 문제점을 안고 있는 것은 리얼리즘 문예운동의 최선봉에 서 있던 노동시인들의 시쓰기이다. 80년대 리얼리즘 문학을 주도했던 노동시의 영웅들이 현실 사회의 변화에 능동적으로 대처하려는 의지마저 상실하고 세기말의 어둠 속을 방황하고 있다. 그뿐만 아니라 자기 부정에 여념이 없는 비참한 지경에 놓여 있다. 특히 문학예술의 정치적 담론화를 선도했던 백무산은 매우 심각한 증세를 보인다. 『동트는 미포만의 새벽을 딛고』(노동문학사, 1990) 이후 『인간의 시간』(창작과비평사, 1996)과 『길은 광야의 것이다』(창작과비평사, 1999)로 이어지는 시세계는 경천동지할 만한 변화를 보여준다.

"마른 풀잎 위로 부드러운 빗방울이 깃털처럼 내린다"로 시작하여 "역사가 강물처럼 흐른다고 믿는가 그렇지 않다 단절의 꿈이 역사를 밀

8 전정구, 「異常文學賞인가, 理想文學賞인가」, 『약속없는 시대의 글쓰기』, 시와시학사, 1995.

9 자본 시장과 예술의 관계 및 물질주의 예술관의 논의에서 프롬(『자유로부터의 도주』, 백조출판사, 1974), 칸딘스키(『예술에 있어서의 정신적인 것에 대하여』, 열화당, 1979), 하우저(『예술의 사회학』, 한길사, 1985), 벤야민(『문예비평과 이론』, 문예출판사, 1989), 장 보드리야르(『소비의 사회』, 문예출판사, 1991)를 참고했다.

어간다"로 끝나는 『인간의 시간』 속에 형상화한 내용이 어떻게 80년대 노동문학 운동과 연결고리를 찾을지 의문이다. 사랑과 그리움 타령으로 돈벌이에 여념이 없는 위안 상품 양산 풍조에 감염된 때문인지 모르나, 사랑과 운명을 노래하고 인연과 그리움을 읊조리는 데[10] 모든 정력을 낭비하고 있다. 그것이 노동문예운동 전사의 이미지와 전혀 합치될 수 없다는 데 문제의 심각성이 있다. 혁명적 전회(轉回)의 계기와 근거는 어떤 것인가? 80년대 노동·민중·민주운동에 열광했던 민주화 세력 집단의 혼란은 물론이고 진보적 지식인조차도 당황스럽다. 세기말의 전환기에 급격히 밀어닥친 변화의 물결에 휩쓸려 "과거는 죽은 시신들"뿐이라고 스스로 자기문학을 포기한 작품을 살펴보기로 하자.[11]

한 세기가 다한 바다
격정과 눈물과 폭풍이 지나간 바다
이 텅 빈 겨울 바닷가에
뜨거운 숨결 하나 없이
눈물 하나 없이 아, 사라지는
뒷모습에 던지는 젖은 시선도 없이
물위에 흔적도 남기지 않고

그러나 과거를 남기지 말아라
이제는 저 모든 사라짐의 쓸쓸한 긴장도

10 「사랑과 운명」(『인간의 시간』, 창작과비평사, 1996) 그리고 「사는 일이 아니라 그리워하는 일」과 「인연」(『길은 광야의 것이다』, 창작과비평사, 1999) 등이 대표적인 예이다.

11 이하의 인용시들은 본문에서 거론된 백무산의 시집에 수록된 것들이다. 번잡을 피하기 위해 세세한 인용 각주를 생략한다.

현재가 되게 하라
생존과 현재는 저 허망의 거리까지
확장하라
인생은 길이 아니라 광장에서
다시 시작된다
생애는 시간이 아니라 바다에서
다시 출렁거리게 하라

과거를 남기지 말아라
과거는 죽은 시신들뿐이다
과거는 다만 현재를 확장할 뿐이다.
참을 수 없는 또 한 시대가 격랑을 시작한다.

— 백무산, 「참을 수 없는 또 한 시대가」 일부

'과거가 뜨거운 숨결 하나 없이 흔적도 남기지 않고 사라져버렸다'는 자탄 속에는 80년대 노동자들의 이상 추구와 현실 개혁의 열정이 물거품이 되면서 참기 어려운 한 시대의 격랑이 시작되고 있다는 인식이 강하게 깔려 있다. 이러한 인식의 바탕에는 현실 사회주의의 몰락과 더불어 노동자들이 전망했던 '자본주의에서 사회주의로의 이행 논리'를 역전시킨 시대 변화에 무장해제 당한 자포자기적인 절망감이 내재되어 있다. 시대 변화는 신시장 혁명으로 지칭되는 신자유주의 시장경제 체제를 말하는데, 그것은 비시장적 영역을 시장 영역으로 흡수 확대하는 데 그치지 않고 비시장적 영역조차도 시장 원리가 지배하는 분위기를 조성하면서 지식 · 정보 기술 산업을 앞세워 민족과 국경의 경계를 넘어 시장의 국제화를 확립해 가고 있다.

지리적 인종적 국경을 파괴하는 자본주의의 물결이 냉전의 벽까지 허물어뜨림으로써 대중의 호소력을 촉발할 문예운동의 근거와 거점이 파괴되었고, 리얼리즘 문학 진영의 혼란을 가중시켰다. 뿐만 아니라 미래의 전망은 물론이고 방향 감각마저 상실하게 만든 것이 사실이다. 탈냉전과 세계화라는 세기말의 시대 환경은, 노동 · 민중 · 민족문학을 포함하여 모든 진보적인 문학 진영의 대사회적인 전략의 수정을 요구하고 있다. 그럼에도 불구하고 그 대안을 마련하려는 노력을 전혀 기울여 오지 않았던 노동해방문학 진영의 시인들이 극심한 정체성 혼돈을 겪으면서 시대 변화의 물결 속에서 자체의 중심을 잃고 표류하는 것이 어쩌면 당연한 결과인지도 모른다.

동이 튼다
기름바다 위에 횃불이 솟는다
아 드디어 빛살 무리들이 달린다 달려온다
대지를 불사른다 일깨운다 꽃을 피운다
미포만의 새벽이 열린다
동이 튼다
동이 튼다

—「동트는 새벽」 일부

기름바다 위에 횃불이 솟고 "미포만의 새벽이 열린다/ 동이 튼다"라고 『동트는 미포만의 새벽을 딛고』에서 투쟁을 독려하던 노동시의 가열찬 목소리는, 세기말의 어둠 속에서 그 흔적을 찾기 어려운 지경에 이르렀다. 그들은 현실 사회의 변화 추이를 검토하고 그것에 대응하는 문화 전략을 재정비할 필요가 있었다. 그럼에도 불구하고 전망의 부재

속에서 자본주의 시대의 미아(迷兒)로 전락한 것은, 과거를 냉혹하게 되돌아보는 반성의 자리를 마련하려는 의지를 상실한 채 자신의 과거를 시체로 취급해 버린 절망감 때문이다. 리얼리즘 시 예술이 나아가야 할 방향과 목표를 설정하는 일은, 세계화의 길로 치닫고 있는 자본주의의 확산으로 대변되는 현실의 변화를 어떻게 딛고 나가면서 새로운 운동 방향을 찾아낼 것인가의 문제를 고민하는 데 있다. 그것은 21세기의 사회 현실이 어떤 모습을 보일 것이며, 그 변화된 생활 속에서 추구해야 할 과제가 무엇인가의 문제로 귀착된다.

민중적 민족문학론, 노동해방문학론, 민족해방문학론, 민주주의 민족문학론 진영의 시인들 사이에서 자기 선명성의 경쟁 심리가 작용한 결과 현실 반영의 원칙이 구체성을 잃어버리게 되었다. 그리고 사회 변혁에 대한 이상 추구와 열정에 휩싸여 전략적 연대가 불가능할 정도의 높은 장벽을 스스로 쌓았다. 보수 문학 집단의 파벌성을 그대로 모방한 이데올로기의 분파성과 파당주의로 인해 공존의 조화와 상생의 화해라는 미덕을 잃어버렸다. 백무산 등의 노동시인들이 자본주의의 격랑과 맞부딪칠 교두보를 구축할 수 없었던 이유가 바로 여기에 있었다. 교두보는커녕 갑자기 밀어닥친 변화의 물결에 조난당하는 것을 막아줄 피난처조차 마련하지 못했다. 이러한 상황에서 그들이 취할 수 있는 유일한 방법은 자기수정의 변신이었을 것이다. 그러나 80년대 노동시의 정체성 문제와 관련하여 "사는 짓도 인생도 아직 털끝 하나 잡지 못했어도 이제 날 수정할 수는 있겠다"는 자기 변신의 정당성이 어떻게 정리될지 의아스럽다.

지구가 흔들리다 눈앞에서 그만

궤도를 풀고 풀잎처럼 흔들리고
구름파도를 타고 아득히 흐르다
뒹굴다가 그만 내 앉은 자리도 잊어버렸다
자리를 잊었다니, 내가 이 우주의
어느 자리를 차지하고 있었던가

지구의 살냄새가 나를 데려가는 곳
그 시간의 품속이 그저 아득할 뿐인데
출렁이는 물결 어느 자리를
차지하고 있었던가

아, 이제 날 수정할 수는 있겠다
사는 짓도 인생도 내 아직
털끝 하나 잡지 못했어도
이제 날 수정할 수는 있겠다

—「지구에 앉아 밥을 먹는다」 일부

"지구의 살냄새가 나를 데려가는 곳/ 그 시간의 품속"에 나타난 시간 의식과 "죽어가는 노동자의 삶"[12]의 시간 의식 사이의 괴리를 어떻게 설명할 것인가? 변절인가, 수정인가? 변절의 경우는 몰라도 수정은, '과거의 무엇을 어떻게 그리고 왜 바꾸었는가'에 대한 납득할 만한 설명이 필요하다. 그것이 자본주의의 격랑이 몰아닥친 순간에도 그가 글쓰기

---

12 "죽어가는 노동자의 애정을 되살릴/ 이윤의 봇물을 터뜨려 메마른 대지를 적시며/ 반짝이며 꽃피우며 생명의 함성이 울려퍼지는/ 인간적인 혁명이 숨어 있다고/ 숨어 있을 뿐이라고!"(「서시—생존의 전쟁」, 『동트는 미포만의 새벽을 딛고』, 노동문학사, 1990)

를 계속해야 할 이유가 될 수 있다. 백무산의 글쓰기는 결코 '지구에 앉아 밥을 먹는' 문제와 관련될 성질의 것은 아니다. 그것은 노동문예운동과 관련된 자기 시의 위상을 비롯하여 '지금 여기의 현실 문제'와 연결고리를 가지고 있을 때만 의미를 지닐 수 있다. 유토피아적 희망이 사라진 상황에서 세계자본주의 시장이 지배하는 현실을 어떻게 받아들일 것인가? 그리고 미래의 문예운동은 무엇인가? 이러한 문제의식이 선행되는 가운데 그의 시 창작은 의미 있는 현실 참여의 자리를 마련할 수 있다.

민주 사회 구현과 문민정부 탄생이라는 현실의 변화에 따른 민주화 연대 세력의 분산화나 다양화의 문제, 혹은 대중들의 무관심과 노동시의 호소력 상실의 문제를 탓하기 전에 노동문학 진영 내부에서 현실 세계의 흐름과 연계된 자기비판과 자기성찰의 노력이 요구된다. 변신의 근거가 역사의 무대로 물러난 80년대 문예운동의 모든 것을 전적으로 부정하는 것을 뜻한다면, 그것의 당위성이 확보되기 어렵다. 자기성찰과 자기비판의 요구를 묵살한 박노해의 '참된 시작'도 백무산의 '자기수정'과 마찬가지로 무거운 역사의 짐을 벗어 던지는 방법과 시기 선택이 문제가 된다. 박노해의 『참된 시작』(창작과비평사, 1993)이 지시하는 것처럼 '진실된 출발'이라는 언술은 과거 문학운동의 투쟁 대상과 목표가 더 이상 유효하지 않다는 것을 암시한다. 그것은 80년대식의 문예운동의 원칙이 동요되고 전체 위상이 흔들리고 있다는 인식에 근거를 두고 있다. 그렇다면 그의 참된 시작이 무엇을 뜻하는가는 자명하다.

> 그해 겨울은 창백했다
> 사람들은 위기의 어깨를 졸이고 혹은 죽음을 앓기도 하고

온몸 흔들며 아니라고도 하고 다시는 이제 다시는
그 푸른 꿈은 돌아오지 않는다고도 했다
세계를 뒤흔들며 모스크바에서 몰아친 삭풍은
팔락이던 이파리도 새들도 노래소리도 순식간에 떠나보냈다
잿빛 하늘에선 까마귀떼가 체포조처럼 낙하하고
지친 육신에 가차없는 포승줄이 감기었다
그해 겨울,
나의 시작은 나의 패배였다

— 박노해, 「그해 겨울나무」 일부[13]

이 시에서 두 번씩이나 되풀이 강조한 "그해 겨울,/ 나의 패배는 참된 시작이었다"는 구절이 말해주듯이, 박노해의 진실된 출발은 패배를 의미한다. 따라서 그것은 무엇을 어떻게 시작해야 과거와 다른 출발이 되는 것인가에 대한 방향성을 담보하지 않은 공허한 담론에 불과하다. 참된 시작이라는 선언은 제도권 지식인들이 선점하고 있는 21세기 담론과[14] 겨룰 만한 논리를 갖추지 못한 소박한 개인 변명에 불과하다. 그것은 "마지막 한 가닥 희망과 애착마저 툭, 끊어져/ 오직 홀로 남

---

13 박노해, 『참된 시작』, 창작과비평사, 1993. 이하의 인용시 출처는 박노해의 이 시집이며 각주를 생략한다.

14 1980년대 담론의 주체는 반독재 반민중 반민주 운동 세력이었으나 최근에 이르러서는 자본주의 시장 경제 체제에 입각한 21세기 사회의 문제들을 다루는 제도권 지식인 담론이 성행하고 있다. 21세기 담론 그룹에 합류하려는 지식인들 가운데 일부가 자기 글의 학문적 권위를 내세우기 위한 방법으로 이런저런 참고문헌을 인용하는 경향이 있으나, 필자는 세세한 인용의 필요성을 느끼지 못했다. 몇몇 글을 제외하면 담론의 주요 내용은 이미 번역된 A. 기든스나 J. 리프킨 등의 서구 이론 번안이나 그것의 변형을 반복한 것들이다. 서구의 시각이 반영된 한국 지식인의 21세기 담론은 서구 지식의 해설(解說/害說)에 불과한데, 필자도 이 글의 주요 부분에서 지극히 당연한 해설(解說)은 그대로 수용했고, 해설(害說)에 대해서는 비판적 변형을 시도했다.

은 나 자신과 처절한 묵시의 투쟁" 끝에서 "참된 시작을 위하여 나의 전부인 것들을 다시/ 낯선 것으로, 미지의 것으로, 열려진 것으로"(「그리운 사람」) 흩어버리는 것이고, 과거의 무거운 짐을 벗어버리려는 책임 회피와 자기 부정이 담긴 패배의 승인에 불과하다.

무겁구나 지나온 날
깊어가는 상처는 그칠 줄 모르고

사흘 밤낮 몹시 아픈 날
스스로 치욕의 삭발을 하고
찬 마룻바닥에 모로 누워 회색벽에
무겁게 토해내는 신열의 부르짖음
무너졌다, 패배했다, 이렇게
흐르는 눈물 흐르는 대로 흘러
그래 지금 침묵의 무덤을 파고
나를 묻는다 나를 암장한다

—「경주 남산 자락에 나를 묻는 건」 일부

참된 시작이라는 선언은 스스로 치욕의 삭발을 감행하고 회색벽에 "무겁게 토해내는 신열의 부르짖음"에서 비롯된 것이다. "지금 침묵의 무덤을 파고 나를 묻는" 것은 무너져버린 과거의 열정을 시체로 만들어버리는 것을 말한다.[15] 권위주의적 독재 체제라는 공동의 적 앞에서

15 그의 변신은 '잃은 것은 예술이다'라는 박영희를 연상시키는데, 내용과 성격의 차이가 있으나 역사의 아이러니가 아닐 수 없다. 치열한 정신적 열기를 매장해 버린 박노해는 공무원을 상대로 강연에 임하는 등 자본주의 사회 제도에 적응하는 탁월한 능력을 발휘하고 있다.

민주화 세력과의 놀라운 결속을 보여준 노동운동 진영이 자기 정체성을 자기 스스로 허물어뜨리는 자가당착의 모순을 범하고 있다. "나를 암장"하는 상황도, 후발 사회주의 추종자들의 모방 모델이었던 구러시아나 동구 사회주의 국가의 소멸로 인하여 발생한 낙원 상실의 허무감이 확산된 것과 관련이 있다. 그리고 반민주 노동운동이 원래의 탄력성을 잃어버리면서 권위주의적 방식으로 변질된 것에 대한 실망감이 원인으로 작용했을 수도 있다. 또 다른 측면에서는 90년대 이후 노동운동이 집단 이기주의적 성향으로 바뀜으로써 사회 전체의 공동 가치를 추구하는 방향 조정의 역할이 불가능했다는 점이다. 정부가 국민의 생활을 책임질 수 없고 외국 자본의 국내 활동을 통제하기 어려운 상황이 벌어진 외환 위기의 시기에도, 노동운동은 국가 부도 사태의 위기와 함께 거리로 내몰린 도시 빈민과 실직자 등 고통 받는 사회적 약자들의 고통에 동참한다는 어떤 신념과 확신의 메시지를 전달할 분위기를 조성하지 못했다. 자본주의 위력 앞에서 노동의 소외 현상이 가속화되고, 끝내는 노동이 종말을 고하는 지식 · 정보 사회가 전개되는 것에 대한 '준비된 대안의 부재'는 물론이거니와 개인을 탈주체화하고 자본주의 시장에 예속시키는 현실 변화에 대응하는 전략이 전무했다.

작아지고 작아져서
마침내는 아무것도 없어진 나
조국의 들꽃이 되자
눈물 젖은 노동의 숨결이 되자
아무것도 아닌 이 땅의 민중이
그 모오든 것이 되도록 하자

—「작아지자」 일부

소비자 권리 찾기 운동, 생태 환경 보전 운동, 여성 운동, 해방 운동, 공해 추방 운동, 경제 정의 실천 운동, 비정부기구의 전지구적 연대 활동 등 사회 운동 세력의 판도에 큰 변화가 일어났고, 한국 사회의 미래를 조명하는 담론의 주도권을 제도권 지식인이 장악했다. 이러한 변화의 와중에서 "작아지자"는 구호는 당혹감만을 조성할 뿐 그 어떤 대안이 될 수 없다. 노동자 집단은 자본주의 시장 경제 제도의 부조리한 모순 구조에 대항하는 비시장적 연대 구축의 주체가 되려는 노력을 전혀 보여주지 않았다. 그들의 무대책과 무능력이 현재에 이르러 노동자집단 이기주의라는 의혹에 시달리고 있다.

최근에 발생한 지하철 노조의 명분 없는 패퇴가 증명하듯, 노동자들은 현실 사회 운동 세력의 주도권을 상실했다. 자본주의 시장 경제 체제로 세계 질서가 재편되는 변동의 시기에 적절한 대응 방향을 결정할 만한 역량을 결집하지 못한 것이 원인이다. 과거의 이데올로기와 자본 시장의 물질적 유혹 사이에서 방황하는 박노해와 백무산 등 노동시인들은 자본주의 시대의 '미아 상태'를 벗어나기 위해 시대의 변화를 읽어내는 능력이 요구된다. 리얼리즘 진영의 낡은 인식틀을 벗어나서 시문학의 경계 넓히기와 새로운 문학공동체를 모색하는 것이 필요하다. 그것이 정체성 혼돈과 자기 부정의 한계를 극복하고 미래의 시문학 운동에 가담하는 확실한 방법이다.

4. 지식인 담론과 21세기 시문학

자본주의 사회구조의 모순은 시장 경제를 떠받치는 산업 생산 체계의 반생태적 생산과 소비를 부추겼고, 끝내는 인류 전체의 생존을 위협하는 결과를 가져왔다.[16] '글로벌화, 작은 정부, 시민운동, 환경 운동, 인류 평화와 반핵 운동' 등 서구 이론 모델을 추수한 21세기 담론이 성행하는 것은[17] 지구화 시대의 전체 인류의 생존을 위협하는 "민족국가 단위의 사고방식"의[18] 문제점을 제기하기 위한 의미 있는 작업이다. 그러나 요란한 21세기 담론이 말세의 절망감을 확산시키거나 테크노유토피아의 환상을 심어주면서, 유일한 분단국가로 남아 있는 한국 사회에서 성급하게 작은 공동체 운동을 제안하는 등 그릇된 지식이나 이상한 논리를 유포하고 있다.

신자유주의적 자본주의의 가치관이 민족적인 것과 세계적인 것의 구분을 불가능하게 만드는 상황에서 민족의 존재 자체를 부정하는 세계 시민화 발상은 위험하다. 한국이 국제 경쟁을 피할 수 없다는 것과

---

16 환경 파괴의 재앙은 평등하게 분배되지 않는 인류의 공동 과제에 속한다. 그러나 자본 시장의 과잉 수혜자와 자본주의 경제로부터 소외된 계층의 의무를 동일시하려는 비계급적 일반론, 혹은 과거의 원시 자연환경을 그리워하는 퇴영적 비판론은 환경의 문제를 '지구적 약자에게 일방적으로 전가'할 위험이 있다. 이 분야의 문제는 생태 환경과 녹색운동에 관하여 꾸준한 관심을 표명해온 신덕룡의 『초록생명의 길』(시와사람사, 1997)과 『환경위기와 생태학적 상상력』(실천문학사, 1999)을 참고하기 바란다.

17 기존의 담론 내용을 종합하고 필자의 의견을 첨부한 이 글은, 「쟁점: 식민지와 근대」, 「특집 1: IMF시대 우리의 과제와 세기말의 문명전환」, 「지상토론: 20세기가 21세기를 본다」(『창작과비평』, 1997 겨울 · 1998 여름 · 1999 봄)를 비롯하여 『현대사상』, 『당대비평』, 『사회비평』, 『녹색평론』 등의 최근호에서 경제 · 사회 · 과학기술 · 생태환경 쪽 지식인들의 글을 참고하거나 원용했다.

18 "나는 '시장의 시대'의 안티테제로서 '시민의 시대'를 주장하고자 한다. 이것은 민족이나 국가 단위보다는 시민사회를 중심으로 미래를 구상해야 한다는 것을 의미한다."(이시재, 「새로운 문명과 한국의 사회운동」, 『창작과비평』, 1998 여름)

국제 교류의 폭을 넓혀야 한다는 주장이 틀린 것은 아니다. 그러나 전지구적 변화를 전망하고 그것에 대응하기 위한 지식인 담론은, 서양의 눈을 벗어나서 민족적 현실을 투시하는 전망이 결여되어 있고, 민족적 정서와 연대감을 형성하는 이념이 빠져 있다. 민족국가의 존재는 현실이고 그 현실이 미래 사회 인류 각자의 개인적 삶에 미치는 영향이 절대적일 것이다. 근대화 과정이 민족적 자아를 버리고 고유문화를 부정하는 것을 뜻했다면, 지금이야말로 한국인의 자아상을 확립하고 고유한 전통 문화를 창조적으로 계승하여 발전시키려는 책임 의식을 강화할 때이다. 그러기 위해서는 세계화 프로젝트의 진행이 민족의 정체성이 해체되지 않는 범위에서 가능하다는 인식이 전제되어야 한다.

지구의 현실 상황과 민족의 미래 목표가 상호 보완되는 접합점에서 자본 시장에서의 분배 정의의 실현, 민족 문제에서의 분단체제의 극복, 서구적 가치관과 세계관을 강요한 근대화 추진 과정의 반성, 반생태적인 과학기술 산업의 비판적 성찰 등이 요청된다. 세계화 시대의 시민운동이 탐색되어야 한다면, 그것도 인류의 보편적 가치 기준에 위배되지 않는 새로운 민족적 자아상을 정립하여 다른 민족과 공생하는 민족공동체를 모색하는 일과 불가분리의 관계를 유지해야 한다. 민주적 가치와 전통적 가치를 결합시키는 문제, 국민국가의 영역을 넘어서는 국제 평화나 지구 환경과 같은 비정부기구(NGO)의 활동 등에서 세계시민적 시각과 민족 공동체의 관점이 균형과 조화를 이루어야 한다.

획일적 원리와 효율성, 그리고 기능적 지식 체계와 물질주의적 가치관의 확산이 불러온 자본 시장의 물질적 탐욕을 좇아내고 인간의 마음속 어두운 곳에 영혼의 등불을 밝히는 일이야말로 산업 사회에서 실종된 인간 정신의 위엄을 되찾는 길이다. 경제적 효용성과 기능성의 관점에서 모든 것을 파악하려는 풍조를 개선하는 임무가 21세기 시 예술의 몫으로 남겨져 있다.[19] 지금까지 소홀히 다루어 왔던 다양한 운동 세력의 수평적 연계 모델을 추구하는 작업과 더불어 21세기 민족 공동체의 비전을 제시하는 과업이 미래의 시문학 운동의 방향을 설정해 줄 것이다. 그것은 자본주의 사회의 물질주의 예술관을 탈피하여 정치적으로 진보적이며 미학적으로 흥미 있는 새로운 예술적 감수성의 범주와 방향을 설정하는 일과 연결되어 있다.

5. 마무리

세기말의 문화적 혼란과 전통미학의 급격한 와해로 한국시가 설자리를 잃고 표류하고 있다. 그러나 어느 시대이든 시는 스스로의 힘을 쉽게 잃어버리지 않는다. 그것은 물질주의에 의해 도난당한 예술 본연의 정신을 회복하는 마지막 보루이자 희망이다. 자본 시장에서 잃어버린 인간성을 회복하는 힘으로 작용할 잠재력인 미래의 시 예술은, 현실에 관심을 기울이고 변혁 세력의 주체가 되어 현실을 비판하고 변화시키려는 사실주의 정신을 망각해서는 안 될 것이다. 마르크스의 사회공동체 사유 체계는 미래의 계급 분화 사회를 전망하는 데 여전히 유효한 시각을 제공한다는 점에서 21세기 시문학은, 사실주의의 기본 모델을 변형하여 우리 사회의 소중한 삶의 가치들에 봉사하는 방향에서 인간의 현실을 재현할 의무가 있다.

---

19 21세기 담론의 주체들이 전망했듯이, 계급과 계층의 분화가 다양하게 이루어질 미래 사회에서 발생하는 이해 상충의 조정 역할이 기대되는 분야는 문화예술계 쪽이다.

현실 사회주의의 패배를 마르크스 사상의 퇴진으로 받아들이는 분위기가 문제이다. 따라서 노동시의 자기 부정과 정체성 혼돈을 불러온 '자본주의 사회로의 이행'이 사회적 현실로서 계급이 사라졌다는 것을 의미하지 않는다. 사회 현실 속에서 계급을 구분하고 파악하는 것이 어려운 21세기 사회에서 권력 집단이 노리는 주요한 정치적 효과 중의 하나가 사회적 주체의 탈정치화이다. 미래의 시인들은 혼합된 동기들과 상충되는 욕망들로 이루어진 자본주의 문화가 다양한 계급의 구성원들에게 강요하는 통제 방식을 이해하고, 그것이 물질주의 사상을 통해 이루어진 특별한 협상의 네트워크라는 사실을 인식하는 것이 중요하다.

이데올로기가 생산하는 뚜렷한 사회적 효과를 활용하여 사회적 약자들을 보호하는 시민운동이 21세기 민주사회의 중심 과제가 될 것이다. 그 시대의 시문학은 객관성과 탈이념성이라는 사실주의 본령을 뛰어넘어 평등과 자유의 이념을 지지하면서 다른 한편으로 비판적 사실주의와 사회주의적 사실주의의 통합을 유도해야 할 것이다. 미래시의 사실 추구의 관건은 이질성과 타자에 대한 진정한 관용과 존중의 정신으로 일상적인 삶의 차원에서 다양한 모든 것을 껴안는 개방 정신과 시민의 공동체를 지켜나가려는 책임 의식의 문제로 요약된다. 책임 의식과 개방 정신을 기반으로 형성될 21세기 시문학 운동은 민족문학, 노동문학, 민중문학의 개념을 해체하여 민주시민의 개별 자아를 실현시키는 다층적 시민문학의 개념을 정립하는 방향으로 나아가야 한다. 이것이 현실 반영의 규칙과 조건이고 여기서 미래의 시문학이 탄생할 것이다.

02

현실 대응으로서의 해체시 운동

박남철 · 황지우

1. 80년대 새로운 시운동

역사적 시간의 한 장으로 마감기에 접어든 1980년대는 그 평가야 어떻든 한국 현대시사에서 가장 극심한 변혁을 겪은 시기로 기록될 것이다. 왜냐하면 80년을 전후하여 민중문학(노동자문학)과 민족문학에 관한 광범위한 논의와 그 결산으로서의 시작품들이 대량 생산되었고, 그만큼 기존의 문학적인 틀을 벗어나려는 의지가 우리의 시단에 팽배했던 시기가 바로 이 때이기 때문이다.

그러나 우리가 한국 현대시의 변혁을 운위하는 이유는 단순히 이 시기에 즈음하여 나타난 시적 주제나 제재의 현격한 변화 때문만은 아니다. 보다 근본적이고 중요한 이유는, 이 시기를 전후하여 기존의 시형식에 대한 거부와 그에 따른 새로운 시형식, 즉 모더니스틱한 시형식의 추구와 실험이, 광범위한 독자층의 지지 속에서 폭넓은 공감대를 형성하면서 일단의 신진 시인들에 의하여 하나의 시운동으로 결집하려는 본격적인 움직임이 있어 왔기 때문이다.

이러한 움직임을 가능케 했던 선두주자는, 80년대 시단을 화려하게 장식했던 황지우와 박남철이다. 그리고 이들의 후광을 업고 뒤이어 등장한 시인들이 김영승, 양선희, 이윤택, 장정일 등이다. 이들은 80년대 시단에 신선한 반향을 불러일으키면서 새로운 시운동 그룹으로 자리 잡아가고 있다. 성급한 감이 있으나, 이윤택이 말한바 '해체, 실천, 그 이후'의 시인들로 스스로를 명명하고자 했던 이들의 시작업은 80년대 이후의 한국 시단의 흐름에 큰 변혁을 가져올 징후를 보여주고 있다.

2. 새로운 시운동으로서의 해체시

신선하고 때로는 충격적이기까지 한 이들의 야심만만한 도전은, 먼저 기존 시의 형식적인 틀을 과감히 부숴버리는 파격성으로부터 그들의 입지를 구축해 나가고 있다. 이들의 파격성은, 「海에게서 少年에게」라는 신시의 형식으로 전근대적인 구시가의 틀을 벗어났던 육당시의 파격성을 능가하고 있다. 뿐만 아니라 이들의 시는 현대시의 끊임없는 형식 실험을 통하여 새로운 시를 모색해 온 그간의 노력을 극단까지 확장하여 혁신적인 현대시의 영역을 구축하려는 혁명의 징후를 강하게 보여주고 있다.

숫자나 기호의 나열, 수학 공식이나 화학 방정식의 도입, 영어 문자의 사용, 시인 자신의 자아 검열을 통한 본문 삭제, 의도적인 붙여 쓰기를 통한 기존 문법의 파괴, 보고서나 서간문 혹은 뉴스 해설 형식의 산문 도입 등이 이들이 즐겨 사용한 방법인데, 이 중에서 주로 기호의 나열이나 붙여 쓰기, 마침표의 생략 등은 이상의 작업을 이어받은 인상을 주고 있다는 점에서, 그리고 시의 본문에 이야기를 과감히 도입함으로써 시의 산문화 경향을 보인 것은, 해금되어 그 진가를 인정받은 백석 같은 시인의 작업을 새롭게 조명해 보는 듯한 느낌을 준다는 점에서 이들은 선대 시인들의 영향 하에 있다고 말할 수 있다.

그러나 철저한 부정과 거부의 몸짓으로 시 그 자체를 말살하고 자신이 이상(理想)으로 삼은 시형식의 실험에 몰두했던 이상의 작업은, 극도의 부정 정신이 자아 파탄의 절망으로 비쳐짐으로써 장난기로 변질되는 이상(異常)스런 시들이 되었고, 그 결과 그의 이상(理想)대로 가장 현대적인 시의 실험에 성공했다고 보기 어렵다. 그리고 그가 우리 시단에 던진 쉬르적인 실험은 전환기에 유행하는 다다적인 조류의 일시적 모방으로 비쳐짐으로써 이후 시인들의 현대시적인 형식 모험조차 무관심과 냉대의 눈총을 받게 하는 부정적인 면으로 작용하기까지 했다. 동시에 서정적 리리시즘에 바탕을 둔 향수 의식의 지나친 강조로 다분히 사회 · 역사의식이 배제될 수밖에 없었던 백석의 시들과 이들의 시는 출발부터 그 궤를 달리하고 있다는 점도 아울러 상기할 필요가 있다.

이들 신진들의 목소리가 80년대의 시단에 새로운 세대의 목소리로서 깊고 힘찬 활력으로 다가오고 있는 것은, 단순히 이들이 선대 시인들의 작업을 계승 · 발전시켰기 때문만은 아니다. 이들의 시작업이 '80년대의 시단에 하나의 큰 울림으로 부각된 주요한 이유는, 이들이 사회 · 역사성이 다분히 제거된 이상이나 백석의 시적 작업에, 이른바 체제 부정적이고 투쟁적인 성격을 지녀온 민중문학의 조류를 접합시켜 선대 시인들의 다양한 시적 조류를 하나의 현대시 운동의 차원으로 끌어 올려놓았다는 사실에 있다.

가령 1950년대 이후 송욱 시에 보이는 잠언적이고 희언적인 펀(pun)의 효과를 이들이 자신들의 시의 언어 효과로 채택하여 강렬한 현실 풍자의 기법으로 차용한 점이나, 속어나 비어를 거침없이 시에 도입하여 시니컬한 독설을 퍼부어대던 김수영의 현실 의식, 혹은 끈질긴 민중의 삶과 투철한 역사의식에 바탕을 둔 신동엽의 비판 정신을 고스란히 그들의 시적 작업으로 소화해 내고 있는 점을 주목할 필요가 있다.

따라서 이들의 시세계는 이상의 시세계가 보여주고 있는 바의 무의미성과 극도의 자기 부정 정신, 다시 말하면 현실 피안적인 언어의 유희나 장난기가 가셔졌다는 점에서 이상의 모더니스틱한 시들과 궤를 달리한다. 말하자면 이들은 기존의 선대 시인들이 보여준 한계를 뛰어넘어 이들 자신의 시세계에 기존의 모더니스틱한 실험들을 응축하고 종합하여 하나의 독자적인 시형태의 모색과 그 실험에 성공하고 있다.

3. 현실 대응으로서의 해체시 운동

해체시 운동의 선두주자였던 황지우나 박남철의 시가 보여주고 있는바, 이들의 시는 개인의 설움이 시대에 대한 거부와 분노로, 그리고 때로는 개인의 절망이 사회에 대한 풍자와 비판으로, 의식적인 현상의 부조리가 무의식적인 상상의 부정 정신으로 승화되고 있다. 박남철의 「새로운 돼지」나 「또다시 거울 앞에서」를 살펴보기로 하자.

언젠가 나를 쫓아낸 x장 놈의 그것처럼, 콧구멍도 더 펑펑해졌네

뒤뒤뒤!

이거 정말 큰일났는데 이거, 이젠 마누라 돼지까지 더 통통해졌네
잘 다녀오세요, 네에, 헹, 잘 다녀오셨어요 ……

(아이구, 저 통돼 ……)

—「새로운 돼지」 일부[20]

너의 눈 그 조그마한 야심에 찬 눈
어둡게 교활하지도 못하게
반들거리는 눈(이렇게 쓰면
내가 실지로 야심에 차 있고
반들거리는 눈을 가지고 있다고
생각한다고 생각하는 놈들이
대부분이다) 나는 게으르다 나는
절대로 성실하지 않다 나는 출세를 위해서
물불을 가리지 않, 고 이놈 저놈

—「또다시 거울 앞에서」 일부

'않, 고'에서와 같은 시어에 대한 의도적인 폭력은 기존의 시어 사용에 대한 이들의 반감을 표출하는 예이다. 그리고 '콧구멍'이나 '이놈' 등과 같은 속어나 비어의 거침없는 사용에서 보듯이, 이들은 기존의 시가 지향해 왔던 권위를 부정하고, 기존의 시에 익숙해 온 독자의 취향을 거부

---

20 박남철, 『지상의 인간』, 문학과지성사, 1984/1989. 이하의 글에서 박남철 작품은 이 시집에서 인용했다.

하고 있다. 시는 더 이상 신비로운 대상도, 고매하고 우아한 형식도 아니다. 탈신성화를 통한 시의 인간화와 일상화가 두드러지고 있다.

동시에 뜬금없는 괄호의 사용과 너무나 친절해서 어리둥절한 그 속의 설명문에 독자는 의아해 한다. 현실의 세계와 상상의 세계를 자유로이 비상할 수 있는 공간 배열이나 의도적인 활자 지우기를 통한 시행 혹은 시어의 생략으로 인한 빈 공간 배치는, 독자의 자유로운 상상 활동을 보장하는 여백의 공간을 마련하려는 이들의 작시 의도에서 비롯되고 있다.

활자나 문장 거꾸로 쓰기는 이들이 시의 활자를 통하여 강력하게 풍자해 내고자 하는 비정상적이고 도착된 사회 현실의 부조리성에 대한 풍자로 드러나고 있다. 박남철의 「잠실통신」이 이에 해당하는 시이다.

> 냐느아을'랑사'연과이들희너아들로포의망욕이라어들냐이들견중연과이들희너아들이아의主地이라어들
>
> ―「잠실통신」 일부

"오히려 분노가 치솟을 뿐"(「잠실통신」)인 이 사회의 도착된 현상을 시인 박남철은 도착된 문장으로 미메시스하고 있다. 시인의 귀에는 '자꾸' '中堅이 中犬'(「잠실통신」)으로 들릴 뿐이다. 해체시인들의 시니시즘은 그들 자신의 시적 작업 자체에 대하여도 야유를 보냄으로써 기존의 모든 것들을 거부하고 혐오하는 태도를 시사하고 있다. 황지우는 『새들도 세상을 뜨는구나』의 '自序'에서, 그리고 박남철은 『지상의 인간』의 '自序'에서 자신들의 시에 대한 혐오감을 다음과 같이 말하고 있다.

나는 내가 쓴 시를 두 번 다시 보기 싫다. 혐오감이 난다. 누가 시를 위해 순교할 수 있을까? 나는 시를 불신했고 모독했다. 사진과 상형문자 사이를 오락가락하며. 아 그러니까 나는 시가, 떨고 있는 바늘이 그리는 그래프라는 것을, 파동역학이라는 것을, 독자께서 알아주시라고 얼마나 시의 길을 잃어버리려고 했던가. 죄송합니다.[21]

오랜 숙취에서 깨어나는 듯한 기분, 그리고 몸이 몹시 아픈 듯한 ……

그저 모든 독자 여러분들의 용서를 빌 뿐이다.[22]

독자들에게 용서를 빌고, 죄송하게 생각한다는 박남철이나 황지우의 이러한 고백들이 독자들에 대한 '사죄의 표현으로' 받아들여지기 어려운 측면이 있다. 박남철의 「독자놈 길들이기」에서 그랬듯이 이들은 독자들을 원래부터 안중에 두지 않고 오히려 독자들을 길들여 자신들의 메시지를 그들에게 주입하기를 바라는 적극성을 은연중 지니고 있었다.

내 詩에 대하여 의아해하는 구시대의 독자 놈들에게 → 차렷, 열중쉬엇, 차렷,

이 좆만한 놈들이 ……
차렷, 열중쉬엇, 차렷, 열중쉬엇, 정신차렷, 차렷, ○○, 차렷, 헤쳐모엿!
—「독자놈들 길들이기」 일부

---

21 황지우, 『새들도 세상을 뜨는구나』, 문학과 지성사, 1983.

22 박남철, 앞의 시집.

비인간적인 군대식 훈련의 한 장면이 독자 놈들을 길들이는 방식으로 채택되고 있다. 낡은 구시대의 독자에 대한 반감(反感)을 이들은 이러한 방식으로 드러내고 있다. 이러한 방식을 통해 이들은 새로운 풍의 자기들 시에 대해 반감을 지닌 기성 시단의 시풍(詩風)에 젖어든 구식의 독자들을 풍자하고 야유한다. 그러나 이러한 이유 때문에 이들이 독자들을 길들이고자 했던 것은 아니다. 방자하다고 해야 할 이들의 시는 끝내 구시대의 전달 방식에 길들여져 있는 구시대의 독자들에게는 전달될 수 없는 '그 무엇'을 새로운 방식으로 표현하려고 했기 때문이다. 이러한 이유로 이들은 자신들의 시에 적응하도록 독자를 길들이고자 했다.

이들은 강렬한 현실 풍자와 야유 그리고 끝내는 비판 정신으로 이어지는 자신들의 시의 메시지를 통하여, 잊기 쉬운 그러나 결코 잊어서는 안 되는 80년대의 역사적 현장을 '묵시적인 방식으로' 독자에게 각인시키고자 하는 것이다. 이러한 점이, 1980년을 전후하여 이 땅에 불길처럼 일어났다 스러졌던 역사적 현장의 고난을 몸으로 증언했던 민주열사들에 대한 '마음의 짐'을 덜어내는 한 방법이었는지도 모른다. 황지우의 「묵념, 5분 27초」를 살펴보기로 하자.

묵념, 5분 27초[23]

이 시는 본문을 생략하고 시 제목만을 제시하고 있다. 물론 빈 공백의 지면이 이 시의 내용을 구성하고 있다. 제목이 본문이 되고, 본문이

---

23 황지우, 앞의 시집. 이하의 글에서 황지우 작품은 이 시집에서 인용했다.

제목인 이 시는 한국 현대시사상 가장 짧은 시로 기록될 것이다. 경건한 의식 행위로서의 '묵념'과 그 의식의 진행 시간을 암시하고 있는 '5분 27초'가 제목에 드러나 있고, 시의 본문은 백지상태이다. 본문이 빈 공간 전부인 「묵념, 5분 27초」는 내용이 기술되지 않은 빈 여백을 배치함으로써 독자의 상상력을 자극하면서 독자 스스로 그 빈 공간의 내용을 의미화하도록 요구하고 있다. 이 시는 침묵—백색의 빈 공간을 통하여 독자를 의미 찾기의 미로로 이끌어 들이고 있다. "비어 있기 때문에 일만의 경지를 다 받아들이고 있다(空故納萬境)"는 소동파의 시 한 구절을 연상시키는 이 시의 여백의 공간이 지시하는 의미의 미로에 들어가 보기로 하자.

'묵념, 5분 27초'는 '묵념 5분 27초'처럼 연달아 읽어낼 수 없다. 왜냐하면 쉼표가 묵념과 5분 27초를 단숨에 읽어내려는 독자의 낭송 행위를 가로막고 있기 때문이다. 독자는 묵념에서 멈추고, 잠시 5분 27초의 의미를 되새기면서 의문에 휩싸인다. 그 누구인가를 기려야 하는 묵념을 5분 27초 동안 하라는 메시지인가, 그렇지 않으면 그 이상의 어떠한 의미를 상기하여야 하는가. 독자는 묵념 행위의 대상을 5분 27초 동안 생각하면서, 이 시가 상징적으로 함축하고 있는 의미를 찾게 된다. 다시 말하면 묵념을 해야 할 대상과, 그 구체적인 시간을 찾도록 촉구하고 있다는 사실을 독자는 깨닫게 된다. 그렇다면 시간의 미로를 헤매는 상상 활동에서 독자의 뇌리에 강하게 다가오는 숫자는 5와 27이다.

독자는 '분'과 '초'라는 일반적인 시간 개념을 특정한 사건의 시간으로 확정지어 주고 있는 '5'와 '27'이라는 숫자에 관심을 두게 된다. 독자는 이 숫자와 연결된 시간이 지시하는 상징적 의미를 빈 여백의 백지 위에 그려 보아야 한다. 독자는 상상력을 작동하여 5일과 27시, 5월 27일, 5

년 27월이라는 시간 개념을 생각하게 된다. 그러나 27시와 27월은 현실 세계에 존재하지 않는 시간이다. 그렇다면 독자의 초점은 5월 27일로 귀착된다. 광주 민주화 운동의 마지막 날로 우리의 뇌리에 깊숙이 박혀 있는 그날의 의미를, 독자들은 5분 27초 동안 되새겨 보아야 한다. 황지우의 「흔적Ⅲ · 1980(5.18×5.27cm) 李暎浩 作」도 이러한 맥락에서 이해될 수 있는 시이다.

> 그 길은 모든 시간을 길이로 나타낼 수 있다는 듯이 直線이다.
> 그리고 그 길은, 그 길이
> / … /
> 캔버스 밖 백색 벽 위에까지, 火急하게
> 지나간 듯한 정글화 자국들이
> 수십, 수백, 수천의 拇印들처럼
> 찍혀, 있다, 마치, 그 길은
> 끝끝내 돌이킬 수 없는, 최후의 길이었다는 듯이
>
> ―「흔적Ⅲ · 1980(5.18×5.27cm) 李暎浩 作」 일부

그는 이 시에서 시간적인 흐름과 공간적인 길이로써 그날의 그 사건을 이야기하고 있다. 즉 5월 18일부터 5월 27일 동안 화염처럼 타올랐던 광주 민주화 항쟁의 시간을, '길'이라는 공간적 이미지로 구체화하여 형상화하고 있는 것이다. 이 외에도 「호명」의 "묘지 번호 115 : 이름 없는 그대여/ 이름 없는 그대여 이름 없는 그대여"의 '이름 없는 그대 묘지 번호 115'가 지시하는 메시지도 이와 같은 역사적 사건과 결부된 상징성이 부여될 때 그것의 의미의 정당한 자리매김이 이루어질 수 있는 예이다.

4. 해체시 운동, 그 이후의 문제

이들의 참신한 시운동이 1980년대 이후 이른바 포스트모더니즘적 경향으로서의 해체시 운동으로 그 의미가 희석되는 경향이 있다. 이러한 평가는 초기 해체시의 선두주자들의 뒤를 이은 일련의 시인들, 즉 장정일 김영승 양선희 등의 후발 주자들의 작업들과 관련이 있다. 이들은 상당 부분 현실의 이슈들을 외면한 측면이 있다. 그러나 1980년대라는 특수한 정치 · 사회적인 상황이 빚어낸 민주화 운동이 영원히 잊혀질 수 없는 민족적 · 역사적 과제로 우리 앞에 놓여져 있다는 점에서 이들의 문학 행위를 전환기적인 문학 현상의 표출이라고 평가절하하는 것은 부당하다. 1980년대의 무거운 시대문제들이 그들의 시작활동(詩作活動)의 출발점이었다. 황지우나 박남철의 초기 시작(詩作)이 그것을 증명하고 있다.

박남철이나 황지우를 필두로 진행된 해체 시단의 작업은, 1930년대 아방가르드 이상 등과 같은 선대 시인들이 도달하고자 했던 '모더니즘적 파격—기존 시형의 파괴와 서정성 전복'이라는 시대사적 의미를 극복했다. 동시에 우리는 이들이 억압받는 민중의 선봉에 서 왔던 민중문학가들의 리얼리즘적 도식성과 생경한 선전성을 '시의 해체적 양식'으로 수렴하고자 했던 점을 상기해야 한다. 새로운 시운동으로서의 해체시 운동이 앞으로 어떻게 민중의 미래와 민주적 가치를 담보할 문학으로 자리 잡으면서 '다시 한 번' 승화 · 발전할 수 있을 것인가는 이들을 포함하여 이 땅에 몸을 담고 있는 진보적 시인들이 주의 깊게 관심을 보여야 할 문제로 생각된다.

03

정치 상황과 문학의 위기

황지우

1

문학의 위기에 관한 문제가 평단에서 제기된 것은 1990년 전후이다. 그러나 우리 문학에서 위기의 징후가 구체적으로 나타나기 시작한 시기는 그 이전이다. 그것은 1980년 초반의 정치 상황과 문학예술의 관계에서 야기되었다. 문학은 당대의 정치 현실과 폭력에 대해 침묵할 수밖에 없었고, 그것이 문학을 위기로 몰아간 중요한 요인의 하나이다.

1980년대 문학 위기의 직접 원인이 예술 사조, 혹은 시대 조류나 유행과 관련된 측면이 있는 것은 사실이다. 그러나 문학위기의 징후를 보여준 첫 번째 요인은 문단 내부에서 제기된 '정치 현실과 문학의 기능/역할'에 관한 문제로 집약된다. 시대의 진실을 밝히지 못하는 무기력한 문학예술에 대한 반발과 혐오에서 문학 위기의 징후가 나타났다.

2

광주항쟁으로 시작된 80년대 초반은 폭력이 난무했던 '무림 시대'에 비유된다. '무엇을 해야 하는가, 혹은 할 수 있는가'의 문제로 이 시대의 문인들은 방황과 번민을 거듭했고, 그것이 문학의 위기를 조성하는 원인이 되었다. 우리 시문학사상 문학과 현실의 관계가 80년대처럼 첨예한 대립을 이루고, 그 와중에서 문학인이 시대의 문제를 원죄처럼 끌어안고 괴로워했던 시기는 드물었다.

폭력과 광기의 시대에 '도대체 시란 무엇인가'에 대한 의문을 제기한 황지우의 시가 이러한 예에 속한다. 문학/시의 존재 그 자체에 의문을 표시한 황지우의 시쓰기가 기존 문학을 해체하고 파괴하는 작업으로 나타났다.

> 나는 시를, 당대에 대한, 당대를 위한, 당대의 유언으로 쓴다.
> 上記 진술은 너무 오만하다( )
> 위풍 당당하다( )
> 위험천만하다( )
> 독자들은 ( )에 O표를 쳐 주십시오.
> 그러나 나는 위험스러운가( )
> 얼마나 위험스러운가( )
> 과연 위험스러운가( )에 ?표 !표를 분간 못 하겠습니다.
> 不在의 혐의로 나는 늘 괴로워했습니다.
> 당신은 나에게 감시당하고 있는가( )
> 당신은 나를 감시하고 있는가( )
> 독자들이여 오늘 이땅의 시인은 어느 쪽인가( )
> 어느 쪽이어야 하는가( ) O표 해 주시고 이 물음의 방식에도 양자택일해

주십시오.

한 시대가 가고 또 한 시대가 왔지만

우리가 우리의 동시대와 맺어진 것은 악연입니다.

나는 풀려날 길이 없습니다 도저히, 그러나,

한 시대를 감시하겠다는 사람의 외로움의 질량과 가속도와 등거리도 양지하여 주시기 바랍니다.

죄의식에 젖어 있는 시대, 혹은 죄의식도 없는 저 뻔뻔스러운 칼라 텔레비전과 저 돈범벅인 프로 야구와 저 피범벅인 프로 권투와 저 땀범벅인 아시아 여자 농구 선수권 대회와 그리고 그때마다의 화환과 카 퍼레이드 앞에,

—황지우, 「도대체 시란 무엇인가」

한국 현대 시문학사상 가장 이질적이고 당황스런 창작 스타일을 선보인 문인은 1930년대 이상(李箱)이다. 그의 파격적인 글쓰기는 식민지 원주민의 방황이나 시대와의 불화나 절망과 관련된 문제와 밀접히 관련되어 있다. 비전통적 이상의 글쓰기 관행 이후 "詩에는 아무 것도 없다"(「龍山에서」, 『王子가 아닌 한 아이에게』, 문학과지성사, 1978)라고 '굳어버린 시문학 양식, 혹은 그러한 문학에 대한 [독자/일반인]의 기대/독법(讀法)'에 대한 야유/반항의 시각을 보여준 시인은 1970년대의 오규원이다.

오규원은 근대 문학 개척자들의 글쓰기 전통을 거부한 이상 문학의 정신적 계승자이다. 그러나 정치 상황과 관련하여 '도대체 문학/시란 무엇인가'에 대하여 회의적인 시각이 직접 반영된 오규원의 작품을 확인하기는 어렵다. 파격적인 작품들로 1930년대 식민지 시단을 뒤흔들었던 이상이나 그 후 그의 시적 정신을 계승한 오규원 등의 작품에서조차도 문학 그 자체에 대한 회의가, 1980년대 황지우의 그것처럼 예술/

문학의 존립에 관한 위기로 나타나지는 않았다.

시를 "당대에 대한, 당대를 위한, 당대의 유언으로" 생각한 황지우의 창작 활동의 이면에는, 동시대와 맺어진 악연(惡緣)과 그 악연의 현장에 동참하지 못했다는 '부재(不在)의 혐의'에 대한 자괴감/죄의식이 잠재해 있다. "풀려날 길" 없는 "不在의 혐의"로 괴로워했던 그의 시쓰기가, 시문학 예술이 가장 왕성하게 펼쳐진/펼쳐질 80년대 초반에 '해체시'라는 이름으로 등장한 것은 아이러니이자 역설이다.

> 김종수 80년 5월 이후 가출
> 소식 두절 11월 3일 입대 영장 나왔음
> 귀가 요 아는 분 연락 바람 누나
> 829—1551
>
> 이광필 광필아 모든 것을 묻지 않겠다
> 돌아와서 이야기 하자
> 어머니가 위독하시다
>
> 조혜순 21세 아버지가
> 기다리니 집으로 속히 돌아오라
> 내가 잘못했다.
>
> 나는 쭈그리고 앉아
> 똥을 눈다
>
> —황지우, 「심인」

이 작품은 '심인(尋人)'이라는 제목이 지시하듯이, 어떤 연유로 가족의 품을 벗어난 사람을 찾는다는 신문 광고의 문안을 그대로 베낀 것이다. 화장실에서 읽는 신문 조각 내용이 「심인」이라는 사실이 마지막 연에서 밝혀진다. 80년 5월 이후 김종수의 가출은 빛고을 광주의 민중 항쟁과 모종의 관련성을 함축하고 있다. 그러나 어느 한 개인의 이름에 특별한 의미가 부여된 것은 아니다.

이광필이나 조혜순도 어떤 특별한 개인을 지칭하는 것이 아니라, 그 시기 실종된 불특정 다수의 '민중'을 지시한다. 특히 이 작품에서 주목할 점은, 은폐된 역사의 진실을 밝혀내지 못하는 예술/문학에 대한 배반과 불신과 혐오감이 마지막 연에 표현되어 있다는 사실이다. 마지막 연의 "쭈그리고 앉아/ 똥을 눈다"라는 화자의 언술에 '자학적이고 모멸적인 모습으로 희화화된 예술/시의 자화상'이 음각(陰刻)되어 있다.

시대의 진실을 호도하거나 외면하는 예술/문학의 존재적 가치는, 화장실의 신문 조각보다 못한 것이다. 신문 조각이 화장실에서 시대의 진실에 대한 증언의 모습으로 대치됨으로써, 예술/시의 존재감을 무력화하고 있다는 사실이 중요하다. 진실과 허구 사이에서 위선적 태도를 보여준 당대 예술가/문인에 대한 황지우 시인의 절망과 그 절망이 촉발시킨 자괴감이 「심인」에 극적으로 분출되어 있다.

신문 조각의 언어는 허구성의 미로에 갇혀 버린 예술적/시적 메시지/전언의 침묵을 깨뜨리면서 민중의 고난이라는 현실 상황을 증언한다. 이 작품에서 시인이 예술과 현실 사이의 경계/간극을 허물어뜨렸기 때문에 당대 민중의 질곡을 눈감아 버리고 폭력 집단과 담합한 기존 예술의 담론/이데올로기/미학을 전복/해체시킬 수 있었다. 기존 미학을 해체/전복시킴으로써 시인은 이 작품에서 집—가정으로의 귀환이 불가능했던 당대 민중의 비극을 부각할 수 있었다. 이것이 전통적 사실주의나 순수주의 문학이 재현하기 어려운 현실 상황을 '신문지 광고란'의 언어를 차용하여 고발하면서 우리의 상상력을 자극하는 황지우 문학의 미덕이다.

3

진실을 밝히지 못하는 문학예술에 대한 시인의 자괴감과 고뇌는, 당대의 폭력적 정치/사회 상황에서 비롯된 것이다. 신문 광고란 내용을 그대로 옮긴「심인」을 비롯하여 본문/내용이 없이 지면을 빈칸인 채로 놓아두고 제목만 붙인「묵념, 5분 27초」, 예비군 편성과 기피자 신고 기간을 알리는 벽보를 그대로 베껴놓은「벽 · 1」등 황지우 시는 정상 문학/정통 문학의 미학을 차단하고 파괴하는 위험스런 형태를 띠면서 한 시대를 풍미했다.

예술을 모독한 황지우의『새들도 세상을 뜨는구나』에서 촉발된 1980년대 해체시 그룹의 시쓰기는 시대 현실의 문제를 직접/간접으로 드러냈고, 그것은 그들이 의도한 시적 의미/메시지와 무관하게 기존 시/예술 양식의 존립을 위태롭게 했다.

기성의 전통적 스타일과 다른 문학/시양식의 출현은 광주항쟁과 1980년대라는 시대 현실의 문제를 뛰어넘어, "어떤 것이 문학이고, 문학이어야 하고, 문학일 수 있는가"에 대한 개념의 혼란을 자초했다. 그것이 1980년대 전반기의 정치 상황이 빚어낸 특이한 문학 현상이었고, 1990년 전후 한국문학의 위기를 몰고 온 원인(原因/遠因)으로 작용했다.

04

인간의 탐욕과 자연의 파업

오세영

오염물질로/ … / 햇빛과 수증기가 일제히/ 파업을 단행하였다.

—오세영, 「파업」에서

시인 오세영은 도시적 삶의 번잡함을 떨치고 자연의 품에 안겨 그것과 한 몸이 되는 한가로운 삶을 즐기는 듯하다. 그러한 자연과 더불어 사는 삶이 발효시킨 시집이 최근 간행된 『밤 하늘의 바둑판』(서정시학, 2011)이다. 이 시집은 '삶과 예술이 분리되어서는 안 된다'는 명제를 우리에게 확인시켜 준다. 그가 관찰한 자연 현상이 빛나는 시의 구절로 승화될 수 있었던 것도 바로 이러한 점 때문이다.

어둠 속에서
와장창,
하늘을 깨고 뛰어든 자객의
번득이는 칼날

—「번개 3」 일부

무협지적 상상력으로 표현 대상을 박진감 있고 생생하게 묘사한 이 작품은 물론이고 한낮의 정적을 언어의 공간에 재현한 「여름」 또한 일품이다. "여름 한낮/ 무더위로 하얗게 굳어가는 햇빛 속에서/ 정적에 짓눌린 개구리 하나/ 첨벙,/ 뛰어드는 물소리.// 화들짝/ 나른한 오수(午睡)에서 깨어나 살포시/ 눈꺼풀을 치켜뜨고/ 먼 하늘 바라보는 수련(睡蓮) 파란/ 눈빛"(「여름」). 우주—자연의 관찰을 바탕으로 그것을 생활 현장에 전이하여 '오늘 우리의 현실'을 미메시스하는 방식이 특히 이번 시집에서 인상적이다.

앞다투어 시커멓게
굴뚝으로 배출한 오염물질로
대기 중의 근로조건은 숨을
쉴 수 없을 만큼 악화,
구름 공장에서 작업하던 바람과
햇빛과 수증기가 일제히
파업을 단행하였다.

유례없는 대 가뭄.

지상의 초목들은 무참하게 시들어 간다.

전력 공급과 수도가 끊긴 이 한여름 밤 서울의
찜통더위.

—「파업」 일부

'대기 중의 근로 조건'이 숨을 쉴 수 없을 만큼 악화되면 "구름 공장에서 작업하던" 바람과 햇빛과 수증기가 일제히 파업을 단행한다. 한여름 밤 찜통더위는 그것의 결과이다. 지구도 인간과 마찬가지로 하나의 생명체이다. 그 거대한 생명체는 스스로 움직이며 사계절의 변화를 통해 자신의 감정을 표현하고 낮과 밤을 반복하면서 음양의 조화를 꾀한다. 그곳에 삶의 둥지를 튼 인간의 오만과 탐욕이 거대한 생명체를 못살게 괴롭히는 것이 문제이다. 생명 활동의 근거를 파괴하면 그곳에 삶을 의탁했던 인간의 파멸은 시간문제이다.

단 몇 시간의
게릴라성 집중호우로 터져버린 둑,
노오랗게 잘 익어가던 무논의 벼들이
한순간
무섭게 들이닥친 급류에 휩쓸려
모조리 쓰러져 버렸다.
긴급복구,
앰뷸런스가 달려오고
차가운 침상의
의식을 잃어버린 심장에
메스를 든 의사들의 손놀림이 심각하다.
막힌 혈관을 찾아라.
관상동맥을 이어라.
야금야금 숲을 베고 능선을 뭉개버린 산지에서
흘러든 토사,
그 침전물로 막혀버린 무논의 수로(水路)

—「동맥경화(動脈硬化)」 일부

지구와 인간은 한 생명 공동체이다. 혈관을 막아버리면 지구도 동맥경화에 걸린다. 그것은 부메랑처럼 인간에게 재앙으로 되돌아온다. 야금야금 숲을 베고 능선을 뭉개버린 인간의 무분별한 자연 훼손이 동맥경화의 주범이다. 지구의 생명 현상을 인체에 적실하게 비유한 효과로 인해 글로벌한 생태 위기의 심각함이 우리의 가슴을 직통으로 친다. 이와 더불어 우리 사회의 냉혹함을 비판한 「동파」와 「늦가을」도 간과할 수 없는 작품이다.

주식에 실패한 실업 가장이 가족과 함께 동반 자살한 것과 냉기류에 급강하한 기온에 보일러와 수도관이 '동파'한 것은 우리 사회의 비정함을 가감 없이 보여준 예이다. 동시에 처마 끝 하늘에 '대롱대롱 매달린 조롱박 하나'와 '폭락한 주식으로 목을 맨 중년 실업가'의 이야기를 다룬 「늦가을」 또한 '번영의 기적'을 이룩한 대한민국의 이면에 드리운 어둠의 실상을 적실하게 꼬집은 작품이다. 자연 현상을 인간 사회의 풍경으로 전환하여 이 시대의 비정함—냉혹함을 부각한 「늦가을」과 「동파」는 일종의 사회 참여—비판 시에 해당한다.

떨어지길 거부한 채 벼랑의 나뭇가지 끝에 위태롭게 매달린 겨울바람 속의 외로운 갈잎 하나와 타워 크레인 첨탑 끝에 앉아 단식 농성에 돌입한 사원 하나의 대비(對比)를 통해 '이 시대의 개판 같은 풍경'을 펼쳐 보이는 「농성」도 마찬가지이다. 자연 현상에 역행하는 그 모든 현상들은 허상이거나 참된 진리에 위배되는 거짓에 불과하다. 따라서 끊임없이 흘러가는 '물의 정신'을 잃어버린 그 모든 이데올로기도 인간의 숨결이 사라진 폐가의 녹슨 문패와 다를 것이 없다.

이름만 남아
바람이 불 때마다 아슬아슬 허공에 흔들리는
폐가(廢家)의 그 녹슨
문패

—「이데올로기 2」 일부

“고여 있는 물”(「이념」)처럼 흐름/변화가 없는 이데올로기는 썩은 이념일 뿐이다. 오세영의 이러한 비판에 반감의 날을 세울 수 없는 것은 우리 사회에 나타난 현상을 우주—자연의 그것으로 전화(轉化)하여 그 이면의 모순과 부조리를 적실하게 대비(對比)시킨 설득력이 뒷받침되었기 때문이다. 생에 관한 그 모든 성찰—깨달음은 “듣는 것이 아니라 보는 것”(「아하!」)이다. 자연이 그것을 시인에게 가르쳐 주었다. 우주—자연의 세계는 현실 세계 너머에 있는 또 다른 미지의 세계가 아니라, 우리의 삶을 비춰주고 그것을 성찰하게끔 이끄는 동력으로 작용한다. 자연과 인간은 분리된 존재가 아니다. 『밤 하늘의 바둑판』의 미덕은, 인간의 삶과 분리될 수 없는 우주—자연의 실존적 측면을 부각시켜 우리로 하여금 그러한 사실을 되돌아보게 만든 데 있다.

05

알레고리의 언어 잔치상

장종권

1

장종권의 시집 『호박꽃 나라』(리토피아, 2013)를 읽고 난 총체적인 느낌을 한마디로 표현하면 당혹감 그 자체였다. 개나리꽃은 지랄같이 피고 "해당화는 벌러덩"(「봄의 나라 · 1」) 자빠져 있거나 누워 있다. 머윗대는 쥐구멍 사이로 잡년처럼 자라고, 봄은 "질펵한 비 한 번이면 요절"(「개나리꽃이 피었습니다」)이 난다. 인연이고 저년이고 "다 개나발"(「내장산 단풍」)이다.

"알춤을 추다가 앙알"(「알춤달춤」)거리고 밤하늘의 마른번개는 "쿠다당 터"(「여름, 바다로 가는 꽃들」)진다. 그의 시편들은 무자비할 만큼 원색적인 언어들의 나열과 비시적(非詩的)인 진술과 단조로운 동어 반복으로 일관되어 있다. 그러나 묘하게도 질펀하게 내질러놓은 판소리 가락과 흡사한 특유의 감칠맛이 그곳에 간직되어 있다.

2

하층민의 삶을 대변하는 그의 질펀한 언어들은 반문명적이고 반도회적인 풍경을 연출하면서 은근슬쩍 능치는 어투로 세태를 풍자하고 야유하는 데 적격의 순발력을 발휘한다.

새 모가지처럼 꾸불꾸불 해변길 가다보면
의미도 없이 을왕리는 자빠져 있습니다.
먼 길이 가까워지고 황금이 무지하게 밀려들어도
을왕리는 자빠진 을왕리일 뿐 갑왕리가 아닙니다.
/ … /
을왕리는 서러워도 을왕리이고
을왕리가 갑왕리가 되면 천지가 개벽이라
천지개벽하고 되는 일 없었다는
조상님들의 거룩하신 경험이 바다에서 물결칩니다.
/ … /
을왕리에 가면 멋진 여자 찰진 남자 하나 없고
싸가지 없는 쌍놈들이나 겨우내 화투를 치다가
문득 방문 열고 시팔, 오줌을 갈기던
해변 모래밭에 양반년놈들 발가벗고 드러누워
아사라비아, 모래찜질을 즐깁니다.
썩은 똥바다의 썩은 모래밭의 썩은 물고기의
썩은 것들이 참 건강합니다. 싱싱합니다.

—「을왕리」 일부

'자빠져 있는' 을왕리를 통해 시인은 '갑과 을의 관계'를 에둘러 말하고 있다. 정치권에서 불평등한 그 둘의 관계를 바로잡자면서 법적인 장치까지 마련한다고 떠들었으나 시인이 보기에는 천지가 개벽되어도 갑과 을의 관계는 변할 수 없다. 을왕리는 영원히 을왕리일 뿐이다. 갑왕리가 될 수 없는 을왕리처럼 가진 자와 못가진 자, 노동자와 자본가, 고용인과 피고용인의 관계가 역전되기 어렵다. '썩은 것들이 참 건강하고 싱싱하다'는 역설과 반어(反語)의 어투에 담긴 세태 비판적인 메시지가 바로 이것이다.

"사실이든 거짓말이든, 신화이든 전설이든, 머리를 쥐어뜯으며 생각하면 무엇하랴"(「전설」) 하고 사람들은 체념한다. 그러나 시인의 생각은 다르다. "강력한 구호 몇 구절이면"(「구호의 나라」) 파리나 모기의 씨까지도 말라버리는 우스꽝스런 질서가 지배하는 세계에 대해 그마저 침묵할 수는 없었을 것이다. 문학작품의 사회적 역할, 즉 그 시대에 저항하는 실천적 담론의 성격을 외면하기 어려웠던 시인 자신의 내면의 요구가 그의 작품의 곳곳에 반영되어 있다.

인간도 신이 될 수 있다는, 또는 인간은 당연히 신이 되어야 한다는 꿈도 마찬가지 경우이다. 그 꿈이 "병 든 소를 생으로 묻어죽이고/ 오염된 것들을 모조리 불살라버려야 하는/ 실패한 것들은 여지없이 처분해야 하는/ 신기한 별종들의 신기한 소꿉장난"(「토끼해에 · 1」)이라는 비극을 빚어낸다. 그 비극은 몽환적이고 환상적인 인간의 꿈에서 비롯된 "썩은 고깃덩어리"(「시인의 말」)에 불과한 위장된 논리이다.

논리의 위장과 우스꽝스러운 질서에 대한 야유와 풍자가 성공적일 수 있었던 것은, 정면에서 그것을 직접 언급하지 않고 우회적으로 돌아가면서 간단한 실례를 들어 정곡을 찌르는 서술 방식에서 기인한다. 한 맺힌 절규나 전면적인 부정이나 준엄한 꾸짖음이 아닌 능치고 은근

슬쩍 넘어가면서 간접적이고 암시적인 특유의 어투와 그 어투의 조합으로서의 서술 방식으로 인해 그의 시는 독자의 반감을 해소시키면서 여운이 긴 의미의 파장을 불러일으킨다.

시장통 입구에 냉면집이 새로 생겼다.
싸구려 밥집이 전부였던 동네였다.
건물도 보기 좋게 꾸미고 동시에 친절하였다.
냉면 맛도 특별해 보이고 경품까지 챙길 수 있었다.
당연히 며칠 안 가 손님들이 줄을 서는 일이 생겼다.
냉면 맛도 일품이지만 값도 싸다는 것이다.
게다가 잘 삶은 돼지고기 몇 점까지 얹혀 준다고 한다.
사람들은 땡볕도 아랑곳하지 않고 기다랗게 줄을 선다.
이 현상이 일 년째 계속되고 있다.
소문 듣고 옆집에 또 냉면집이 생겼다.
냉면 요리가 뭐 별 거 있겠느냐는 사람이 주인이란다.
이미 함께 줄을 서서 몇 번 맛을 본 터라고 한다.
그런데 식사 때가 되어도 파리만 날린다.
옆집은 변함없이 기다란 줄이다.
그제야 갖은 양념에 서비스를 보태어보지만
어림이 없다. 이 동네 처음 들어서는 사람조차
옆집 줄 끝에 가 붙는다.
또 다른 사람이 나는 다르겠지.
그 옆집에 냉면집을 또 내어본다.
마찬가지다. 문 앞이 깨끗하다.
약이 올라 주인도 줄 끝에 붙어서 냉면을 시켜본다.
이게 웬 맛이냐. 지랄 같네. 그의 생각이다.

개점 때보다 한참이나 못한 냉면 맛이지만
그 집 앞에는 오늘도 기다란 줄이 서 있다.
이 동네 입맛이 되어버린 까닭 때문이다.

―「베스트 셀러」

이 작품은 시장통 입구에 새로 생긴 냉면집에 관한 이야기에 초점이 맞추어져 있다. 문전성시를 이루는 그 냉면집으로 인해 다른 냉면집은 파리만 날린다. 파리만 날리는 냉면집 주인이 그 집의 냉면을 시켜 본다. 개점 때보다 한참이나 못한 지랄 같은 맛이지만, 그 집 앞에 기다란 줄이 서 있는 것은 여전하다. 이 집 냉면이 동네 입맛이 되어 버렸기 때문이다.

베스트셀러의 실상도 '개점 때보다 한참이나 못한 냉면 맛'과 다를 바 없다. 냉면집에 빗대어 사안의 핵심을 찌르는 그의 풍자적 수법에 의해 베일에 가려진 베스트셀러의 진상이 밝혀진다. 직접 이야기하는 것이 아니라 전혀 다른 방향에서 상황을 설정하고 거기서 벌어지는 사건을 통해 통렬한 반전을 시도하는 그 순간 독자는 당혹스럽지만 유쾌한 느낌 속에서 시인이 의도한 메시지를 곰곰이 되새기게 된다.

독자는 최초의 그것과 현격한 차이가 나는 지랄 같은 내용의 베스트셀러가 문학 동네 출판 시장의 입맛이 되어 버린 속사정을 깨닫고 그것의 허상과 대중들의 허세를 떠올리며 미소 짓는다. 냉면집의 이야기를 뒤틀어 베스트셀러의 실상을 함축한 시인의 수법으로 인해 풍자의 효과가 증폭되면서 산사의 종소리처럼 긴 파장을 남긴다.

베스트셀러는 단지 출판 시장에 국한되지 않고 인생사 전반의 삶에서 발생하는 유사한 성격의 상황이나 사건의 은유로도 읽혀진다. 장종권의 시에 나타난 의미의 다중성(多重性)이 이러한 측면에서 유도된다. 그의 텍스트의 이면적인 의미가 여러 가지의 관점에서 해석되는 까닭 또한 여기에 있다. 베스트셀러 현상은 출판 시장의 문학 동네에 국한된 이야기가 아니다. 그것은 인간 사회 전반에 걸쳐 나타나는 다양한 현상이나 사건의 하나에 불과한 것이다. 이러한 점이 그의 작품의 독해(讀解)를 다층적 국면에서 접근하게 만드는 요인이다. 뿐만 아니라 『이숍 우화』의 그것처럼 하나의 시적 담론을 이루는 장종권의 작품을 알레고리적 측면에서 해독해야 하는 이유가 여기에 있다.

멸치는 날로 먹기도 하지만 때로는 최음제로 사용하기도 한다. / … / 문제도 있다. 멸치는 신경계통에 식중독을 일으킬 수도 있는 도모익산을 포함하고 있어서 사람을 위험한 상황으로 몰기도 한다. 통풍을 유발하는 고 함량의 요산도 들어 있다. 반가운 존재이면서도 무서운 존재이다.

누가 멜이라는 이름의 제주 산 멸치를 보냈다. 우리는 메일을 멜이라고 부르기도 한다.

—「멜이라고 하는 것」 일부

이 작품에서 멜이라고 부르는 제주산 멸치는 '반가운 존재이면서도 무서운 존재'이다. 그런데 우리가 일상으로 대하는 메일도 멜이라고 불린다. 멸치의 유익한 점과 해로운 점의 양 측면을 다루면서, 거기에다가 메일이라는 전혀 다른 엉뚱한 대상을 하나 더 추가시킴으로써 이 작품의 의미는 다양한 갈래에서 읽혀야 하고, 읽힐 수밖에 없다.

빨래가 즐비한 빌라의 옥상 한 켠에서 화분에 물을 주던 셔츠만 입은 남자가 먼 바다에 스모그를 바라본다. 아래층 베란다에 웃통 홀딱 벗은 남자는 창문을 열고 땀을 닦으며 밖을 노려본다. 그 뒤로는 속옷바람인 아낙이 보일락 말락하고, 옆집 베란다에는 나이든 여자가 힘겹게 세탁기통을 뒤지고 있다. 맨 아래층 출구로 시커먼 아이가 걸어 나오고, 그 뒤를 시커먼 젊은 여자가 따라 나온다. 길 건너 노란버스에는 늙은 기사가 금방 졸기라도 할 듯 핸들에 엎드려 있고, 앳된 유치원 선생은 다리 한 쪽 내려놓은 채로 무심하게 아직 오지 않은 아이들을 기다리고 있다. 입구 안쪽에는 나이 든 노파 두엇 주저앉아 한참 동안 침묵 중이다. 별로 나눌만한 이야기도 없어 보인다. 어떤 것도 마주치지 않는 희멀건 시선들을 나는 맞은 편 건물 옥상에서 바라보고 있다. 여름이다. 햇볕은 쨍쨍하다. 모든 게 말라붙어 있다.

—「여름 한낮」

맞은 편 건물 옥상에서 바라본 서민들의 삶의 모습을 모자이크해 놓은 듯한 「여름 한낮」은 박태원의 『천변 풍경』을 떠올리게 한다. 대도시 변방 서민의 삶을 카메라에 담아 보여주는 것 같은 착각이 들 만큼 냉정한 서술 기법이 돋보이는 이 작품은, 그러나 박태원 스타일의 '있는 그대로의 현실'을 보여주는 것이 아니라 "어떤 것도 마주치지 않는 희멀건 시선들"의 삶을 관망하고 있다.

스모그를 바라보는 남자, 힘겹게 세탁기통을 뒤지는 여자, 시커먼 아이, 핸들에 엎드려 있는 늙은 기사, 한 쪽 다리 내려놓은 앳된 유치원 선생, 침묵 중인 노파들의 일상에 관한 힘들고 소외된 삶의 모습을 비판적으로 조망하고 있다. 그의 작품은 지금 여기의 현실에 대한 비판과 야유와 풍자로 점철되어 있다는 점에서 실천적 담론으로서의 사회 참여적인 성격을 지니고 있다. 그 참여의 방식에 기여하는 두드러진 수사 장치가 알레고리이다.

신라의 삼국 통일을 다룬 「歷史는 歷事다」의 "형제는 싸워도 링 밖을 벗어나면 안 되는 일. 칼잡이 총잡이 불러봐야 집 빼기기 십상이다."나 "아무도 들어갈 수 없는 숲속 … 총이 없는 자, 총알이 없는자는 입산금지, 정부가 발행한 사냥꾼 자격증이 있어야 한다."(「숲속의 사냥꾼」), 또는 "누구나 낮에는 하얗고 밤에는 까맣다. 착한 사람은 하얗고 나쁜 사람은 까말 것이라는 시골스러운 생각은 당연히 오류다. 착한 사람도 밤과 낮이 다르고, 나쁜 사람도 밤과 낮이 다르다."(「혼자여」) 등도 주목할 만한 장종권 스타일의 다중적 의미 담론에 속한다.

「혼자여」는 진보와 보수 양쪽의 진영 논리를, 「숲속의 사냥꾼」는 자연 보호나 민생 정책을, 「歷史는 歷事다」는 현재의 남북문제를 우의적(寓意的)으로 풍자하는 메시지로 읽히기도 한다. 이러한 작품들과 더불어 다중적 의미망을 설치해 놓은 더 좋은 사례가 있다. 그것이 「바람 부는 날 · 2」의 특별한 바람 만나기이다.

> 바람이 부는 날 바람을 쏘이러 갑니다.
> 세상에 가득한 바람을 뚫고 바람을 만나러 갑니다.
>
> 혹여 온전한 바람을 만나는 일이 있더라도
> 모세혈관을 뒤집어 놓지 않는 한 바람이 아닙니다.
>
> 바람 같은 몸을 하고 바람 같은 꿈을 꾸면서
> 얼굴도 모르는 바람을 만나러 갑니다.
>
> 바람의 냄새를 구별할 수 있게 되기를 바라며
> 어느 특별한 바람이 온몸을 태워버리기를 바라며

바람이 부는 날 바람을 찾아 갑니다.
세상에 가득한 바람을 뚫고 바람이 되어 걸어갑니다.

—「바람 부는 날 · 2」

바람은 여러 갈래의 의미를 함축하고 있다. 이중 삼중 사중의 의미로 읽히는 세상의 바람을 찾아 독자들이여, 바람을 뚫고 '모세혈관이 뒤집히는 바람'을 찾아 바람이 되어 얼굴도 모르는 바람을 만나보라.

3

독자들이여, 이 작품을 곱씹어 천천히 야금야금 읽어 보라. 그러면 감칠맛이 우러날 것이다. 칡뿌리를 씹듯이 조근조근 자근자근 찬찬히 읽어보라, 독자들이여. 유하의 압구정동 바람과 다른 또는 같은, 아니 그보다 더 한 단계 업그레이드 된. 아, 거시기가 부른 대중가요의 '바람 바람 바람' 그 바람을 맞으러 찾으러 가기 위해…….

『호박꽃 나라』의 앞 번호 시집에 실린 「시는 문자로 벌이는 장난이다」에서 장종권이 말했듯이, '마음대로 지껄이고 아무 거나 잡히는 대로 가지고 놀다가 보면' 강남 스타일의 명품 바람도 만날 수 있다. 그 바람을 만나 '난장을 만들거나, 엿판을 만들거나, 개판을 만들거나, 상관' 할 것이 전혀 없다.

'보는 이 없고 아무도 방해하지 않음으로' 그 바람과 만나는 일은 일생일대의 '위대한 장난'이 될 수 있다. "아리고 쓰라린 세상살이"(「虎兎傳 · 1」)에 이만한 즐거움을 어디서 찾겠는가, 독자들이여.

4부

01

개 같은 시대에 대한 보복

임보

어리석은 비평가들의 눈을 영원히 멀게 하고/ 안목 없는 출판사들에겐 통한의 후회를 안겨주라// 이것이 그대를 아직 몰라보는/ 개 같은 시대를 향한 유일한 보복이다

—임보, 「세상에 대한 보복」에서

어느 봄날 "바람의 신 같은"(「바람의 스승」) 청년이 산골에 왔다. 세상을 움직이는 가장 큰 힘을 지닌 사람이 '한 자루의 아름다운 펜을 가진 사람'이라고 그는 열네 살의 산골소년에게 신들린 듯 바람을 넣었다. '글의 병'을 앓으며 산골소년은 고향을 떠나 서울로 떠돌며 세상의 풍파를 견뎠다.

중견 시인이 된 산골소년은 그가 펴낸 아홉 권의 시집을 들고 바람의 스승을 찾아갔다. 그는 스승에게 물었다. 도대체 이것들이 세상을 움직이는 무슨 힘이 있습니까? 네가 뿌린 시의 종자들이 '어느 이름 모를 사람들의 가슴' 속에 뿌리를 내려 말없이 자라고 있으리라. 스승의 말

처럼 죽음이 육체를 뭉그러뜨린 뒤에도 사람들의 가슴 속에 뿌리를 내리며 산골소년의 시는 '살아날 것'이다.

이제껏 세상이 내게 그랬던 것처럼 마지막
죽음이 내 육신을 물어 뭉그러뜨린 뒤에도
나는 다시 살아날 것이다

내가 뿌린 문자의 씨가 한 톨이라도
이 지상에 남아 있는 한
나는 활자의 어두운 창을 열고 부활할 것이다

그리하여 선량한 사람들의 가슴속에 몰래 파고들어
곤충처럼 수억만 개의 알을 슬 것이다

어느 날 그들의 육신을 뚫고
하늘을 향해 비상해 오를 수억만 마리의 나방이 떼!

그날에 내 활자를 지닌 자는 복을 누릴지니
나방이와 더불어 천국에 이르리라

—「쓸쓸한 비결(秘訣)」

한 소년의 가슴에 영원히 지워지지 않을 시의 나무 한 그루 심어 놓고 '바람의 스승'은 '세상이 눈 속에 묻혔을 때' 지상을 떠났다. 단 한 권의 시집도 남겨 놓지 않은 그를 대신하여 소년은 "내 밖에도 그렇게 가득하고/ 내 안에도 그렇게 넘친 당신"(「당신은 누구신가」)을 찾아 "어떻게 살아야 하는 것인지 묻고"(「삶에 관한 물음」) 다녔다. '한 평생을

다 보낸' 그 물음이 생에 관한 깊은 성찰로 이어지면서 그의 예술—시로 발효되었다. "사랑도/ 우리의 목숨도"(「이별의 노래」) 사라지기 때문에—이별이 있기 때문에 황홀하다. 녹기 전의 눈발이 눈부시며, 지기 전의 꽃잎이 어여쁜 이유가 여기에 있다.

앓아 본 적이 없는 자들이 "어찌 삶의 깊은 맛을 짐작할 수"(「병력(病歷)」) 있겠는가. '한 달포쯤 앓게' 되면, 이 세상 삼라만상이 얼마나 아름다운지 알게 된다. 독재자들이 민중을 제압했던 무기는 칼과 창이었지만, "성인들의 무기는 사랑과 자비라는 이름의 것"(「짓밟고 올라서라」)이다. 이 지구에 실려 가는 모든 것들이 "내 짐이 아닌 것"(「짐이다」)이 없고, 영롱히 빛나는 것은 사물—보석만이 아니다. '언어의 사리(舍利)'가 조성한 영롱한 시의 숲도 있다. 그 숲이 삶의 고통을 진정시켜 주고 피곤한 영혼에게 안식처를 제공한다.

연어가 먼 대양을 떠돌며 살아가다
씨를 뿌릴 때가 되면 수만 리를 거슬러 그의 모천을 찾아가
거센 물살을 헤쳐 오르며 맑은 자갈밭을 열고 알을 낳듯이

수만 가지 나무의 영혼들도
지하의 어둠 속을 떠돌며 헤매고 다니다가도 때가 되면
제 고향 나무들을 찾아 그처럼 눈부신 회향을 한다

사람들아, 저 가지마다에 얼굴 내밀고 있는 화사한 귀향들을
벌 나비들이 얼마나 찬양하는지 보지 않았는가
머지 않아 주렁주렁 그들의 고운 씨가 매달릴 것이다

—「눈부신 귀향」 일부

귀향의 눈부심이 어찌 인간만이 누릴 수 있는 행복이겠는가. 시인이 노래하듯이, 때가 되면 수만 가지 나무의 영혼들도 제 고향을 찾아 눈부신 회향을 한다. 실의에 빠진 이들에게는 용기와 지혜를 주고 마음이 가난한 이들에게는 안식과 기쁨을 주는 "그런 불후의 명작"(「세상에 대한 보복」)을 쓰는 시인이 진정한 예술가이다. 그러한 예술가/시인이 "어리석은 비평가들"의 눈먼 우매함을 조롱하고 "안목 없는 출판사"에 통한의 후회를 안겨줄 것이다.

"개 같은 시대"(「세상에 대한 보복」)를 향한 '보복'이 담긴 임보의 『눈부신 귀향』(시학, 2011)이 그것이다. 부끄러워하라, 자본의 탐욕에 물들어 시향(詩香)을 외면했던 시단의 잡지/출판사/비평계의 그 모든 껍데기들아. 너무 슬퍼하지 마라, 시인 임보여. "곤궁과 멸시가/ 그대의 허리를 비틀지라도// 굽힐 줄 모르는/ 그대의// 푸른 꿈이"(「위로」) 끝내는 이 세상을 무릎 꿇게 할 것이다.

02

이 살가운 문둥이들에게도 세상의 자비가 베풀어지기를

이화은

> 세상의 자비는 늘 내게서 너무 멀리 있으니/ 내 피와 살을 먹여 키운 살가운 문둥이들
>
> —이화은, 「자비 출판」에서

1

여성 특유의 섬세한 감각이 돋보이는 『미간』(문학수첩, 2013)에는 이화은의 “피와 살을 먹여 키운 살가운 문둥이들”(「자비 출판」)이 그득하다. 여성적 경험이 녹아든 그 문둥이들 중 어떤 것은 아리고, 어떤 것은 경쾌하다. 어떤 것은 발칙하고, 어떤 것은 대담하고, 어떤 것은 애틋하고 슬프다. “하루가 얼마나 슬프고 애틋한 이름인지 말해주기엔/ 진아/ 하루가 왜 이리 짧나”(「긴, 하루」)에는 ‘성큼 지나간 일상의 시간’에 대한 애틋하고 슬픈 한 여류 시인의 심정이 짙게 나타나 있다.

2

일상성에 초점이 맞추어진 이화은의 시편은 "툭하면 집을 나서서"(최승자, 「오늘 저녁이 먹기 싫고」) 골목을 기웃거리던 '누울 곳 없는 정신'의 소유자의 그것과 다르다. "깨고 싶어/ 부수고 싶어/ 울부짖고 싶어/ 비명을 지르며 까무러치고 싶어"(「나의 詩가 되고 싶지 않은 나의 詩」) 라고 최승자는 마구잡이식 직설 화법으로 일상의 분노와 아픔과 고통을 뱉어냈다. 그러나 이화은의 화법은 최승자의 절망적인 표출 방식과 다르다. 비명을 지르며 까무러치고 싶었던 일상의 절망적 순간들이 최승자의 그것과 차별성 있게 구현된 작품이 「절망에게」이다.

> 충견처럼
> 부르면 언제나 달려오는,
> 부르지 않아도 늘 가까이 어슬렁거리며
> / … /
> 뜨겁고 붉은 혀로 내 뺨에 흐르는 눈물을 핥는다
> 우리의 동거를 아무도 눈치 채지 못하였지만
> / … / 네 주변을 킁킁거리며
> 어슬렁거리며
> 네게 사랑받기 위해 네 발등을 핥는다
>
> —「절망에게」 일부

일상적 삶의 주변을 배회하는 절망은 늘 가까이 어슬렁거리는 충견과 같은 그 무엇이다. 아무도 눈치 채지 못했지만, 시인은 절망과 함께 동거했다. 어쩌다 희망 쪽으로 베개를 돌린 날 그녀는 영락없이 악몽을 꾼다. 행여 버림받을까 킁킁거리며 그녀는 절망의 발등을 핥기도

했다. 패러독시컬하고 아이러닉한 표현에서 이화은의 일상을 감싼 절망의 세월이 어떤 것이었는지 우리는 감지할 수 있다.

'절망이 습성이 된' 신현림은 "슬픔으로 슬픔을 해탈"(「유배된 시인」) 했으나, "때때로 여자노릇 힘들어/ … / 지켜야 할 온갖 정조로부터 날아가고 싶구나/ 외도하고 싶구나"(「한라산 집시」)라고 자신을 옥죄는 일상을 벗어나기 위해 발버둥 쳤다. "쓰러져 망초가 된 집시 노처녀"(「한라산 집시」) 신현림의 세기말적 일상과 다른 여성 체험이 이화은의 시편들에 부각되어 있다.

이화은의 그것은 "고독의 움막 속에 사랑과 이별의 뜬구름을 싣고 배반과 애증의 교차로를 지나 욕망의 빙산을 달리고 슬픔이란 골고다 언덕"(신현림, 「포옹과 상처—상처」)을 오르던 상처와 실패와 치욕과 일정하게 거리를 두고 있다. '일상에서 구체적으로 직관할 수 있고, 파악 가능한 것의 영역'을 뜻하는 일상성의 구현은 신현림이나 최승자의 시대를 거치면서 숙성된 언어와 표현의 깊이를 갖추어가고 있으며 그 질적 전환의 도상(途上)에 이화은의 시가 놓여 있다.

「폭설(暴雪)」에 잘 나타나 있듯이, 이화은에게도 "수면제를 사 모으던 겨울이 있었"고, 아침이 오지 말기를 바라며 "어둠을 갈던 먹밤"이 있었다. "손으로 끊지 못했던 질긴 나이"와 "어머니의 통곡 소리에 폭삭 늙어버린 슬픈 귀"로 절망이 어슬렁거리는 세월과 그녀는 싸워 왔다. "한 방울 독이 없어/ 이름이 되지 못한"(「개, 양귀비」) 슬픈 개양귀비 같은 여자, "스스로를 꽃이라고 생각하는/ 그래서 서둘러 시들어버린"(「기념일의 원피스」) 여자, 그러면서도 "내게 인색했"(「끝내 너무 멀었다」)고, "깊은 비애의 바닥을 치고"(「그녀의 유일한 걱정은 손이다」) 있는 손으로 생활의 끈을 놓지 않는 여자가 이화은 시인이다. "오늘도 베개나 뒤집어엎을 수밖에"(「비책秘策」) 없는 그녀에게 삶의 동반자는 꽃핀처럼 머리에 꽂혀 있는 '두통'이다.

> 두통을 꽃핀처럼 머리에 꽂고
> 308동 앞을 지나가는데
> / … /
> 내 두통과 같은 계절에 피는 자목련 한 그루
> 이마에 서리꽃이 박힌 청교도의 푸른 피와
> 창녀의 붉은 피가 만나
> 저렇듯 아픈 보라로 피었는지
>
> —「아픈 보라로 피다」 일부

자목련의 꽃송이에 내면의 감정을 의탁(依託)하여 '아픈 보라'로 피어났다는 비유가 그녀의 삶을 대변한다. '내가 어머니의 무덤'인 줄도 모르고 "어머니에게서/ 힘껏 도망쳤"(「나, 일백 개의 무덤」)던 그때에도 그녀 안에 어머니가 있었다. "다만 한 사람을/ 수만 번 견뎠을 뿐인데"(「금강 하구언 갈대밭에 갔을 뿐」) '용서라는 말의 몸피'에서는 아직도 비린내가 배어 나온다. 용서에 관한 감회를 읊은 이 시가 말해 주듯이, 그녀는 일상에서 얼마나 많은 토악질 비슷한 감정의 역류에 시달렸을까. 그러나 이화은의 시편들은 일상의 체험을 '토악질 하듯' 직설적으로 표출하지 않고 그것을 내면화하는 숙성의 과정을 거쳐 '암시와 함축의 여운' 속에 묻어 버린다. 이것이 예술적 감흥을 폭넓게 이끌어 내는 요인이다.

봄날의 아지랑이처럼 아른거리는 아름다움과 아름다움의 그 사이—미간(美間)에서 표현의 생동감을 찾고, 여성성의 일상 체험에 예술적 의상을 덧붙이는 인내가 필요한 것이다. "우울의 피고름"(신현림, 「포옹과 상처—상처」)이나 "목졸린 추억"(최승자, 「과거를 가진 사람들」)을 여과시켜 그것들에 미감을 부여해야 한다. 뿐만 아니라 일상 체험을 명랑성과 해학으로 풀어내는 여성적 표현과 기법의 탐구도 필요한 것이다.

> 비 온 이튿날
> 고추밭의 잡초 한 떨기를
> 무심코 뽑아 올렸는데
>
> 손끝에 물컹 딸려 오는 지구 한 덩이
>
> 깜짝 놀라 탁!
> 놓아버리기는 했지만
> 불알을 잡혀 동그랗게 나뒹굴던 한 남자를 생각했으니
> / … / 잠깐 어지러웠던 이유를
> 두 개의 말랑한 해가 나란히 떠올라도
> 지구인들은 절대 모를 것이다

—「급소를 건드리다」 일부

내가 지구의 급소를 건드린 일을 "큰 일 날 뻔한" 사건으로 표현한 이 작품에서 우리는 그 가능성의 일단을 확인할 수 있다. '불알 잡혀 나뒹굴던 한 남자'와 '두 개의 말랑한 해'라는 표현 속에 '지구가 몇 바퀴 나뒹구는 동안 어지러웠던 이유'가 해명되고, 잡초 한 떨기 뽑은 행동에 대한 예술적 형상이 구체적으로 그 모습을 드러내는 것이다. 지구에

남성성을 부여한 생태적 감각 속에 이화은적인 개성이 빛을 발한다. 에로티시즘은 그녀의 일상 경험을 독특하게 표현해 내는 도발적 상상력에 리얼리티를 보장하는 요인이다. 그 영역에서 그녀 특유의 경험과 감각으로 이끌어낸 시적 사유를 발견할 수 있고, 그것이 상쾌하고 발랄한 목소리와 발칙하고 신선한 수사와 경쾌하고 쾌활한 비유를 뒷받침하고 있다.

> 선생님의 계란 두 개가 갈래머리 여고생 책상 위로 척 올라앉는 거였지요 계란을 개랄이라고 발음하는 우리 변방 아가씨들의 목전에 뜨거운 알 두 개를 정확히 놓아주시니, 꼬꼬댁 목구멍을 밀고 올라오는 웃음의 직격탄을 그때는 도저히 참을 수가 없었는데
>
> —이놈들아 모국어가 그렇게 우습냐?
>
> —「국어 사랑」 일부

'선생님의 계란 두 개'의 표현미와 '뜨거운 알 두 개'의 발칙한 상상력에 주목해 보라. 그리고 그러한 상상력으로 빚어낸 "비등점의 능선을 달려가는 몰입의 발바닥은/ 만월의 한밤/ 여왕벌의 정사처럼 아름다웠다"(「7분간의 열애」), "시고 떫은 시간의 어디쯤에 앉아/ 달고 무른 과육을 빨아 먹으며 / … / 사내아이를 하나씩/ 낳아주고도 싶었네"(「은밀한 자두」), "벌거벗은 반말 하나 건져 올리고 싶다/ 심야 전기가 노릇노릇/ 내 정사의 등짝을 구워줄/ 불타는 대낮의 심야"(「반말論」) 등의 구절에 나타난 불꽃처럼 내면으로부터 타오르는 에로티시즘의 은밀한 욕망을 감상해 보라.

반말에 대한 언어적 성찰이나 자두와 여왕벌에 비유하여 전개한 에

로틱한 욕망의 상상력과 수사—비유가, 그녀의 일상 경험을 독특한 시의 정서로 전이시킨 성공 비결이다. 1980~90년대 여성 시인들이 가부장제나 남성 중심 사회에 대해 문제 삼고, 그들의 처지에 대한 고뇌와 고통과 분노와 치욕을 생경한 목소리로 토로했다면, 이화은 시인은 여성 언어와 여성 경험의 예술적 가능성을 일상성의 측면에 접합하여 실험하려는 모습을 보여주고 있다. 이것이 그녀의 시편들이 우리로 하여금 여성시의 심화와 확대에 대한 기대감을 불러일으킨다.

여성적 인식과 그 인식을 통해 감싸 안은 일상성이 그녀의 시의 표현이나 기법 속에 반영되어 있다. 시적 대상에 대한 섬세한 감각과 그 감각의 서정화가 기존의 여성시와 다른 방식의 이화은적 개성을 보장하는 요인이다. 소소한 일상에 대해 존재감을 부여하고, 그 일상을 여성성으로 포용하여 거기에 사물화된 인간관계나 인간화된 사물화의 풍경을 덧붙인 것도 그녀의 시적 개성을 부각시키는 데 일조하고 있다.

3

"자동차 타이어가 다림질한/ 고속도로에 납작 엎드린 얼룩"(「고전을 완성하다」) 고양이, "싱싱한 파열음 몇 개가 오늘도 약용으로 식용으로 급하게 흩어지고 있는"(「저 저 밤고양이」) 밤, "할머니와 토란대를 등에 업어 재우는/ 무섭도록 고요한 가을 한 채"(「귀를 먹다」) 등의 표현에 주목해 보라. 비유의 참신성이 뒷받침된 표현 효과로 인해 사물—소재의 상(像)이 그녀의 시에 생동감 있게 재현되어 있다. 「詩論, 입맞춤」의 시인론과 독자론은 물론이고 「절명(絶命)」의 나비가 더듬었던 그것이 인상적인 이유가 여기에 있다.

꿀이었을까
꽃의 더운 내면으로
한순간
제 生을 몰입시켜
나비가 더듬었던 것이
꿀뿐이었을까

꽃 지는 소리

낙뢰 한 잎 떨어져 눕는 날
나는 귀가 멀었다

—「절명(絶命)」

'절명'의 한순간을 예술 언어로 재현한 이 시가 이화은 시의 전체 수준을 가늠하게 한다. "스스로 볼 수 없는"(「미간」) 이화은의 아름다운 '언어의 순례 길'에서 '황금 눈썹 한 포기'와 '가장 뜨거운 시의 심장'이 조화를 이루며 보석같이 반짝이기를 바란다.

03

문자들의 향연

함성호

1

피와 열정으로 한 세기를 이룩했건만, 세상은 점점 더 천박해지고 우리는 점점 더 가난해진다. “더럽고 욕지기나는”(32쪽) “광경이 곧 저, 지경”인 것은 ‘전통도 없고 배신과 사이비가 판치기’ 때문이다. “미치지 않고서는 살 수가 없는” 시대에 시인이 할 수 있는 일이란 “모순 앞에서의 노래와/ 모순 앞에서의 죽음”(31쪽)뿐이다. 그냥 지나치기에는 어쩐지 꺼림칙한, 그러나 무지하게 어려워서 외면하고 싶은 시집을 발행한 시인이 있다.

그는 자신의 상처를 무덤으로 삼아 “부활을 꿈”(13쪽) 꾸면서 “무한반복 재생되는 문장의 시제에 관한 연구”(95쪽)에 몰두하고 있다. 그것은 ‘사상(事象)의 지평선’을 넓히는 일이며 “문학에서만 가능한 사건, 시간과 현상”을 발견하는 작업과 관련이 있다. 유한무경계 우주가 수학적으로만 가능한 것처럼 무한유경계 우주는 언어에서만 가능한 사건일 수도 있다.

2

시인은 자유롭게, 그러나 고독하게 "당신들의 바깥"(34쪽)에서 그 작업을 수행한다. "그러니 체제여 제발, 나에게 국민연금 내라고 자꾸 비문학적인 엽서나 보내지 마라 나는 한탕을 꿈꾸다 굶어 죽을지언정 연금 생활자는 되지 않겠다"(33쪽)라고 시인은 말한다. 이때 근대적 삶의 '규범—체제'의 바깥은 여러 의미를 함축한다. 그것은 우리가 속한 사회의 바깥이기도 하고, 근대 문명의 바깥이나 근대 서정의 바깥을 포함한 그 모든 근대적 삶/예술/사고를 벗어나는 것을 뜻한다.

> 나는 저 초원의
> 사슴과, 자작나무와, 창공의 새들에게만
> 끓어오르는 나의 노래를 납세하겠다
> 나는 근대의 서류에 사인한 적 없으므로 나를 당신들의 안전선 밖에 남아 있도록
> 내버려두라(33쪽)

시인은 자신의 꿈과 이상과 쾌락과 관능과 욕망을 포기하도록 만드는 당신들—타자들의 '반자연적인 모든 것'의 '바깥'에 서 있기를 원한다. 그 바깥에서 그는 내면의 자아—존재를 느낀다. "내가 만약 나라면,/ 나는 어떻게 내가 모르는/ 이 꽃의 미지를/ 느낄 수 있게 되었을까?"(51쪽)

> 소리의 거울에 비추어다오
> 거울의 소리에 귀 기울이면(51쪽)

시인은 존재—자아의 소리에 귀를 기울인다. 그 소리의 거울이 본래의 내 모습을 비춰주기 때문이다. 그 소리의 거울에 귀 기울이는 그것이 '바깥'에서 누리는 삶—예술과의 조우(遭遇)의 순간이다. 우연한 만남의 그 순간이 시인에게 "다시 오지 않을 恍과 惚"이 "출렁이는 시간"(63쪽)이다. 예술—시는 어떤 주어진 현실의 재생산—모방을 통해 창조되는 어떤 것이 아니다. 따라서 시쓰기는 근대 시학의 '바깥'에서 그것을 무너뜨리고 탈구축하는 것에 초점이 놓인다. 그것은 텍스트 의미를 통합하고 가지런히 정렬하는 데 있는 것이 아니라 분산시키고 무너뜨리고 뒤섞는 데 있다. '개념이나 의도, 또는 지시 대상의 전달자(vehicle) 역할의 바깥'에서 그가 '언어의 소리'에 주목하고 '그것을 새롭게 설계하고 구축'하는 까닭이 여기에 있다. 그러한 작업이 끝없는 본능의 순례를 가능케 하고, '성자가 새로 만든 우주'처럼 '새로운 감각—입체의 세계'를 창조하는 원동력으로 작용한다. 이것이 "존재하지 않는 모든 맛"(65)과 "빛의 화음"과 "감각의 입체를 아름답게/ 채색"(67쪽)한 '황홀한 노래들—문자들의 향연'을 '키르티무카' 루바토(rubato)에서 펼쳐내는 비결이다.

> 결코 잡히지 않는 신기루처럼, 풍경이 아닌 풍경을 펼치며 잊었던 기억들이
> (한꺼번에) 여기에서 여기의 바깥으로
> (전체로) 나의 바깥에서 나를 이끄네(69쪽)

잊었던 기억들이 여기의 바깥으로 나를 이끌면서 “풍경이 아닌 풍경”을 펼쳐낸다. 거기가 “빛의 정상”이며 고독한 “바람의 노래”(76)를 즐길 수 있는 장소이다. 따라서 함성호의 『키르티무카』는 존재와 언어의 유대감을 잃어버린 근대 서정의 견고한 성을 무너뜨리려는 기쁜/고통스런 고뇌/희열의 정신적 순례기(巡禮記)이다.

다시 말하면 미리 주어진 것으로서의 근대적 관행과 사고의 모든 것을 넘어서서 탈구축(deconstruction)하려는, 혹은 그것들을 초월하려는 모험이자 무의식적 욕망의 소산이 이번 시집이다. 그것은 라캉이 지칭하는 ‘주체가 경험하는 근본 결여로서의 욕망’에 근접하는 어떤 것이다. “살아 있어야 하는 것들의 그늘”(84쪽)로서의 ‘키르티무카’는 현실의 꿈/소망 바깥/너머의 순수한 존재에 대한 열망—욕망의 어떤 것을 뜻한다.

> 얼마나 사랑했으면,
> 불멸의 神임에도 불구하고 죽었을까?
> 칼립소여!
> 불멸을 멸한 것이 아니라,
> 아무도 연주할 수 없는 악보[루바토]로
> 불멸이 멸했으니
>
> —함성호, 「시인의 말」

현존에서 결여된 그 무엇을 채우려는 욕망—열망의 과정이 무한 반복되는 그 순간 시인은 자연스럽게 무의식의 환상 세계에 진입한다. 그가 현실 너머의 환상을 보여주는 것은, 그것이 자신의 욕망을 펼칠 수 있는 무대가 되기 때문이다. 근원적인 결핍에 대한 함성호적/니체적 허무—욕망은, 또 다시 욕망—허무를 낳고 시시포스의 그것처럼 부조리한 현실을 부조리하게 맞서는 고통/희열이 된다. 그 희열/고통이 예술—시의 창조를 추동하는 힘이다.

3

이번 시집에는 첫 시집 『56억 7천만년의 고독』(1992) 이래 그 몸서리 쳐지는 고독과 독백에 실린 실존의 무게가 담겨 있고, 절체절명의 자아상이 선명하게 각인되어 있다. 한때 문단을 소란하게 했던 세칭 '미래파'라는 시인들이 우선적으로 참고하고 연구해야 할 작품집이 함성호의 『키르티무카』이다.

논문을 방불케 하는 각주가 난무하고 동서양의 신화/설화와 인류의 위대한 스승들의 말씀/종교가 질펀하게 범벅되어 난해의 극치를 보여주는 이번 시집은 T. S 엘리엇의 『황무지』의 동양적/한국적/함성호적 버전/이본인 셈이다. 따라서 『키르티무카』(문학과지성사, 2011)에는 근대 시학의 한계/절벽 앞에서 그것을 넘어서기 위해 처절하게 몸부림친 상처의 흔적이 선연하게 남아 있다.

시학 전반에 대한 학습 능력의 부족으로 판단되는 소통 불능의 은어와 방언, 또는 알아듣기 거북한 옹알이 일색의 넋두리를 모던적 개성과 현대적 참신의 기준으로 삼는 사이비 미래파(1909년 이탈리아에서 나타난 예술 운동이 미래파인데, 이들이 사용하는 미래파는 도대체 무슨 뜻인가?) 작품들과 함성호의 그것들은 차원/개념이 다르다.

04

개 같은 그대, 부처 같은 그대

홍사성

개처럼 살아도/ 부처/ 부처처럼 살아도/ 개/ … / 개 같은 그대/ 부처 같은 그대

—홍사성, 「개 같은 그대에게」에서

1

이 세상 살아가는 목숨치고 편한 삶은 없다. 혼자만 아프고 슬픈 것 같지만 그보다 더한 일을 겪는 고통스런 인생들도 수없이 많다. "한 생각 바꾸면"(「바람의 말씀」) 끝내 못 놓을 것 같은 그것들도 별것 아니다. 마음먹기 따라 인생의 희로애락이 아무 것도 아니라는, 믿기도 그렇고 안 믿기도 그런 '바람의 말씀'으로 생을 논하고 불법(佛法)을 설파하는 시인이 있다. 돌아서면 더욱 자욱해지는 "설악산 안개처럼 아득"(「안개처럼 자욱하다—설악산 霧山 스님」)한 그 말씀이 가관이다.

벌써 몇 개월째,
그 잘난 넥타이를 매지 않고도 그럭저럭 살아가고 있다
자잘한 걱정 따위만 모른 척하면 아침마다
내 손으로 내 목 조이지 않아도
근엄을 위장하지 않아도 된다

목을 풀어 헤치고 산다는 게
처음 얼마 동안은, 마치 칼 맞아 목 떨어진 듯 허전했다
그러나 나는 이렇게 살아 있다
꽤 시간이 걸렸지만 드디어 안 보이던 세상이 보이기 시작했다

엄숙해야만 인생이 아니다
넥타이 풀고, 느슨한 차림으로 나서는 아침이 더 행복하다
목줄에 걸려 비굴하게 웃는 피에로가 되지 않는다면
조금 가난한, 약간은 부족한 이대로가 나는 좋다

—「넥타이를 풀고」

'칼 맞아 목 떨어진' 일을 당해본 사람은 허전한 그 심정을 알 것이다. 그러나 한 생각 바꾸면, 그 잘난 넥타이 매지 않고도 그럭저럭 살아갈 수 있다. 내 손으로 내 목 조일 일이 없고, 엄숙을 위장하지 않아도 되고, '안 보이던 세상'도 보인다. 해탈한 듯 복잡한 인생사의 난제들을 시원스레 풀어헤치는 시인의 모습이 이채(異彩)롭고 당당하다. 몸이 있으니 살아 있고 그 "몸이 전부"(「몸을 철학해 보니」)이다. 그러나 어느 날 숨 끊어지면 그것마저 "쓰레기라는 걸"(「쓰레기장」) 모르냐고 시인은 일갈(一喝)한다. 아무도 쳐다보지 않고, 주워 가지 않는 쓰레기처럼

버려질 육신을 위해 아옹다옹 살 필요는 없다. 홍사성 시인은 『내년에 사는 法』(책만드는집, 2011)에서 '갈 곳 없고 외로운' 인생의 고단함을 위무(慰撫)하는 '바람의 말씀'을 거침없이 쏟아낸다.

2

"먼 산 바라보며"(「종소리, 그 긴 먹먹함」) 듣던 떨리는 어머니 어깨 같은 먹먹한 종소리가 이 시집에서 들려온다. 가랑잎 따라 떠나버린 사람을 기다리다 "속은 삭고 껍데기만 남은 이모"(「빈 항아리」) 같은 삶을 견디는 방법이 이 시집에 쓰여 있다. 쓸쓸함마저 비워버리고 '고향집 뒤뜰의 항아리'처럼 살고 싶거든 그대여 이 시집을 읽어 보시라. 그대의 가슴을 후벼 파던 회한과 절망과 분노와 자책의 그 모든 마음의 거시기들이 사라지리라.

"자명시계처럼 울지 않으면, 웃지 않으면" 언제 폐기처분될지 모르는 그대여, "따르르르르르ㅇㅇㅇㅇ응"(「자명시계」) 오늘도 죽을 힘을 다해 웃고 울지 말아라. '하얀 입김을 뿜으며 열띤 토론'을 벌이던 열정과 순정을 다 잃어버린 그대여, "겨울밤 하늘의 별똥별이 되어"(김광규, 「희미한 옛사랑의 그림자」) 떨어졌던 그 노래를 다시 부르고 싶거든 이 시집을 읽어 보시라. 아무도 귀 기울이지 않는 노래, 그 누구도 흉내 내기 어려웠던 그 노래를 스스로 부를 수 있을 것이다.

목욕탕 갔다가, 미국 갔다가, 잠자다가, 출장길에서, 혹은 간암으로 소식이 끊긴 동창들의 이야기가 두렵거든 "벌겋게 취한 채 서로의 얼굴들"(「동창회」) 엇갈려 바라보지 말고 이 시집을 읽어 보시라. 내년을 무사히 넘기리라. 엄마 젖 그리워 패악 치며 울 때마다 "가슴 열어 땀내 묻은 빈 젖"(「형수의 밥상」)을 물려주었던 형수, 뙤약볕 시오리 황톳길 걸어 감자 한 말 주고 사온 고등어조림으로 첫 휴가 나온 시동생의 밥상을 차려 주었던 그런 형수와 이별한 슬픔이 있는 독자여 이 시집을 읽어 보시라. 간난(艱難)했으나 아련한 추억으로 그대의 마음에 자리 잡은 그 시절 형수의 모습을 이 시집에서 만날 수 있을 것이다.

어머니를 그리워하는 그대여 이 시집을 읽어보시라. 반짝이는 별 하나가 "나, 여기 있다고"(「어머니」) '밤새 널 보고 있었다'고 그리운 그 목소리가 이 시집에서 들려올 것이다. 희붐하게 밝아오는 새벽하늘 아물거리는 그곳에서 모습을 드러내는 어머니를 그대는 이 시집에서 만날 수 있다. "보고 싶고 듣고 싶고 맡고 싶고 먹고 싶고 만지고 싶고 알고 싶은" 그 모든 "노을에 정신 팔려" "헛꿈 꾼 세월" 길었던 그대여 이 시집을 읽어 보시라. "어느 날 갑자기 대나무 쪼개지듯 이목(耳目)이 열려"(「나의 반야심경」) 온몸으로 흔들어대는 반야심경의 신비로운 소리를 스스로 듣게 될 것이다.

불황으로 회사에서 목이 잘린 사내가 방구석에 처박혀 이리 뒹굴 저리 뒹굴 하다가 그것도 지겨워지자 책꽂이에서 『벽암록』이라는 어려운 책을 꺼내 보았는데 거기에 이런 얘기가 있었다나

옛날 마조 선사라는 분이 나이 들어 골골하는 신세가 됐는데 그 절 원주가 찾아와 "요즘 법체 청안하신지요"라고 문안하자 선사는 웃으면서 "일면불日面佛 월면불月面佛이야"라고 대답했다나

무슨 귀신 씻나락 까먹는 소리인지 알 수 없어 늙은 호박처럼 쭈그러진

암자 노스님에게 물어보았더니 스님은 무심한 듯 눈을 감고 "오늘 죽어도 좋고 내일까지 살면 더 좋고"라고 말해주었다나

그는 섣달 그믐 밤 문밖으로 나서다가 찬바람 불어와 호롱불마저 꺼져버린 듯 되레 답답한 생각이 들어 하늘을 쳐다보았는데 마침 그때 비로드보다 검은 밤하늘에 별들이 총총 새로 돋아나고 있었다나

—「내년에 사는 법」

방구석에 처박혀 이리 뒹굴 저리 뒹굴 하다가 그것도 지겨워하는 그대여 이 시집을 읽어 보시라. "오늘 죽어도 좋고 내일까지 살면 더 좋고"라는 생각이 들 것이다. 그래도 부모로부터 얻은 한 목숨 내년까지 버티고 싶으면 섣달그믐 밤 문밖으로 나서서 찬바람 불어오는 하늘을 쳐다보라. 그러면 비로드보다 검은 밤하늘에 별들이 총총 새로 돋아날 것이다. 달을 보지 않고 손가락만 쳐다본 그대가 미래를 살아가는 방법이 여기에 있다. 하늘을 보아야 별을 딴다. 서울로 가는 길 천 갈래도 넘지만, "떠나지 않는 사람에게는"(「길—고암 노사古庵老師의 가르침」) 길이 없다. '떨어지는 낙엽의 이야기를 듣는다'는 낙초지담(落草之談)이 고매한 선사만의 것은 아니다.

3

"파도처럼 뒤척이다/ 충혈된 눈"으로 "가슴 가득 고였던/ 먹피"(「절벽—의상대에서」) 받아내며 의상대 절벽에서 온몸으로 쏟아낸 홍사성의 이 시집에도 그것들이 널려 있다. 속창 다 빼고 빈 몸 허공에 내걸며

인생사 그 모든 욕망/고뇌를 "맑은 울음"(「목어木魚」)으로 씻어낸 이 시집이야말로 인생의 교과서에 해당한다. 이 시집에서 탱탱한 긴장과 참신한 감수성과 폭발적인 상상력을 구하지 말라, 그대 독자여. 좋은 문장은 문법에 맞지만 뛰어난 글은 문법을 넘어서는 법이다. 그 모든 시적 기교와 수사법에 구애받지 않는 '바람의 말씀'의 탁월함이 여기에 있다. 만해 선사 이래 오묘하고 아리송한 불법(佛法)을 속세의 언어로 풀어놓은 이만한 시집 찾기가 쉬운 것은 아니다.

"태어나 늙고 병들어 죽는 것이"(「화신花信」) 말만 다를 뿐 같은 것이다. 있다고 해도 없는 것이고, 없다고 해도 있는 것이다. 한 생각 바꾸면 없는 것 같지만 있고, 있는 것 같지만 없다. 눈 뜨고 보는 것만 보는 것이 아니다. 눈 감고도 더 잘 볼 수 있다.

"개처럼 살아도/ 부처"이고 "부처처럼 살아도/ 개"(「개 같은 그대에게」)이다. 그러나 불성이 있어도 개는 여전히 개고, 불성이 없어도 부처는 여전히 부처다. 바람같이 왔다가 바람같이 사라지는 한 말씀 얻어듣기 위해 『내년에 사는 法』을 요모조모 가슴 속에 새기면, 그대는 부처 같은 독자. 보이지도 않고 들리지도 않는다고 이 시집을 읽다 말고 확 집어던지면, 그대는 개 같은 독자. 개 같은 독자는 내일(來日)도 기약할 수 없고, 부처 같은 독자는 내년(來年)에도 무사하리라.

05

금 위에서 서성거린 삶

강연호

선택의 강요는 언제나 내게 숨 가빴다/ 나는 금 위에서 머물고팠다/ 이쪽과 저쪽, 왼쪽과 오른쪽 사이에서/ … / 나는 금 위에서 아슬아슬하고 싶었다/ … / 금은 왜 밟으면 안 되는가/ 금은 꼭 넘어야 하는가/ 금 위에서 오래 서성거리다

—강연호, 「금 위에서 서성거리다」에서

1

"추워서 뜨거웠고 어두워서 환했던"(「몸살」) 불량한 청춘의 기억을 사람마다 간직하고 있다. 그 시간들이 남긴 그리움의 흔적들이 강연호의 『기억의 못갖춘마디』(문예중앙, 2012)에 나타나 있다. "인숙이를 떠올리던 시절"(「꽃무늬 벽지 여인숙」)의 서글프고 애틋하고 쑥스럽던 감정의 표현도 이러한 예이다.

"영영 궤도를 잃고 떠돌 것만 같은 봄밤"(「봄밤」)에 한숨 쉬고 꽃잎

한 장 떼어내고, 또 한숨 쉬고 꽃잎 두 장 다시 붙이던 추억 또한 마찬가지이다. "언제나 깜깜했으나"(「불 꺼진 창」) 돌이켜보면 연애는 그래서 결국 환했고, "한없이 찔러대는 봄밤"(「음치교정교실」) '낯선 슬픔'에 안겨 지새웠던 것도 젊음이었기에 가능했다. 그러나 강연호의 시가 이러한 감정에 휘말려 단순히 추억을 반추하는 수준에 머물러 있는 것은 아니다.

2

흘러간 시간에 대한 감상이나 회고에서 벗어나 무심코 지나쳤던 일상적 삶을 진지하게 탐구하는 모습에서 우리는 이번 시집의 진면목을 발견하게 된다.

> 바닥의 바닥까지 내려가
> 여기가 바로 밑바닥이구나 싶을 때
> 바닥은 다시 천길만길의 굴욕을 들이민다는 것을
> / … /
> 진짜 바닥은 거기서부터 시작된다
>
> —「바닥」 일부

더는 밀려 내려갈 곳이 없고 일어설 일만 남은 것 같을 때 사람들은 '지금 여기가 바닥'이라고 생각한다. 그러나 바닥의 실체는 그것이 아니다. 인생의 진짜 바닥은 '천길만길의 굴욕'이 들이미는 그 순간부터 시작된다. 상식적 사고에 대한 비판적 성찰에 중점이 놓여 있는 그의 시는 감각적이기보다는 사변적인 경향을 보인다. 당연한 것으로 받아들여진 개념에 대한 반성적 비판에 그의 관심이 집중되어 있기 때문이다. 동시에 그것은 상식—통념을 전복(顚覆)시키는 동력으로 작용하면서 우리의 삶을 투시하는 통찰력으로 나타난다. 일상의 사고에 매몰된 생의 이면을 되돌아보게 만드는 것도 이러한 힘에서 비롯된다.

> 그동안을 견딘다는 것에 대해
> 그녀와 나는 무척 긴 얘기를 나눈 것 같았다
> 아니 그녀나 나나 아무 얘기도 없이
> 다만 나뭇잎과 나뭇잎처럼 귀 기울였을 뿐이었다
> 분명한 사실은 그녀가 나보다는 건강하다는 것
> 누군가에게 스스럼없이 울음을 건넬 수 있다는 것
> 슬픔에도 건강이 있다
> 그녀는 이윽고 전화를 끊었다
> 그제서야 나는 깊숙이 울었다
>
> —「건강한 슬픔」 일부

울음을 건넬 수 있다는 것은 스스로 해소할 수 있는 슬픔으로 건강한 것이다. 전화를 끊고 난 후 깊숙이 울었던 '나'의 슬픔이야말로 그 누구에게도 건넬 수 없는 비애이자 고통이다. '깊숙이 울었다'는 이 한 구절에 암시되어 있듯이, 그의 시는 감정의 분출이 극도로 자제되어 있다. 강연호는 감상적이거나 허황된 수사에 의존하지 않으면서 자기의 의도—메시지를 전달하는 능력이 뛰어나다. "간절한 비손이 허드렛물을 정화수로 바꾸듯이/ 지긋지긋이 모여 삶은"(「지긋지긋이 지극이다」) 지극해진다. 따라서 지긋지긋하다는 것은 '간절하다는 것'이고, 깊은 고요는 '못 이룬 열망'을 감추고 있다. 수사적 낭비 없이 아이러닉하며 역설적인 삶의 측면을 예리하게 파고드는 그의 시의 진수(眞髓)를 맛보기 위해서는 상당한 주의력과 시간을 투자하여 차근차근 생각하며 읽어야 한다.

> 너를 떠올리면 늘 본전 생각부터 난다
> 너는 언제나 원조교제였다
> 그러니까 청춘의 비릿함과 중년의 비루함이 만나
> 서로를 어루만져주는 것
> 문제는 원조물자가 각자 다르다는 데 있다
> 다르니까 자꾸 더하고 빼고 본전 생각하는 거다
> 나도 한 때 젊었고 너도 언젠가 늙어봐라
> 이렇게 생각하기 시작하면 끝장은 더 빨리 찾아온다
> / … /
> 그동안 괴롭지 않았다면 어떻게 꿈꿀 수 있었겠는가
> 그러니 꿈꾸기 위해 괴로우라고
> 누가 또 속삭인다
> 악마가 따로 있는 게 아니다

—「꿈」 일부

원조교제라는 적절한 비유로 '꿈'의 실체—실상이 위의 작품에 구체화되어 있다. 비루한 중년과 비릿한 청춘이 만나 어루만져 주는 불륜의 행위가 '꿈'이다. 명료하고 간결한 이 표현은 수많은 언어를 동원해서 설명해야 하는 '인간의 꿈'에 대한 함축적인 어떤 진실을 제시하고 있다. 살다 보면 괴로우니까 그것을 벗어나기 위해 꿈을 꿔야 하고, 그것을 이루기 위해 또 괴로운 상황에 처하는 것이 인생살이이다. 비유컨대 그것은 악마의 속삭임에 홀리는 감정의 소용돌이에 해당하는 그 무엇이다.

특이하고 인상적인 강연호의 비유적 언어와 그것이 담보하고 있는 인생의 패러독스를 단숨에 파악하기는 어렵다. 이러한 점이 단숨에 읽고 성급하게 의미를 파악하려는 대중독자들에게 환영받지 못하는 그의 시의 매력이다. '꿈—원조교제—악마의 속삭임'으로 정서적 긴장을 유발하는 이 작품에서 비유적 언어는 서로 뒤섞여 나타난다. 때문에 비유적 언어들을 확연히 구분하고 적절히 해석하는 것이 중요하다. 그러나 뒤섞여 있을 때 그것들을 올바르게 해석하는 것이 생각만큼 쉬운 일이 아니다.

영속적인 가치를 지닌 작품들은 천천히 여러 번 반복해서 읽어야 한다. 생의 복합적인 측면에 소홀한 시들의 중요한 특징 중의 하나가 단숨에 읽히고 쉽게 다가온다는 점이다. 깊은 울림을 기대하기 어려운 베스트셀러 시가 바람직하지 않은 이유가 이러한 점에서 비롯된다. 다양한 생의 국면을 다루거나, 인생에 대한 진지한 성찰을 담은 작품은 그것이 지닌 가치를 충분히 음미할 수 있도록 읽기의 시간을 요구한다. 이러한 작품들을 단숨에 읽고 그것들이 지닌 가치를 한 번에 느끼려는 것은 난센스에 불과하다. 인생에서의 금—줄긋기에 대한 어떤 것을 암시하고 있는 그의 작품을 살펴보기로 하자.

어릴 적 여자애들의 줄넘기놀이
줄을 밟았다 넘었다 하는 현란한 발놀림이
나는 늘 어지러웠다

이 금 넘어오지마, 초등학교 책상 위에
연필 깎는 칼로 그어놓은 금은 또 어떘을까
나는 넘고 싶은 생각도 없었지만
금 이쪽도 저쪽도 마음에 안 들었다
다만 날카롭게 파인 금이 아파 보였다
아빠가 좋아? 엄마가 좋아?
선택의 강요는 언제나 내게 숨 가빴다
나는 금 위에서 머물고팠다
이쪽과 저쪽, 왼쪽과 오른쪽 사이에서
돌멩이와 최루탄 사이에서
촛불과 물대포 사이에서, 조차
나는 금 위에서 아슬아슬하고 싶었다
그래서 제일 많이 얻어맞았다
양쪽에서 욕설이 난무했고
회색은 색이 아니란다, 일단 선을 죽 긋고
이쪽이든 저쪽이든 넘어야 한단다
노선은 분명해야 하고
탈선이란 선을 벗어나는 것이다
내 분명한 노선은 탈선이 아니다
금의 본색은 아슬아슬하다는 데 있다
금은 왜 밟으면 안 되는가
금은 꼭 넘어야 하는가
금 위에서 오래 서성거리다

—「금 위에서 서성거리다」

이 작품은 무리 지어 이쪽과 저쪽을 가르고 줄 세우고, 한계를 정하여 금기시하는 규범의 문제, 즉 인간 사회의 부조리하고 아이러닉한 관행을 다루고 있다. 이러한 관행/규범은 동서양을 막론하고 위반할 수 밖에 없는 금기를 만들어 놓고, 그 속에서 갈등을 겪고 고통당하며 살아가는 존재의 삶과 직결된 것이다. 동시에 이것은 한국 근대사의 질곡 속에서 사활을 건 생존의 문제이기도 했다.

3

수구(守舊)와 개화(開化), 친일과 반일, 남과 북의 이데올로기, 파쇼 독재와 반체제 운동, 노동자와 자본가 등 이 땅의 모든 존재들이 당면했던 문제의 핵심이 금—줄의 문제와 맞닿아 있다. 그것은 "나를 포위한" 금—줄이고, 그 "경계는 조마조마하고"(「얼음 연못」) 날카롭다. 습관화되고 자동화되어 버린 일상의 사물—관념을 낯선 것으로 전복시킴으로써, 인생의 어떤 측면에 대한 우리의 경험과 감각을 새롭게 해주는 묘한 매력이 강연호 시에 잠재해 있다. 회색 지대인 "금 위에서 오래 서성"거렸던 그의 시의 미덕은 관습적 삶의 태도에 충격을 가하는 그 지점에 놓여 있다.

일상적 삶에 밀착된 정서 표현과 감정의 잉여(剩餘)를 허용하지 않는 냉철한 리얼리스트로서의 자세가 『기억의 못갖춘마디』를 돋보이게 한다. 이러한 자세를 견지함으로써 강연호는 기억의 시간들을 향수가 아닌 '탐색의 대상'으로 부각시킬 수 있었다. 그것이 일상의 이면에 감추어진 생의 의미를 되돌아보도록 타성에 젖은 우리의 감성을 자극한다. "못갖춘마디 속에 꾹꾹 도돌이표를 찍어"(「중언부언의 날들」) 놓고 기억/추억의 그리운 그 시간들을 불러낸 이유가 여기에 있다.

06

물질적 상상력과 마법의 거울

이경임

1

『부드러운 감옥』 이후 13년 만에 이경임이 시집을 냈다. 『겨울 숲으로 몇 발자국 더』(문학과지성사, 2011)가 그것이다. 이번 출간된 시집은 제목에서 풍기는 서정성과는 거리가 멀다. 이해하기 쉽지 않은 그의 시작품들은 독자로 하여금 만만치 않은 읽기의 독공(篤工)을 요구하고 있다.

"예기치 않은 인연들이 이 시집을 지금 이곳까지 데려다주었다"(「시인의 말」)는 그 인연들 또한 아리송하다. 시인이 말하는 그것들은 인간과 인간의 어떤 맺어짐이 아니다. 그것들은 우리의 일상을 감싸고 있는 작고 사소한 사물들/현상들과의 교류를 뜻한다. 생각하는 인형, 고장 난 시계, 회전문, 분수대 등은 물론이고 꽃씨, 세월, 냄새, 고독, 죽음, 무(無)에 대한 것까지 이 지상에 존재하는 유형/무형의 현상/사물에 관한 그 모든 것들과의 은밀한 접촉/소통이 그것이다.

2

지상에 존재하는 사물들/현상들과 인간/시인의 만남을 통하여 그것들을 느끼고 알아가는 놀이의 과정이 『겨울 숲으로 몇 발자국 더』에 실린 시들의 중심을 이루고 있다. 알아가고[認知] 느끼는[感知] 것을 다른 말로 바꾸면 인식하는 것이다. 어떤 대상을 감지/인지하는 것은 그 대상의 실존적 의미를 탐구함으로써 그것이 무엇인지를 알게 되는 과정을 포함한다.

새가 날아갈 때 당신의 숲이 흔들린다

노래하듯이 새를 기다리며 봄이 지나가고
벌 서듯이 새를 기다리며 여름이 지나가고

새가 오지 않자
새를 잊은 척 기다리며 가을이 지나가고

그래도 새가 오지 않자
기도하듯이 새를 기다리며 겨울이 지나간다

봄, 여름, 가을, 겨울이 무수히 지나가고

영영 새가 오지 않을 것 같자
당신은 얼음 알갱이들을 달고 이따금씩 빛난다

겨울 저녁이었고 당신의 숲은

은밀하게 비워지고 있었다

—「봄, 여름, 가을, 겨울」

이경임은 "화사한 우산들을 찢어버리고/ 낯익은 감상주의자와 결별한"(「하늘」) 시인이다. 그의 작업은 "이런詩는 그만찌저버리고"(이상, 「이런詩」) 싶었던 일제 강점기 이상의 모던한 시쓰기를 연상케 한다. 낯익은 수사나 기교를 버리고 시인은 다른 방식의 어떤 것을 시예술에서 실험하고 있다. 봄, 여름, 가을, 겨울이라는 계절의 순환을 밖에서 보고 느껴 아는 것이 아니라 그 안으로 들어가 그것들을 지각하는 낯선 방식의 그 어떤 것이, 위의 작품의 무료함을 달래는 내적 풍경을 연출한다. 그것은 무수히 지나가는 계절의 순환을 인식하는 행위를 통해 그 풍경의 내부에 담긴 풍부하고 다양한 현상들을 즐기는 일종의 놀이이다. 시인을 따라 "은밀하게 비워지고" 있는 겨울 저녁의 숲으로 몇 발자국 더 들어가 보자.

비어 있는 숲들은 장례 행렬 같다
어떤 숲은 유아세례식 같기도 하지만
이 숲은 텅 비어 있으면서
숨이 막힐 듯이 채워져 있다

어둠이 숲을 채우면 이 숲은 무겁다
어둠이 숲을 채우면 이 숲은 무겁지 않다
숲의 형식은 냄새가 나지 않는다

이 숲에는 요염한 여인이 누워 있다

이 숲에는 성자들의 발자국 소리가 들린다
이 숲은 차갑지 않다

빛이 비치면 이 숲은 평화롭다
빛이 비치면 이 숲은 평화롭지 않다
이 숲에는 짐승의 냄새와 신의 체취가 떠돈다

—「겨울 숲으로 몇 발자국 더」

인식하는 나를 겨울의 숲 그 안으로 몇 발자국 더 옮기면 그 내부의 비밀스런 공간이 나타난다. '밖에서 보면' 비어 있는 그 적막의 공간/숲은 장례 행렬 같고, 유아 세례식 같다. 그러나 텅 빈 공간 '안'의 숲으로 들어가면, 그곳은 숨 막힐 듯이 채워진 모습이다. 숲이라는 물질 속으로 들어간 내가 인식하는 공간은 다르다. 물질—숲 속에 내가 담길 때 나/물질이 감지하고 인지하는 물질적 상상력의 공간이 무한대로 열린다. 물질/나는 '무거우면서도 무겁지 않은' 모순/역설이 공존하는 숲을 느끼고, 요염한 여인의 누운 모습을 보고, 성자의 발자국 소리를 듣는다. 이 모든 것들이 물질적 숲의 다양한 현상을 사유하는 시인의 [언어] 놀이이다. 사물/물질의 내부에 들어감으로써 이러한 놀이가 가능하고, 그것은 나와 하나로 겹쳐지는 물질/대상의 실존에 다가가 그 대상/현상을 감지/인지한 그것들을 구축하고 해체하는 일종의 놀이/인식이 가능하다.

제 꼬리를 물려고 고양이가 뱅글뱅글 돌고
고양이 꼬리를 닮은 꿈들도 뱅글뱅글 돌고

어지러움은 깊어지고 신비로운 숲은 보이지 않고
머리 위엔 원무에 홀린 비둘기가 떠다니며 파닥이고

이따금씩 문이 열리면 황야의 먼지들이 흩날리고
벽들처럼 닫히는 문 속으로 다시 숨어들고

마지막 순간까지 돌고 있는 인큐베이터 속에서
고양이, 비둘기와 나른한 잠을 즐길까

연인들은 대합실에서
나른한 몽상을 즐기다 사라지고

시곗바늘 끝에 매달려
곡예를 부리는 자들을 좇아가며
넋을 잃고 손뼉을 치며 뱅글뱅글 돌까

고양이, 비둘기와 평화로운 자장가를 들을까
음울한 장송곡을 들을까

쳇바퀴 돌리는 여흥에서 깨어나 묘지에 꽃을 심을까
묘지에 구멍을 파고 고양이, 비둘기를 묻을까

나갈까 날카로운 빛들에 찔리며
먼지가 꽃처럼 떠다니는 텅 빈 출구를 향해

—「회전문」

회전문/물질을 알고 느끼는 인식 작용의 선명한 사례가 이 작품이다. 느끼고 안다는 것은 무엇인가. 어떤 대상을 인식하는 그것은 인식하는 나와 그것/존재와 어떤 소통/교류가 이루어지는 것인가. 이러한 문제에 대해 시인은 오랫동안 생각해 온 것 같다. 그 숙고의 한 방식이 회전문이라는 물질 속으로 잠입하는 것이다. 물질/사물/현상을 지각한다는 것은 그것의 내부를 들여다보는 것이고, 그것이 되어보는 것이다. 이것은 나가 아닌 나가 되어 나 밖의 나를 다시 성찰하는 놀이/작업에서 그가 풀어야 할 생의 의문이고 모순이자 역설이며 시쓰기의 최종 화두이다.

만지려 해도 만져지지 않는
냄새 맡으려 해도 맡아지지 않는
무거운 코끼리 같은 것이 짓누른다

상상의 가시들을 꽂고
들리지 않는 비명을 지르는
미친 고슴도치 같은 것이 달려든다

어둠 속에서 맹목적으로 도주하는 바퀴벌레들이
참을 수 없는 구토이면서
집요한 식욕 같은 것들이 몰려다닌다

거울 속에서 흐물흐물 녹아내리는
투명한 눈사람 같은 것이
낡은 광장 같은 것, 안개 같은 것이 둥둥 떠다닌다

—「세월」

세월에 대한 인식의 뛰어난 예가 이 작품이다. 현상/대상의 이면으로 들어가 그것의 존재론적 의미를 파악하는 놀이가 여기서 펼쳐진다. 만져지지도, 냄새가 나지도, 형체를 드러내지도 않는 시간의 연속인 그것/세월은 무거운 코끼리 같은 것에 짓눌리는 중압감이다. 세월/그것은 들리지 않는 비명이고, 상상의 가시를 꽂고 달려드는 미친 고슴도치 같은 어떤 것—물질/형태이고, 집요한 식욕이자 참을 수 없는 구토이다. 시인은 역설과 모순이 공존하는 세월—시간 현상을 물질적 사유를 통해 다양하고 풍부하게 인식할 수 있다. 인식한다는 것은 "한 손으로는 모래성을 쌓으면서 다른 손으로는 그것을 허무는" 행위, 즉 대상/일상을 언어로 구축하고 다시 해체하는 일종의 놀이이다. 흐물흐물 녹아내리는, 안개 같은 것이 둥둥 떠다니는 우리 삶의 연속적 시간의 경과, 즉 세월은 시인이 인식한 물질과도 같은 규정짓기 어려운 어떤 것, 다시 말하면 확실한 개념/이론/논리로 구분하고 정의하기 어려운 그 무엇이다.

내가 달리고 있다고 확신에 차 있을 때
삶은 눈먼 자의 환희처럼 빛난다

어둠 속에서도 별과 나무들은 춤추며
사원과 극장과 병원과 공장 들은
한 올의 의심도 없이 유쾌하게 돌아간다

내가 동경하는 종교는
그런 천진스런 현기증

그러나 달리는 건 나와 목마들이 아니다
멈추지 않는 무심한 의지에 의해
보이지 않는 무자비한 신성에 의해

나의 발밑 거대한 광장이 돌아간다

광장의 붙박이가 되어 나는
기계적으로 솟아오르고 가라앉으며
말발굽들과 함께 일생 동안 삐거덕거린다

달릴 수 없는 목마가 부르는 노랫가락에 맞춰
들썩이며 손을 흔들어 댄다

내가 동경할 수 있는 아름다움은
이런 흥겨운 비애

고요히 돌고 있는 하늘을 가리키며
나는 일그러진 웃음의 향기를 내뿜는다

—「회전목마」

회전목마처럼 달리고 있다고 내가 확신할 때 내 삶은 '눈먼 자의 환희'처럼 빛난다. 그러나 달리는 것은 회전목마가 아니다. 무심하고 무자비한 의지/신성이 나/회전목마를 '달린다'는 환희/착각에 빠뜨리는 현기증을 느끼게 한다. 그 천진스런 현기증은 회전목마/내가 동경하는 '종교'이다. 나/회전목마가 동경할 수 있는 아름다움이 흥겨운 비애인 이유가 여기에 있다.

내가 물질/회전목마가 되면 '밖'에서는 보이지 않던 것들이 보이게 되는 변화를 감지/인지할 수 있다. 그것은 마법의 거울을 통해 그 안의 나를 바라보는 색다른 경험에 비유될 수 있다. 그 거울에 비친 나—시인의 삶은 기계적으로 가라앉고 솟아오르며 삐거덕거리는 회전목마와 다를 것이 없다.

3

사소한 일상의 사물/물질/현상에 대한 인식의 파편들을 모으고 흐트러트리는 반복적인 언어놀이(이 시집에서 정—반—합을 연상시키는 문장—구문의 반복에 주목해 보라)에서 시인 이경임은 '부조리한 삶'의 역설과 모순을 우리로 하여금 스스로 숙고하도록 만든다. 뿐만 아니라 시인 자신도 그것들을 부수어 버리고 다시 쌓는 끝없는 반복의 즐거운/괴로운 놀이에 몰입하는 '마법'의 경험을 통해 그 자신의 삶을 되돌아보게 된다. 몰입의 그 순간 존재하지 않는 것의 존재를 감지하는 상상/환각이 이경임으로 하여금 마술적 리얼리즘의 시쓰기를 추동하는 힘으로 작용한다. 일상 속에서 존재하는 것의 부재를 인식하는 환각/상상을 끊임없이 반추하는 그것이 시인의 또 다른 삶의 모습을 비춰주는 마법의 거울로 기능하는 이유가 여기에 있다.

07

진창이자 절창인 언어의 두엄밭

이선영

갈보가 돼버린 시를 어디 가서 찾으랴./ 이미 아편쟁이가 된 언어를/ … / 이미 약속을 저버리기로 한 언어/ … / 쓰레기통에 처박아 둔 지 오래인 언어/ 이미 저를 몸째로 팔아버린 언어/ … / 예수 그리스도의 이름으로도/ 어찌 그것을 다시 찾을 수가 있으랴.

—이성부, 「詩에 대하여」

1

"언어의 절창이자 언어의 진창인 시의 두엄밭"은 삶을 "지치게 하는"(「없더구나, 아니더구나」) 그 무엇이다. 그럼에도 이선영은 화창한 봄날 창문마저 닫아버리고 방안에만 들어앉아 몸 뒤적거리며 시를 꺼내려고 한다.

그는 사각의 골방에 거추장스런 육신을 부려 놓고 한구석을 뚫어져라 바라본다. "쮸쮸 찌이찌이"(「아, 이 청승맞은」) 꽃 찾아 날아 들어오는 '동박새' 같은 시를 거역/거부하는 그는 '봄 장님'의 시인 이선영이다. 아름다운 꽃과 벌과 나비와 새소리로 자신의 존재를 드러내는 봄이 그에게는 '참 고얀' 계절이다.

2

이선영에 의하면 "사각의 빈 종이를 붙들고 앉아 고적한 손목을 바들"(「나는 철철이, 세상은 뱅글뱅글」)거리며 '남은 날들을 혀 길게 빼물고 기다리게' 만드는 어떤 것이 시이다. 그렇지만 그것은 끝내 시인에게 "곁을 주지"(「번진다」) 않는다. '입안 질퍽 고이던 맵싸한 감동'의 그 시절, '쉬이 잊혀지지 않는' '궁기 든' 그 청춘의 '빈곤의 미각' 때문에 시인은 '곁을 주지 않는' 그것에 집착하는 것일까?

> 습작시절 벼르고 벼르다
> 차비 빼고 점심값을 아껴
> 주린 배도 잊은 채 사든,
> 행여 누가 점심 같이 먹잘까 점심 먹었냐 묻기라도 할까
> 그 길로 품에 안고 줄행랑쳐 온
> 천오백 원짜리 시집 한 권,
>
> 입안 질퍽 고이던 맵싸한 감동!
>
> 지금은 그 시절의 맛이 아니지만
> 언젠가 다시 빈곤의 미각을 풍성하게 일깨울 그 혀가 돌아오려나
> 남은 날들을 혀 길게 빼물고 기다리게 만드는, 어쩌랴

궁기 든 맛은 쉬이 잊혀지지 않는 거라서

—「뱅어포 시집」 일부

"오랜만의 대청소"가 필요한 중년의 몸으로 "시어들을 털어"(「어느 날의 문답」)내는 시인의 모습이 애처롭고 안타깝다. 그렇지만 "열꽃 같고 두드러기 같고 종기 같은/ 검붉은 시가 살갗을 뚫고 돋아" 나올 때까지 "어둠의 섬뜩한 손톱으로 피가 나도록 시의 봉창을 크윽큭, 할퀴"(「아, 이 청승맞은」)는 고통을 견뎌내는 그의 삶이 대견스럽다. 『하우부리 쇠똥구리』(서정시학, 2011)를 탄생시킨 원동력이 여기에 있다.

"꽃으로 피는"(「봄, 참 고얀」) 자연의 시/미가 빼어난 아름다움을 자랑할 수 있는 것은 겨울의 시련—고통을 견뎌냈기 때문이다. 그것이 수반되지 않는 "아름다운 것은 말을 버리게"(「어느 날의 문답」) 한다. "피고지는 꽃 한 송이 한 송이가/ 다 예쁘듯 나도 구태여/ 장미가 되려하지 말고/ 내 빛깔과 크기와 향기에 맞는/ 들꽃이 될 수만 있어도 좋겠다"(도종환, 「사람은 누구나 꽃이다」). 들꽃, 향기, 빛깔, 장미와 같은 아름다운 언어—말에서 인고(忍苦)의 산통(産痛)이 빚어내는 진정성을 확인하기 어렵다. '아편쟁이가 된 언어, 약속을 저버리기로 한 언어, 쓰레기통에 처박아 둔 지 오래인 언어'가 난무하는 "갈보가 돼버린 시"(이성부, 「詩에 대하여」)에는 "보이지 않는 것들에 대한"(「나무 눈꽃」) 인생의 '서릿발 같은' 갈망—염원이 없다.

한라산 윗세오름에 나무 눈꽃이 하얗게 피었다
공중을 떠돌던 안개 입자와 수증기들이
나뭇가지에 얼어붙어 핀 꽃이라고 한다

나뭇가지 하나에도 큰 허공이 매달려 있고
그 허공은 형상 없는 꽃들의 공허를 품었으리라

보이지 않는 것들엔 보이는 것들을 향한 갈망이,
나뭇가지엔 맴도는 이의 갈망을 자기 안으로 끌어당기려는 자력이 있던가
그 서릿발 같은 갈망들이 공중에서 부딪쳐 눈꽃으로 피어났는가

—「나무 눈꽃」

한라산의 나무 눈꽃에는 '보이는 것들을 향한' '보이지 않는 것들'의 갈망이 응집되어 있다. 진정한 예술가는 자연 그 자체의 미를 예찬하는 그 이상의 어떤 것을 위해 복무해야 할 의무가 있다. 자연의 비의(秘義)를 판독하여 인생에 적용하는 능력이 중요하다. '형상 없는' 인생의 이면에 자리 잡은 간절한 그 무엇을 자연의 그것으로부터 유추/비유해내는 이선영의 이 작품이 그것을 보여주고 있다. 이 점이 조만간 그의 시가 위안/치료의 주술적 기능을 지니게 될 것임을 암시한다.

"당신의 어려움을, 아픔을/ 치유해 주었다고 당신에게서 오래 회상될 수 있는/ 그런 아름다운/ 시"(「어느 날의 문답」)가 되기 위해서는 그의 일상—삶을 걷어차는 용기가 필요하다. "할 수 없는 하우불이(下愚不移) 쇠똥굴이"의 삶과 "나서 자라 배운 모든 것"(「하우부리 쇠똥구리」)을 미련 없이 던져버려야 한다. 공자의 말씀에 의하면 '유상지여하우불이(唯上知與下愚不移)'(「양화(陽貨)」, 『논어(論語)』)이다. 이 구절은 가장 지혜로운 자[上知]와 지극히 어리석은 자[下愚]는 변화시킬 수 없다는 의미를 담고 있다.

3

불이(不移)의 두 유형 중 이선영은 스스로 하우(下愚)임을 자처했다. 정자(程子)에 의하면 하우에는 두 종류가 있다. 자포(自暴)와 자기(自棄)가 그것이다. 역설적이지만 예술—시에 대한 간절한 그리움 때문에 이선영은 일상—삶의 순간순간을 고통스럽게 자기(自棄)하고 자포(自暴)한 시인이다. 쇠똥구리도 성충(成蟲)이 되면 쇠똥을 걷어차고 밖으로 나와서 나무의 진액/수액을 찾아 비상(飛翔)을 꿈꾼다.

"덤덤하게 넘기는 일상 속에는 굉장히 빛나는 혁명적인 순간들이 들어 있다. 그 숨겨진 찬란함을 발견하고 삶을 새롭게 보게 하는 것이 바로 시"(『나의 무한한 혁명에게』, 창비, 2012)라고 김선우 시인은 말한다. 그럴지도 모르지만, 사실은 그렇지 않다. 우리가 덤덤하게 견디는 일상은 비루함/비참함/무료함의 연속이다.

연속되는 그 순간들을 감추고 지루하게 삶을 견뎌내는 일상 속에는 절대로 '빛나는 혁명적인 순간들'이 있을 수가 없다. 있지 않은데 어떻게 찬란함을 발견하고 삶을 새롭게 볼 수 있겠는가. 굉장히 빛나는 것처럼 아름답게 덧칠해 놓은 언어덩어리가 '진창'이다. 그것을 '절창'으로 위장하기 위해 "콩나물속 '일상의 혁명'들이 터진다", "폭풍같은 상상력", "그 신선한 역동성"(「동아일보」 A21, 2012. 4. 5)이라는 허사(虛辭)를 동원한다.

"예수 그리스도의 이름으로도"(이성부, 「詩에 대하여」) 되돌릴 수 없는 그것 주위를 맴돌며 '빛나지 않는' 삶—일상을 견디는 시인들이여, 이러한 망령된 언사에 현혹되지 말라. 일상을 벗어나서 현실을 바라보고 지금까지의 예술적 접근 방식을 벗어나서 그것을 다시 생각하는 변화 속에 무궁무진한 시법(詩法)이 존재한다. 시인 이선영이여, 부디 그렇게 노력하기를.

5부

01

언어의 불빛

이운용

그대 흘린 피/ 보이지 않는 언어의 불빛

—이운용, 「言語」

1

이운용은 전북 지역을 대표하는 시인이다. 팔순(八旬)에 근접한 나이임에도 그의 시심(詩心)은 마를 줄을 모른다. 그만큼 그는 나이를 초월하여 열정적으로 성실하게 시창작에 몰두하는 노익장의 시인이다. 시력(詩歷) 50여 년의 세월 동안 "익어가는 열매"(「봄비 오는 날 밤」)를 따듯, 그는 한 음절 한 음절의 단어를 엮어 '언어의 교향악'을 연주해 왔다. 그것은 한 줄기 '불빛'이 되어 우리로 하여금 '아련한 예술의 본향'을 찾아가는 길을 밝혀주는 역할을 해 왔다.

"영혼의 深海線을 헤엄쳐 가는" '밤 물고기'와 같이 시인 이운용은 섬세한 감각으로 구도적인 자기 성찰의 시세계를 펼쳐 냈으며, "활활활 타오르는 活火山"의 '불 지느러미'처럼 "뛰는 言語"(「詩魂」)로 '이 가슴 북이 되어' 둥둥 시대의 비리와 부조리에 대한 질타의 거친 숨소리를 냈던 적도 있었다. 그러나 그의 『어안(魚眼)을 읽다』(이랑과이삭, 2013)에 수록된 최근 시들은 '이제 돌아와 거울 앞에 선 내 누님' 같은 그런 모습으로 우리를 그윽한 감동의 세계로 안내한다.

> 은행잎은 생의 누더기를 입지 않고 제 몸에서 떨어져 꽃이 된다. 그의 침묵을 발바닥이 알아듣고는 은행잎, 참 아름답다! 하고 노랗게 느낌을 전한다. 초겨울 죽음으로 가는 생이 꽃이 되었다고
>
> 꽃이 된 주검들은 행복하리. 몸과 마음이 한 물일 때 죽어서도 꽃이 된다는 이 엄숙한 설법. 죽어서 핀 꽃잎들은 영원을 사는 경전일지니
>
> 마지막 순간이 환해지고 삶과 죽음이 무간無間이었을 때, 누구에게 묻지 않고 무엇에 의지하지도 않고 죽음의 완성에 물들어 꽃이 된 잎들은 지상의 빛, 하늘의 절대 생명이리.
>
> —「은행잎 · 꽃」

시인은 거리에 떨어져 나뒹구는 가을의 은행잎을 관찰하면서 거기서 하나의 설법을 듣는다. 엄숙한 그 설법은 자연이 인간에게 전해주는 말없는 생의 진실이다. 모든 만물은 그 무성함이 지나면 쇠락의 길에 들어서야 하는 것이 자연의 이치이다. 그러나 중요한 점은 그 쇠락의 마지막 길이 아름다워야 한다는 사실이다. 초겨울의 죽음으로 가는 은행잎이 아름다운 꽃의 모습으로 생을 마치면서 전하는 무언의 설법에서 시인은 그 이치를 깨닫는다.

지상의 노란 색—빛은 죽음의 완성에 물들어 꽃이 된 은행잎을 지칭한다. 그것은 또 다른 의미에서 '하늘의 절대 생명'을 누리는 것이다. 절대 생명을 누리는 은행잎이 지시하는 메시지는 생의 마지막인 죽음의 그 순간까지 '생의 누더기가 되지 않고 하나의 꽃'이 되라는 것이다. 그 메시지는 인생도 마지막을 군더더기 없이 하나의 꽃이 되어 은행잎처럼 그렇게 아름답게 마칠 수 있어야 한다는 사실을 우리에게 환기시킨다.

2

이운용은 자연이 들려주는 무언(無言)의 설법을 들을 수 있는 귀를 가지고 있다. 「은행잎 · 꽃」에서 은행잎이 떨어져 쌓인 노란 꽃잎들의 속삭임을 경전으로 받아들이는 그것이 이러한 사실을 예증한다. 뿐만 아니라 그는 밝은 귀와 더불어 보이지 않는 것도 볼 수 있는 시안(詩眼)의 총총함마저 갖춘 시인이다. 인생사와 마찬가지로 시작(詩作)의 경우에도, 이것을 할 수 있는 자는 저것도 하고, 저것을 못하는 자는 이것도 불가능한 법이다.

> 햇살 속에서 햇살의 뉘를 골라내었네. 햇살들을 가슴에 펴 담고 보니 하늘 건반을 뛰어다니는 詩알갱들이 오선지에서 푸른 그네를 타네.
>
> 그 소리방울 속에서는 지상의 꽃도 새소리도 피어나고 / … /
>
> 그대 사랑, 새소리 한 아름 하늘꽃잎 팔랑팔랑 향기롭게, 천사의 하늘말도 봉긋봉긋 피어나네.
>
> —「하늘 건반」

시인에 의하면 눈부신 햇살에도 뉘가 있다. 빛의 투명함을 가리는 그 무엇이 뉘일 것이다. 보통 사람의 눈에 보이지 않는 햇살의 뉘를 가려내는 작업을 할 만큼 시인은 밝은 눈을 가졌다. 그 시안(詩眼)을 갖추는 것은, 들리지 않는 자연의 설법을 듣는 마음의 귀를 지닌 시인만이 가능하다. 그리하여 햇살의 뉘를 골라내고 그 햇살들을 가슴에 퍼 담는 그 순간 시인에게 놀라운 일이 벌어진다.

햇살을 품은 시인의 가슴에 하늘 건반을 뛰어다니는 시의 알갱이들이 오선지에서 푸른 그네를 타며 소리방울을 만들어 낸다. 그 소리방울 속에서 지상의 꽃도 피어나 향기를 풍기고 새소리도 울린다. 새소리의 음향과 꽃의 향기가 어우러지면서 그것들은 그대의 사랑 소리가 된다. 하늘 꽃잎이 팔랑팔랑 향기롭게 한 아름의 새소리와 앙상블을 이루는 그 순간 마침내 천사의 하늘 말이 봉긋봉긋 피어난다.

작위적인 기교와 현란한 수사의 도움 없이도 무심히 마음을 열어 놓고 자연의 삼라만상과 통교(通交)하는 그런 시심의 경지가 이 작품에서 구현되고 있다. 존재의 내면에서 울리는 마음의 소리들이 스스로 시의 형태를 갖추어 '소리와 의미'의 합일을 이룬 모습을 통해 그것이 실현되었음을 우리는 알 수 있다. 긴 독공의 세월이 시인 이운용으로 하여금 그러한 자연스런 시를 영접하는 기쁨을 누리게 한다. 노경(老境)에 이를수록 자연의 마음을 닮아가는 천연한 시심(詩心)으로 말미암아 그는 영혼의 감나무 가지에 열린 홍시(紅柿/紅詩)를 거둘 수 있음을 「추수기」에서 암시하고 있다.

> 올해엔 내 영혼의 감 한 접 따겠다. 온몸에 붉은 시간들을 접붙이고 있으면 어린 손자 늙어가는 시간까지 붉게 물들겠다.

붉다는 것은 처녀애를 만나는 설렘, 하루 몇 번씩 눈 맞아 철들다보면 마음속까지 붉어진 홍시紅詩 한 알이 하늘 가지에서 훌쩍 뛰어내리겠지. 잘 익은 가슴 열고 붉은 시가 눈 맞춤을 청하면서

금단의 젖꼭지부터 몽실몽실 가슴 훔쳐보고 싶었던 사춘기처럼 황송하게 받아든 두 손바닥에 몸을 부리고 마는 홍시紅詩, 물컹해진 달고 보드라운 시간이 한없이 무거운 가을과 함께

—「추수기」

영혼의 감 한 접을 따는 그의 시간, 즉 물컹해진 달고 보드라운 그 시간이 '한없이 무거운' 것은 가을이라는 계절이 그의 생의 주기의 어떤 시기를 지시하기 때문이다. 삶의 추수기에 당도한 그 시간에 대한 회한(悔恨)이, 금단의 젖꼭지부터 몽실몽실 가슴 훔쳐보고 싶었던 사춘기의 추억을 떠올리게 한다. 그러나 동시에 그 추억은 지금—현재의 시간의 덧없음을 깨닫는 계기로 작용한다. 밝음에서 암흑으로, 생명에서 죽음으로 이행되는 '한없이 무거운 가을'의 시간에 대한 인식이 그것이다.

겨울의 문턱에 선 자로서의 인간의 운명—한계에 대한 자각은 시인의 신체적—정신적 상황을 암시하는 '한없이 무거운 가을'이라는 구절에 함축되어 있다. 최근의 이운용 시에 빈번하게 나타나는 가을은, 「가을 풀잎들」에서 하늘의 명으로 "몸을 눕혀야 할" 골다공증의 비틀거리는 정신으로 변용되어 나타나기도 한다.

풀잎의 살 냄새가 눈부셨다. 오늘 늦저녁엔 수세미 밭이다. 이제 몸을 눕혀야 할 때, 하늘의 명命, 땅으로 가는 길 앞에 골다공증의 정신이 비틀거린다.

—「가을 풀잎들」 일부

이운용 시에서 정신과 육체는 둘이 아니고 하나이다. 육체가 정신을 대신하고, 정신이 육체를 반영한다. 비유컨대 그것들은 한 몸의 양면—동전의 앞뒤에 해당한다. 골다공증의 몸의 상태를 '비틀거리는 정신'으로 표현한 것이 그것인데, 이 시에서 비틀거리는 정신이 지시하는 것은 눕혀야 할 몸의 정황에 대한 구체화이다. 뿐만 아니라 그의 시에서 자연—사물은 인간의 이미지로 부활하면서 사물—자연이 곧 인간과 다름이 없는 만유일체의 사상으로 구현된다. 그 단적인 예가 이 시에 등장하는 풀잎이다.

「가을 풀잎들」에서 풀잎은 식물—비인간적인 이미지로 부각된 것이 아니라 인간—비식물의 후각적 이미지로 표현되어 있다. 풀냄새는 그것 특유의 식물적 냄새를 풍기는 것이 아니라 인간적인 냄새, 즉 '살 냄새'를 풍긴다. 지상의 모든 것은 그것들이 생명을 지닌 것이든 아니든 모두가 한 몸이고 각각의 존재들은 내적으로 연관되어 있다는 만유일체의 사상적 배경에는, 그의 성숙된 시심이 파악한 '만물의 조응'에 관한 법칙이 자리 잡고 있다. 시들어 버리는 몸과 대비되는 시든 가을 풀잎들은, 그러나 가을의 시기에는 둘 다 시든다는 점에서 같고, 살 냄새를 풍긴다는 점에서 인간과 더불어 삶과 죽음을 반복한다는 공통분모를 지닌다는 역설이 가능하다.

살아 있는 것들은 그 종류에 상관없이 죽음과 삶의 윤회에서 벗어날 수 없다는 생각이 「가을 풀잎들」에 나타나 있다. 그런 점에서 초록의 눈으로 되살아나는 봄풀의 대응물이 곧 가을의 시든 풀잎들이고, 그것들처럼 이 시의 화자—시인의 내면에 재생에의 기대가 은밀히 자리 잡고 있는 것이다. 이운용은 한 생이 가면 또 한 생이 부활할 것이라는 희망을 이 시에서 은연중 표현하고 있는 것이다.

「가을 풀잎들」의 시든 가을 풀잎은 초록 눈의 봄풀의 재생을 기약하는 기표이고, 「추수기」의 한없이 무거운 가을은 가벼운 봄에 대한 기대를 함축한 것이다. 이러한 점에서 이운용의 최근 시에 자주 나타나는 소멸—죽음에 대한 자각—의식의 이면에는, 생성—부활을 소망하는 역설의 시학이 자리 잡고 있다. 「추수기」의 '물컹해진 달고 보드라운 시간'이 '한없이 무거운 가을'과 함께 병치되어 있고, 「가을 풀잎들」에서 '골다공증의 비틀거리는 정신'으로 '깊은 사랑과 반들반들한 성욕'을 이야기하는 것이 여기에 해당한다.

반들반들한 성욕을 에로티즘에 대한 노년의 욕망—향락으로 읽어서는 안 된다. 마찬가지로 한없이 무거운 가을에 '달고 보드라운 시간'을 그리워하는 것 역시 젊은 날의 추억을 반추하는 것이 아니다. 그것들에는 쇠잔한 생명과 죽음의 그늘로부터 벗어나 영생을 꿈꾸는 그의 시심이 반영되어 있다. 이러한 역설의 시학은 노경(老境)에도 불구하고 영생하는 시혼을 가꾸려는 이운용의 의지에서 비롯된다. 그는 능히 육체의 한계를 넘어서서 영원히 사는 자연의 그것처럼 불멸의 시혼을 간직하면서 시작 활동을 지속할 것이다.

젊은 시절의 개인사적 고통과 비애를 조선적 정한(情恨)의 정서로 승화시켜 그러한 비애와 고통을 지닌 모든 이들을 위무(慰撫)했듯이, 그는 그 시절의 「江」과 같은 수작을 선보이면서 여전히 노익장의 모습으로 우리의 심금을 울릴 것이다.

> 강은 그리움 말고
> 아주 이렇게 갈랫길 되어
> 작별의 손을 놓아야만 하는가.

우리의 짭짤한 눈물
비릿한 웃음과
또 아프게
조약돌 사이에나 끼여

머언 바다 소리
內壁에 부서져야 하는가.

暴雨를 맞은 이 강둑에서
잃어버린
내 고무신 한 짝
또 쉽게
어느 바다 밑 九泉의 산호림에서나
다시 만나야 하는가.

강은 눈가림 말고
아주 까맣게
툼벙거리며 물싸움하던
옛 이야기를 잊어야만 하는가.

—「江」

『밀물』(1978)에 수록된 이 작품은 이운용이 보여준 시작(詩作)의 폭과 깊이를 짐작케 하는 대표작 중의 하나이다. 폭우 맞은 강둑에서 잃어버린 "내 고무신 한 짝"은 영원히 돌아올 수 없는 사랑하는 임의 상징으로 파악되기도 한다. 그러나 그 임은 시인의 개인사적 생체험을 반영한 비유로 그 의미가 제한되지 않고 인간의 이별에 대한 보편 감정을 대변하는 차원으로 확장되어 있다. 이승과 저승의 갈림길에 선 모든 이들의 비극적 운명을 상징한다는 점에서 그것의 의미 범주는 개인적 체험의 영역을 벗어나 인간 모두가 직면하게 되는 '이별의 정한'으로 승화되어 있다.

3

「江」에서 이운용 시인은 유유히 흐르는 무심한 자연의 강물과 대비되는 유한한 인생의 비애를 표현해 내고 있다. 이 작품이 개인사적 체험을 넘어서 우리의 가슴을 울리는 것은, 생과 사의 갈림길에 선 인간의 고통과 슬픔이 애이불비(哀而不悲)의 정서로 변이되어 있기 때문이다. 우리 문학사에서 상고시대부터 현재에 이르기까지 이별을 노래한 서정시는 많다. 이운용 시인의 「江」도 그 많은 시들 중의 하나에 속한다.

그 많은 작품들 중 격앙된 감정을 정화시켜 '서정의 무늬'로 아름답게 변용시킨 것들만이 우리 시문학사의 주요 국면들을 장식해 왔다. 이러한 작품들은 영랑이 노래했던 '찬란한 슬픔'처럼 그 슬픔을 자체 내에서 숙성시켜 감정의 격랑에 휩쓸리지 않는 절제의 미덕을 보여주었다. 「공무도하가」와 「가시리」와 「送人」과 「진달래꽃」과 「울음이 타는 가을 강」 등이 이러한 범주에 속하는 작품들이다. 한국적 정한의 계보를 형성해 온 보석 같은 작품들의 공통적 특질은, 통한(痛恨)의 감정을 겉으로 뿜어내지 않고 안으로 갈무리하여 그것을 삭히고 발효시켜 내는 완숙함이 돋보인다는 점이다. 이운용의 「江」에도 그 완숙함이 자리 잡고 있다.

젊은 시절부터 시인 이운용은 깊은 바다 밑 어둠의 물살을 가르는 '밤 물고기'가 되어 구도자적인 자기 성찰의 시세계를 펼쳐냈다. '불 지느러미' 같은 언어들이 '보이지 않는 불빛'이 되어 그의 미래의 여정을 밝혀주는 영혼의 등불이 될 것이다. '그칠 줄 모르고 닫는 젊은 시혼(詩魂)'이 산수(傘壽)를 향한 그의 시심에 알알이 박혀 그 빛이 찬란하기를 우리는 기원한다.

02

아름다워서 서글픈 언어의 무늬

문효치

1

사자는 새끼를 낳으면 절벽 아래로 굴러 떨어뜨리고 제힘으로 기어 올라오는 놈만 키운다고 아버지는 어린 아들에게 말했다. 엄하고도 두려웠던 그 아버지는 동족상잔의 비극이 펼쳐지던 그 시절 '서울에 머물렀던 가족이 몰살당할까 고민하다' 인민군에 자원입대했다.

어린 아들은 소식을 알 수 없는 월북자의 자식으로 슬프고 쓸쓸하게 유년의 세월을 견뎌야 했다. 바람이 출렁이는 고향의 대밭 속에서 그 아이는 "슬픔 한 덩이 키우며"(「남내리 엽서—대밭」) 속 빈 수수깡 되어 "바람이 퉁기기만 해도 툭툭 부러지며 병같은 사랑 하나"(「늦가을」) 얻었다.

2

미당 서정주를 키운 것이 바람이라면 문효치가 시인의 길을 걸어가도록 만든 것은 '병 같은 사랑'이다. 그가 어린 시절 내내 앓았던 '병 같은 사랑'이 빚어낸 가작(佳作) 중의 하나가 「길에 대한 명상―이슬」이다.

이슬 속에는
아주아주 많은 풍경들이 들어 있다

전쟁 후 어느 아침
먼 길을 가기 위해 할머니에게 손목 잡혀 걷던
길섶에서
이슬은 영글어 가고 있었는데
나는 한순간
그 이슬 속에 햇빛들이 뛰어들어
오붓한 마을을 이루고 있는 풍경을 보았다

집이나 미루나무 같은 것들의 그늘에서
전설 속의 사람이 담배를 피우며
하늘을 응시하는 풍경을 보았다

또는 절벽 아래로 한없이 떨어지며
키가 쑥쑥 자라는 동네 끝 집의
수복이 녀석 아우성치는 풍경을 보았다

미풍에 반짝일 때마다
신비한 보석 같은 영롱함에 끌려
이슬을 보면서 뜻밖의 풍경들을 만날 수 있었다

―「길에 대한 명상―이슬」

전쟁 후 어느 아침 먼 길을 가기 위해 할머니에게 손목 잡혀 걷던 길섶에서 만난 이슬의 영롱한 풍경이 얼마나 아름다운가. 진주를 빚어내는 것은 조갯살의 상처—아픔이다. 병 같은 그 사랑이 시인을 50여 년간 문단에 붙잡아 두었고, 9권의 시집을 발간하게 했다. 그러나 '병 같은 사랑'의 불편한 진실이 암시하듯이, 그는 아무데서나 오가는 "죽음의 소란한 발자국 소리에 지쳐" 불면의 밤을 보내야 했다. 잠을 청했지만 "기다리는 정적의 포근한"(「병중病中 1」) 밤이 그에게는 찾아들지 않았다. 텅 빈 육신의 한 구석을 "텅텅 내리치는"(「연기煙氣 속에 서서」) 고동소리에 그는 소스라쳐 깨어난 것이 한두 번이 아니었다.

아버지의 자진 월북으로 경찰과 군 수사기관의 요주의 인물이 되었던 시인은 불면증에 시달리며 늘 죽음에 대한 공포감을 떨치지 못했다. 그러나 두렵고 고통스러웠던 세월도 "오래되면 이끼가 돋고 곰삭아 버려" "그냥 멍한 아름다움이 된다."(「소록도 · 눈물」). "빛바랜 목숨 구석구석에/ 아직도 엉겨붙어 꿈틀거리는" 젊은 날의 두려움과 아픔과 슬픔과 고뇌를 털어서 "훨훨 날려 보내"(「새보기」) '멍한 아름다움'으로 변화시키는 그 일/작업이 문효치 시인의 예술적 미감을 숙성시킨 요인이었을 것이다. 그것은 고독의 깊은 병을 앓다가, 문득 바람에 둥실둥실 실려 오는 꽃과 같은 그 무엇을 찾는 작업/일과 무관하지 않다. 두둥실 왔다가 가 버리는 그것, 화판(花瓣)을 벙긋거려 지껄이다가 날아가 버리는 그것은 '병 같은 사랑'이 발효시킨 예술/시였다.

어느 날 오후
나 혼자 무병無病의 깊은 병을 앓다가
문득 보면

바람에 둥실둥실 실려오는 꽃.

두둥실 실려왔다가
실려가 버리는 꽃.

꼬리를 물고 와서는
화판花瓣을 벙긋거려
별개別個의 언어를 지껄이다가
내 앞에 아스라한 동혈洞穴을 파 놓고
날아가 버리는 꽃.

축제일도 기념일도 아닌
아무 날이라도, 아무 것이라도
나래 접지 않고
날아왔다가 날아가 버리는 꽃.

—「어느 날」

평범한 오후의 한적(閑寂)을 골라 아스라한 향기를 몰고 진붉은 빛깔을 거느리고 지하로부터, 하늘로부터 온 그대 역시 '병 같은 사랑'이 불러온 시/예술의 다른 이름이다. "뇌수腦髓에서 자아내는/ 더운 눈물을 만나기 위해"(「꽃 1」) 온 그대는 시인의 살을 헤집고 머리통에 뚫린 "까아만 허궁에 들어가" "뚝딱거리며" 집도 짓는다. "그대는 온다./ 어느 평범한 오후의 한적閑寂을 골라// 아스라한 향기를 몰고/ 진붉은 빛깔을 거느리고/ 지하로부터, 하늘로부터 그대는 온다.// … // 와서 살을 헤집고/ 내 머리통에 뚫린/ 까아만 허궁에 들어가/ 잠시 한 초롱 불을 켜고/ 신접新接의 이삿짐도 들이고/ 뚝딱거리며 집도 짓다가// 그대여, 갑자기/ 불을 끄고/ 집도 헐고// 다시 향기와 빛깔을 거두어/ 가버리는 그대여."(「꽃 1」)

"골통 속에 날아든 죽음의 발자국 소리"(「매미」)로 인해 "아침에 눈뜨면 전신을 누르는 무기력"에 빠졌던 그가 아스라한 '향기와 빛깔'을 찾아 그 시절의 고통을 견뎌낸 것은 놀라운 일이다. "빛깔이 없어 보이지 않고/ 모형이 없어 만져지지 않아/ 서럽게 떠도는"(「사랑이여 어디든 가서」) 빛깔과 향기를 찾아 헤매던 그에게 마침내 "부활의 몸짓으로 서성이는 영혼"(「무령왕의 나무새」)이 다가온다.

> 나는 이제 천년의 무게로
> 땅 속에 가 호젓이 눕는다.
>
> 살며시 눈감은 하도 긴 잠 속,
> 육신은 허물어져 내리다가
> 먼지가 되어 포올포올 날아가버리고,
>
> 그 자리에, 나의 자유로운 영혼은
> 한 덩이의 푸르른 허공이 되어
> 섬세한 서기瑞氣로 남느니.
>
> 너는 이때에 한 채의 현금玄琴이 되어
> 빛깔 고운 한 가닥 선율이 되어
> 안개처럼 멍멍히 젖어 들어오는
> 그리운 노래로나 서리어다오.
>
> —「무령왕의 나무두침頭枕」

'죽은 자들의 손길과 숨결이 느껴지는 무령왕릉 유물'과의 조우(遭遇)는 시인에게 충격과 감동 그 자체였다. 백제 관련 시편들이 그것인데, 역사에 대한 그의 예술적 관심은 독특하다. 그것은 역사의 거대한 줄기나 영웅의 일대기, 혹은 잃어버린 제국의 꿈에 대한 것이 아니다. 미끄러운 저승길로 가실 때 신은 '신발'(「무령왕武寧王의 청동 식리青銅飾履」), 관 속에 박힌 견고한 '쇠못'(「무령왕의 관정棺釘」), 왕비의 '어금니'(「무령왕비의 어금니」), 왕의 '나무새와 술병'(「무령왕의 나무새」/「무령왕의 술병」) 등 "천 년 밖으로 흘러가 버린" 것들이다. 그것들이 "날개를 달고/ 빛나는 깃털을 달고"(「백제의 새—백제 시편 15」) 그의 시문학 속에서 생명을 얻기 시작했다.

"당당하고 지혜로웠던"(「싸움—백제 시편 11」) 백제인의 목숨을 건 싸움, 고란사 종소리가 꽃잎 되어 떨어지는 "치자물 곱게 든 보자기"(「백제 여인의 옷」), 백제의 장인(匠人) '다리'의 사무치는 "사랑의 그리움"(「무령왕비의 은팔찌—多利의 말」) 등 역사 밖으로 흔적도 없이 사라진 백제의 정신사가 그의 예술 속에서 부활의 꿈을 이루게 된다. 이러한 작업을 통해 그는 공산성의 들꽃을 만나게 되고 '한 모금의 향기'로 날아다니는 그것의 자유정신을 발견한다. 거추장스러운 그 모든 이름을 거부하고 맑은 바람 속에 머물다 아무도 모르게 사라지는 그것은 우리가 잊었던 백제의 정신/향기에 해당하는 고귀한 그 무엇일 것이다.

> 이름을 붙이지 말아다오.
> 거추장스런 이름에 갇히기보다는
> 그냥 이렇게

맑은 바람 속에 잠시 머물다가
아무도 모르게 사라지는 즐거움.

두꺼운 이름에 눌려
정말 내 모습이 일그러지기보다는
하늘의 한 모서리를
쪼금 차지하고 서 있다가
흙으로 바스라져

내가 섰던 그 자리
다시 하늘이 채워지면
거기 한 모금의 향기로 날아다닐 테니.
이름을 붙이지 말아다오
한 송이 '자유'로 서 있고 싶을 뿐.

—「공산성의 들꽃」

치자 빛깔과 들꽃의 향기를 언어로 영접하는 예술 작업은 인간이 할 수 있는 수많은 일 중에서 상위 몇 번째에 놓이는 일이다. 그러한 믿음이 있었기에 시인 문효치는 원촌 저녁의 탁월한 풍경을 언어의 화폭에 담아낼 수 있었다. "새들은 깃털에 붙어 있는/ 해 조각을 떼어내어/ 감나무 가지에 매달아 놓고/ 다시 날아오르곤 했다."(「원촌의 저녁」) 새와 감나무와 지는 노을이 앙상블을 이루면서 가을날 석양빛에 물든 원촌의 모습은 근대화 이후 소멸된 한국 농촌 마을의 한 전형이 된다.

3

한 마리의 새와 담장에 기대 선 감나무의 구도 속에서 펼쳐낸 만경강과 고향집과 홀어머니의 고단한 방안의 풍경을 노래한 「밥」도 잘 그려진 한 폭의 동양화처럼 단아하다.

참새 한 마리 날은다
만경강 위의
노을 한입 물고
내 살 속에 서 있는
늙은 감나무 가지로 날은다
감나무 기대선 담장에
허리 굽은 낡은 세월이
걸려 펄럭인다
언뜻 보인다
옻칠의 둥근 소반
그 위로 쏟아진 등잔 불빛에
젊은 홀어머니의
고단한 명상이
투명한 의상을 걸치고 웃고 있다
이런 때 매양 내가 먹는 것은
그 웃음 속
등잔 불빛에 반짝이는
쉰 술지게미 같은 슬픔이었다

—「밥」

한 개인의 고된 세월의 흔적들이 그의 전집[1]에서 씨줄과 날줄을 이루면서 곱고도 아름다운, 그러나 아름다워서 서글픈 그런 무늬를 이루고 있다. 시인 문효치가 겪은 개인사적 이력(履歷)이 우리 역사의 굴절된 시대상과 겹쳐지면서 풍부하고도 다양한 무늬를 이룬 활판 인쇄의 그 시편들에는 우리를 감동의 세계로 이끌 만큼 성숙한 예술적 미감을 갖춘 작품들이 곳곳에 포진해 있다.

1 문효치, 『문효치 시 전집 1-2』, 도서출판 지혜, 2012.

03

내밀한 시간의 기록들

이향아

어린 시절 갑작스런 아버지의 죽음이 시인의 가슴에 고독이라는 병을 심어주었다. 땀에 젖은 고무신이 미끄럽던 길을 걸으며 고통스런 지상을 벗어나 "새가 되는"(「연연 · 1」) 소망을 이루려고 그는 문학의 문을 두드렸다. 그것이 고독이라는 가슴의 병을 치유하기 위한 유일한 길이었다. 『여원』의 독자 문예란에 투고하여 작품을 발표하면서 이향아(李鄉莪)는 미당 서정주의 주목을 받기 시작했다. 그것이 계기가 되어 그는 농촌위생연구소 임상검사 실장이라는 안정된 직장까지 버렸다.

서라벌예술대학과 경희대 국문과 대학원 과정을 거쳐 호남대 교수로 정년퇴직하기까지 그는 진저리치도록 "달아나는 시간의 살침"에 맞는 삶을 살아왔다. 아이 셋을 친정어머니에게 맡겨 두고 광주와 서울을 바쁘게 내왕하며 펴낸 17권 시집에 그 자취가 선명히 새겨져 있다. 그 시집들의 작품을 선별한 시선집이 『아지랑이가 있는 집』(시월, 2010)이다.

> 강물이여,
> 눈 먼 나를 데리고 어디로 좀 가자
> 서늘한 젊음, 고즈넉한 운율 위에 날 띄우고
> 머리칼에 와서 우짖는 햇살
> 가늘고 긴 눈물과 근심의 향기
> 데리고 함께 가자
> 달아나는 시간의 살침에 맞아
> 쇠잔한 육신의 몇 십 분의 얼마
> 감추어 꾸려둔 잔잔한 기운으로
> 피어나리
> 강물이여 흐르자
> 천지에 흩어진 내 목숨 걸어
> 그 중 화창한 물굽이 한 곡조로
> 살아남으리
> 진실로 가자
> 들녘이고 바다고
> 눈 먼 나를 데리고 어디로 좀 가자
>
> —「동행」

"내 목숨 걸어" 빚어낸 작품만이 독자를 감동시킨다. 시인이라는 이름을 얻었다고 아무나 "화창한 물굽이 한 곡조로" 살아남을 작품을 쓸 수는 없다. '시간의 살침'에 맞아 '쇠잔해진 육신'이지만, 그 남은 기운으로 세월과의 싸움을 견뎌낸 자만이 그것을 가능하게 한다. 이향아의

『아지랑이가 있는 집』에 '한 곡조 물굽이'로 독자의 가슴을 파고드는 작품들이 즐비한 이유가 여기에 있다.

미칠 것만 같은 가을에 "화려히 솟아오르고 싶은 순간의 진실로"(「여러분의 은총에」) 마구 색칠한 작품, 눈을 뜨고 바라보는 과분한 햇살과 "어깨를 들먹이며 흐느끼는 구름"(「나는 왜 걸핏하면 눈물이 나는지」) 같은 시, 마을버스 정류장 의자에 앉아 "어느 먼 곳을 생각하는"(「어느 먼 곳을 기다리는 시간」) 아득한 기다림의 시편은 독자의 기대를 배반하지 않을 것이다.

> 파르르
> 꽃잎이 진저리를 치며
> 찬란한 목숨을 몰아쉬는 그때
> 무대 뒤에서 무슨 일이 일어나는지 아십니까
> 두 눈에 불을 켜고 꽃이 피는 동안에도
> 절정의 함성 그 뒤란에서는
> 엄청난 일들이 벌어지고 있습니다
> 꽃 뒤에 꽃, 꽃 뒤에 잎사귀들이
> 진즉부터 초록을 마련해 놓고
> 등장할 준비가 끝나 있다니까요
> / … /
> 무너지는 것은 무너지는 것,
> 갈 것은 가더라도 올 것은 와야 한다면서
> 옷을 갈아입는 소리로 야단들입니다
>
> —「꽃 뒤에는 잎이」 일부

꽃이 한 순간의 절정을 향해 개화하는 그 순간 그 뒤란에는 잎사귀들이 초록을 마련해 놓고 등장할 준비가 끝난 때이다. 한 세상이 불길처럼 일어나는 그때에도 은밀한 그 이면을 들여다보면 무너지고 세워지는 것이 있다. 꽃 뒤에 잎사귀들이 진즉부터 초록을 마련해 놓고 있는 것이 그것이다. 자연을 관찰하여 그 순환의 비의(秘義)을 읽어내는 시인의 안목이 예사롭지 않다. 갈 것은 가고 올 것은 오는 것이 자연의 이치이다. 우리의 삶에도 얻음과 잃음, 만남과 헤어짐이 다반사(茶飯事)로 일어난다. 그것들에 일희일비(一喜一悲)할 것이 없다.

비워야 맑아지고 "떠나야만 그립다"(「밥을 먹으며」). 이것이 "찰랑찰랑 영근 우리말 닿소리"(「어디서 누가 실로폰을 두드리는가」)로 시인이 독자에게 전해주는 메시지이다. 머리카락 끝에서 발가락까지 "떨리는 인욕의 날을 세우고(「돌아누우며」) "나를 고문"(「나의 시간은」)하던 시간과의 외로운 투쟁의 결실이 여기에 오롯이 담겨 있다. 동시에 꽃가루같이 날아간 시간들에 대한 추억이 아로새겨진 시인의 내면의 '그리움'을 발견하는 것도 이 시선집을 읽는 한 방법이다. "살아온 날들이 아무것도" 아니었다는, 그래서 "다시는 그리워하지 않기로"(「그날부터」) 했던 시인의 그리움이 추억이라는 낱말에 잘 나타나 있다.

추억이라는 말에서는
낙엽 마르는 냄새가 난다
가을 청무밭 지나서
상수리숲 바스락 소리 지나서
추억이라는 말에서는
오소소 흔들리는

억새풀 얘기가 들린다
추억이란
영영 돌아오지 않는다는 말
그래서 마냥 그립다는 말이다
지나간 일이여,
지나가서 남은 것이 없는 일이여
노을은 가슴 속 애물처럼 타오르고
저녁 들판 낮게 깔린 밥 짓는 연기
추억이라는 말에는
열 손가락 찡한 이슬이 묻어 있다

—「추억이라는 말에서는」

추억이란 영영 돌아오지 않는다는 말이고 그래서 마냥 '그립다'는 말이다. 세월—시간이 지나면 쓰라리고 슬프고 괴롭고 분노스러웠던 그 어떤 추억도 내 마음 속에 그리움으로 자리 잡는 법이다. 추억이라는 그리운 그 단어를 다섯 가지 감각의 이미지를 동원하여 형상화한 기법이 인상적인 작품이 바로「추억이라는 말에서는」이다. 시인은 추억이라는 낱말에서 낙엽 마르는 냄새를 맡고, 오소소 흔들리는 억새풀 얘기를 듣고, 밥 짓는 연기를 떠올리고, '열 손가락 찡한' 이슬을 발견한다.

깊이 있고 폭넓은 시안(詩眼)을 지니기 위해서는 내밀한 고독의 시간이 필요하다. "새벽 두 시를 둔탁하게"(「제각기 잠들기」) 흔드는 시계추를 바라보며 이향아는 그 고독의 시간을 바쳐 한 편 한 편의 작품을 탄생시켰을 것이다. 100편이 수록된『아지랑이가 있는 집』에 그 시간에 대한 소중하고 진실한 기록들이 담겨 있다.

04

외롭고 높고 쓸쓸하니 살아가도록 태어난 시인

김영석

나는 이 세상에서 가난하고 외롭고 높고 쓸쓸하니 살어가도록 태어났다/ 그리고 이 세상을 살어가는데/ 내 가슴은 너무도 많이 뜨거운 것으로 호젓한 것으로 사랑으로 슬픔으로 가득찬다

—백석, 「흰 바람벽이 있어」에서

1

일상/과학의 논리에 익숙한 독자여, 그네에 앉아보라. 그러면 먼 산이 가까워지고, 가까운 산이 멀어지는 현상을 느낄 수 있을 것이다. 그네는 흔들리면서 이 마을과 저 마을을 하나로 만들고, 앉아 있는 그대마저도 지워버린다. 남는 것은 '빈 그네의 제 그림자' 뿐이다.

그네는 흔들리면서
이쪽과 저쪽을 지우고
그네에 앉아 있는 그대마저 지우고
마침내 이 세상에
빈 그네 제 그림자만 홀로 남는다

흔들리는 사이
그 빈자리
하늘빛처럼 오래 오래
산새 알 물새 알은 반짝이고
풀꽃들은 피고 지리라

눈부신 싸움
허공에 그어지는 저 포물선
아름다운 무지개는
영원히 그렇게 뜨고 지리라.

—「무지개」 일부

이 시에서 그대/인간은 사라진 것이 아니라 물화(物化)되어 있다. 만물과의 동화 속에서 인간의 모습을 벗어던지고 세계와 일체화된 미묘한 느낌을 언어로 표현한 풍경, 즉 사물과 시적 자아의 합일에서 이끌어낸 '자연의 진경'이 「무지개」에 부각되어 있다. 주관과 객관, 의식과 대상이 일체화된 그 순간 '홀로 남은 빈자리'에 산새 알과 물새 알이 반짝이고 풀꽃들이 피고 진다.

하늘의 눈부신 싸움이 빚어낸 허공의 아름다운 포물선—무지개를 표현하기 위해서는 일상의 언어 논리를 파괴하지 않으면 안 된다. 「무지개」에 표현된 자연의 실재감이 현실 세계의 그것인지, 혹은 의식 세계에 투영된 그것인지 불분명한 이유가 여기에 있다.

김영석 시인이 주장하는 '도(道)의 시학'에 의거하면, 피고 지는 풀꽃과 뜨고 지는 무지개는 '무의미의 완성'이고 '형이상학적 영원성'을 암시한다. 그의 시는 주객 합일의 통합적인 관점으로 바라본 실재 세계—현실 세계의 어떤 풍경을 경험하도록 독자에게 요구한다. 그 풍경이 바로 실재 세계의 온전한 드러남이고 분별심이 사라진 경지이다.

2

일반적으로 어떤 것을 표현/묘사하는 것은 그 대상들을 분석하고, 객관 세계의 그것들을 의식—주관 세계에서 분별하여 전후 관계나 인과 관계의 질서를 부여하는 것을 의미한다. 그러나 이러한 방식을 고수하게 되면 '언어 밖에서 뜻/의미를 함축/암시해 내는 묘미'가 사라지고, 자연에 간직된 아름다움의 총체적 모습—실체/본질 그대로를 드러낼 수 없다고 시인은 판단한다. 이러한 점으로 인해 그의 시에서 주관/의식과 객관/대상이 동시 발생적이며 병립(竝立)—병생(竝生)의 관계를 이룬다.

일상의 의미 틀을 부수어 버린 마음의 빈 공간에 생동하는 하나의 풍경이 흘러들어와 자리 잡으면 그것이 시가 된다. 이러한 풍경은 일상에서 마주치는 순수한 객관적 현실이나 시인의 주관적 세계가 아닌, 모든 존재가 일체화된 기상(氣象)의 모습, 혹은 그것을 직관적으로 포착한 언어의 풍경에 관한 것이다. 문득 떠오른 옛 기억과 같은 아득한 느낌으로 내 의식의 한가운데로 다가온 그것—풍경을 그려낸 것이 「바람이 일러주는 말」이다.

홀로 길을 걸으면
지나가던 바람이 일러준다
맨 처음에 길은
내 마음의 실마리에서 시작된 것이라고

들꽃을 보고 있으면
지나가던 바람이 일러준다
맨 처음에 꽃은
내 마음의 빛깔을 풀어놓은 것이라고

굽이굽이 흐르는 강물도
푸른 하늘을 나는 새들도
먼 옛날 내 마음이 아기자기 자라난 것이라고

멀고 가까운 온 누리 돌아서
아득한 별까지 두루 지나서
내 귀에 속삭이는 바람이
바로 내 마음의 숨결이라고
지나가던 바람이 일러준다.

—「바람이 일러주는 말」

이 시에서 화자는 홀로 길을 걷는다. 그것은 자기의 의식을 우주로 확대하면서 마음의 고요함을 추구하는 행동이다. 먼 기억을 더듬듯 자연의 사물들을 무심히 바라보는 그것이 천지의 마음을 보고 천지의 만물과 하나가 되게 한다. 따라서 이 시에서는 차별 없는 하나의 현묘한 세계, 혹은 순일한 자연의 근원적 전체성을 표현하기 위해 시적 화자의 또 다른 분신인 '바람'이 등장한다. 그 바람이 길과 들꽃과 강물과 하늘과 새라는 여러 대상/사물과 '나'를 '동일성/일체성'의 세계로 통합시키는 기능을 담당하고 있다.

시적 상상력은 낯설면서도 동시에 낯익은 대상들과의 만남을 뜻하며 그것들과의 일체성을 발견하는 것이다. 그러므로 시적 자아는 타자—사물을 자기 일체성으로 경험할 뿐만 아니라 모든 대립적 현상을 자연의 생성 과정으로 경험하는 자아이다. 미당이 읊었듯이, 내가 돌이 되면 돌은 연꽃이 되고 연꽃은 호수가 된다. "내가/ 호수가 되면// 호수는/ 연꽃이 되고// 연꽃은/ 돌"(서정주, 「내가 돌이 되면」)이 된다. 모든 존재는 친화감을 바탕으로 '자기 일체성'을 지닌 또 다른 존재를 생성한다. 하나가 움직여 변화를 일으키면 그 변화에 의해 다음의 또 다른 존재가 모습을 드러낸다. 각기 다른 존재들은 서로가 다르지만 같고, 같지만 다르다. '타고 남은 재가 다시 기름'이 되고 "만족을 얻고 보면 얻은 것은 불만족"(한용운, 「만족」)인 '알 수 없는' 역설의 논리에 시적 진실이 있다.

사실적 세계와 일상적 현실을 보는 대신 형이상의 세계 속에 자리 잡은 진실/진리의 원형을 보는 것이 중요하다. 일상의 언어 논리를 초월한 역설—무의미에 심오한 사유나 종교적 깨달음의 세계가 있다. 객관과 주관의 세계에 귀속되지 않는 '비완료적 특징'을 보여주는 '도의 시학'의 핵심은 일상의 논리/상식 너머에 있는 '무의미의 의미'를 추구하는 것이다. 비유컨대 그것은 사회의 상식과 통념이 지닌 불합리성을 예리하게 간파한 하버마스의 '반증 가능성—부정의 변증법'을 연상시킨다.

서구 시학의 이론과 논리에 의문을 제기하면서 동양적 도의 실현에 초점을 맞춘 그의 시학은 변증법적 역설의 시학에 해당하는 어떤 것이다. 태양이 동쪽에서만 뜨는 것은 아니다. 북위 60도만 넘으면 겨울의 태양은 서쪽에서 떠서 서쪽으로 진다. 특별한 소화 효소를 만들기 위해 사자도 풀을 먹는다. 모든 사자가 평생 고기만 먹는 것은 아니다. 만물이 스스로 움직여 찾아오기를 기다리면서, 그것이 찾아와서 건네는 자연의 소리에 귀를 기울이는 김영석의 작품들을 주목해야 하는 이유가 여기에 있다.

"천지는 무심히/ 철따라 꽃 피우고 눈 내리고/ 사람은 제 한 마음 바장이어/ 눈서리에 잎 지는 걸 바라보며/ 근심할 뿐 아무 일도 못 하네/ 천지는 마음이 텅 비어/ 없는 듯이 있고/ 사람은 마음이 가득 차/ 있는 듯"(「마음—고조 음영(古調 吟詠)」) 없다. 빈 공간을 채우는 것은 자연의 이법에 어긋난다. "흙살이 떨어진 벽"(「빈집—기상도氣象圖」)의 '앙상하게 남은 숭숭한 수숫대 구멍'마다 거미가 집을 짓고 산다. 모든 존재들은 각기 알맞은 구멍 속에 생명을 의탁한다.

살아있는 것들은 모두
제 구멍 속에서 태어나
제 구멍 속에서 살아 간다
천지는 큰 구멍 속에서 살고
천지간에 꼼지락거리는 것들은

저만한 작은 구멍 속에서 산다
바람이 불면 구멍마다 서로 다른
갖가지 피리소리가 난다
딱따구리도 굼벵이도
제 구멍 속에서 알을 품고 새끼치고
싸리꽃은 제 구멍만큼 흔들리면서
씨앗을 흩뿌린다
빈 구멍들의 피리소리도 아름답지만
크고 작은 구멍의 허공은
자궁처럼 참 따뜻하다.

—「모든 구멍은 따뜻하다」

하늘은 구멍을 열어놓는데, 인간만이 모든 구멍을 막는다. 육근(六根—眼耳鼻舌身意)을 모두 열어놓아야 자기 집착으로부터 벗어나 온전한 정신의 자유를 누릴 수 있다. 구멍을 막고 있는 상태와 정도에 따라서 천차만별의 자기가 만들어진다. 육근이 열린 허정의 빈 마음이 아니면 천지의 마음을 헤아리기 어렵고 천연의 도와 만날 수 없다. 그의 시작 활동(詩作活動)은 천연의 도와 놀면서 그러한 도를 작품화하는 것이다. 사유적/철학적인 측면으로 흐른 김영석의 시들이 현묘한 도(道)의 그것처럼 아리송한 점이 여기에서 비롯된다.

3

김영석의 시가 보여주는 고도의 암시와 함축, 시상 전개의 비계기성과 상상력의 단절이나 비약, 초논리적이고 비구상적(非具象的) 사유

방식 등은 서구 시학—일반 시학의 일탈/결함이 아니다. 그것은 미묘한 도의 구현과 관련된 그의 독특한 작시법(作詩法)을 반영하고 있다. 40여 년에 이르는 시적 여정(旅程)을 한 눈에 굽어 볼 수 있도록 단아하고 격조 높게 꾸며진 『모든 구멍은 따뜻하다』의 존재 이유와 시작(詩作)의 근거가 『새로운 道의 시학』(국학자료원, 2006)에 일목요연하게 제시되어 있다.

'새로운 도의 시학'을 노래하기 위해 김영석 시인은 부안의 자연 속에 보금자리를 마련했다. 시인의 집 처마 끝에 서면 먼 산 위에 구름이 어리고, 아득한 그 사이에서 바닷물이 넘실댄다. 내소사 부근의 낮은 언덕 그곳에서 시인은 "광대한 벽공을 무연히 바라보면서/ 허공이 무한한 까닭을"(「소공조」) 알아 가며 '쓸쓸하고 높고 외롭게' 살아갈 것이다. "하늘이 이세상을 내일적에 그가 가장 귀해하고 사랑하는것들은 모두/ 가난하고 외롭고 높고 쓸쓸하니 그리고 언제나 넘치는 사랑과 슬픔 속에 살도록 만드신"(백석, 「흰 바람벽이 있어」) 것이다.

05

텅 빈 가슴에 묻어둔 아픈 시의 제목들

전길중

1

『우리 선생님 시 맞지요?』(시문학사, 2015)는 전길중 시인의 여섯 번째 시집이다. 이 시집에 한 평범한 교육자의 교단생활 40년의 진솔한 기록이 녹아 있다. 그 첫째는 정년을 앞두고 지나온 삶을 되돌아보며 정리하는 것이고, 둘째는 교육 현장의 실상을 있는 그대로 보여주는 것이다. 총 5부로 구성되어 있으나, 이 시집은 내용상 크게 두 부분으로 나누어진다. 교육 현실에 관한 시와 일상생활에서 느낀 감정의 소회(所懷)를 토로한 작품이 그것이다.

40년의 시간적 경과를 드러내고 있는 점도 이번 시집의 한 특징을 이루고 있다. 그것은 전길중 시집을 일관되고 통일성 있게 조감하는 일을 어렵게 만든다. 그러나 이러한 특징은, 초창기 교직 생활부터 정년 즈음한 최근의 세월에 걸친 학교와 학생과 학부모의 변화된 모습을 담고자 하는 의도의 소산이라는 점에서 시인 자신에게는 교직 생활의 비망록 정리라는 의미를 지니게 된다. 그것은 "월요일 아침이면/ 하얗게 세탁되어 깔린 책상보 위에/ 장미와 안개꽃이 어울린 꽃병과/ 아직 식지 않은 커피에/ 일주일"이 가벼웠던 과거 시절부터, 교칙은 있으나마나 하고 '체벌하지 말고 말썽 없게' 넘어가라는 공문이 빈발하는 오늘의 교단 현실의 '상전벽해에 비견될 변화'의 경과를 보여주기 위한 것이다.

"막무가내 달려드는 중학 2년생/ '씹할 년! 씹할 년!'/ 남자선생한테 '년'자 붙이는 것이/ 가장 큰 욕이란다/ 너 잠시 인성부로 가자하며 잡아끄니/ '허, 목 조르네 이거 놔 씹할'"(「전학을 보내고」). 북한군인도 무서워서 달려들지 못한다는 중학교 2학년생의 가공할 '쌍 십자 지랄 같은 어법'이 선생의 존재 자체를 무화(無化)시킨다. 여자 친구와 헤어진 날 선생이 학생을 잘못 건드린 것이다.

'무대책이 상책'인 학생 지도의 현장이 「전학을 보내고」에 무섭도록 실감나게 표현되어 있다. 그래도 선생은 전학 간 학교에서 그 학생이 잘 지내는지 궁급해 하며 걱정한다. 「성추행」은 더 가관이다. 선생님 하고 뒤에서 부르는 소리가 들려 돌아보니 "왜 제 엉덩이 만지고 가요?"라고 여학생이 항의한다. "이놈의 가시내야 너희 셋이 복도에서 길 막고 있으니 살짝 스쳤는가 본데 엉덩이 만졌다고 하면 돼" 하니, "그래요 그럼 그런가 보네요"(「성추행」)라고 아무렇지도 않게 대답한다. 일진이 사나운 건지 이런 경우 여러 학생들이 성추행했다고 고자질하면 선생은 꼼짝없이 처벌을 감수해야 한다.

변해도 너무 변한 교육 풍토에 "학생을 위한 학생에 의한 선생일 수가 없어/ 분노할 수 없고 분노하지 말아야"(「더 이상 분노할 수 없다」) 한다. 신세대의 요구와 불만과 바람을 수용할 수 없는 노교사의 한탄과 푸념이 섞인 발언이나 시대착오적 넋두리로 평가절하 하는 시각이 있을 수 있다. 그러나 단순히 기성세대와 신세대의 의식 차이나 타성에 젖은 권위주의 교육 방식의 문제로 사안의 심각성을 덮어버릴 일은 아니다. 옛날의 교육계는 그렇지 않았다고, 시인은 『우리 선생님 시 맞지요?』를 통해 증언한다.

2

"몇 학생이 수다를 떨고 간 후/ 책상 모서리에 초콜릿"(「밀어주기」)이 남아 있었던 그 시절은 교사로서의 자부심과 보람과 사명감이 충만했었다. 2000년대 이전의 학교 풍경은 지금과 너무 달랐다. 그 시절 선생은 "기꺼이 흙이"(「흙이 되어」) 되어 학생 성장의 발판이 되려고 했고 '가르치고 지도하는 기쁨'이 있었다. "삶은 농도가 다른 희망들이 어우러져/ 새로움에 도전하는 것/ … / 비바람을 겪은 꽃이/ 언젠가 피어난다는 것을/ 흔들리지 않는 꽃잎이 어디 있으리?"(「진아」) 하며 학생들과 더불어 공감하며 그들과 같이 아파하며 그들의 고민에 동참했다.

먼저 제압하기 위해 선방을 놓았어요
그래, 사나이다운 멋이 있어!
그래도 그 학생은 엄밀히 보면 선배이니
'사과하고 싸움 끝내라'는 말에
도저히 용납할 수 없는 듯
펑펑 우는 준이의 등을 토닥거리다
수컷들이 목숨 걸고 싸우는

동물의 세계가 떠오른다

—「선방 놓기」 일부

졸업한 후 '선생을 한 번 봐 준다'고 학교에 찾아오는 요즈음의 학생들과 「선방 놓기」의 '준이'는 차원이 다르다. 민주 시민 육성과 교육 복지 정책과 학생 인권 신장 교육의 그럴싸한 언어들이 난무하는 오늘의 교육 현장은 분명 문제가 있다. 「비트박스」에 나타나 있듯이, 왕따에 학교 폭력에 자살 학생이 증가하는 현재의 학생 지도는 근본적이고 대대적인 변혁과 혁신이 필요하다. 이것이 어찌 교사들만이 감당할 문제인가.

전길중 시인은 이러한 고통스런 교육 현장을 「너들이 알아?」에서 실감나게 그려내고 있다. 학부모가 자기 자식 맞았다고 '남의 자식은 때려도 되고' 교사가 회초리라도 대면 그건 폭력이다. "모든 게 교사들 잘못이다/ 그러니 이제 학교에 보내지 말고/ 집에서 가르쳐야"(「학교 폭력」) 한다. "주의 주면서/ 손가락으로 볼을 몇 번 눌러댔다고 / … / 그런 모욕적인 행위를 교사가 어찌한단 말이오"(「손가락질」)라고 항의하는 '한참 어린 학부모'에게 선생은 머리를 조아려야 한다. 사과하는 것이 '조용히 넘어갈 것 같으니' 별 수 없다.

「강선생과의 대화」에는 하루를 무사히 보내자는 무기력한 교사의 모습이 가감 없이 투영되어 있다. 주체적이고 책임 있는 교육은 물 건너간 지 오래이다. 교육 현장의 붕괴를 한 눈에 살필 수 있도록 '무력함뿐인 두 교사의 공허한 대화 장면'이 「강선생과의 대화」에 등장한다. 그것은 벌점 카드, 칭찬 카드, 상담, 부모 소환, 시설에 봉사 활동 보내기, 등교 정지 등 백약이 무효인 절망적인 학교 현장을 고발하기 위한 하나의 장치이자 기법이다.

담배 피다 걸려도 '담배꽁초'를 없애면 증거가 부족하기 때문에 그 학생은 버티면 그만이다. "눈을 아래로 깔고 복도를 지나는데/ 흙 묻은 여러 켤레의 운동화가 달려"(「강선생과의 대화」) 간다. '친아빠의 계속된 성 요구에 지쳐버린 중학교 2년생 윤하의 현실'(「버지니아 울프에게」)은 학생 문제가 교단을 벗어나 사회가 감당해야 할 '우리 시대의 난제'로 부상되었음을 암시하는 것이다. 이 작품을 대하는 우리 모두는 가슴이 먹먹하고 답답하여 망연자실할 따름이다.

평이하면서도 메시지 전달에 애쓴 흔적이 나타난 여섯 번째 시집 『우리 선생님 시 맞지요?』에서 전길중은 오늘의 교단 현실을 비판적으로 되짚어 보기 위해 '머언 젊음의 뒤안길'에서 뿜어냈던 청춘의 열기와 모던한 기법을 버렸다. 그 대표적 사례가 담담하면서도 짙은 페이소스를 간직한 「현아의 시(詩)」이다. 현실의 고난과 막연한 미래의 불안을 안고 학교에 나오는 현아의 모습에 그것들이 반영되어 있다. 오늘의 학생들처럼 막가파식 행동으로 선생을 절망 속에 밀어뜨리지 않았던 한 학생의 애절한 사연이 우리의 가슴을 잔잔하게 적신다.

> 푸른 하늘을 나는 새처럼
> 마음껏 날고 싶습니다
>
> 나의 영혼이 자유롭지 못한 것은
> 현실의 고난과
> 미래의 막연한 불안에
> 둘러싸여 있기 때문입니다

거미줄에 걸린 나비처럼
답답함을 느끼며
무거운 감정들이
울음의 효소로 발아(發芽) 합니다

아무리 혹한일지라도
기다리고 참다보면
언젠가 꽃향기 풍기며
나 거기 서 있을 겁니다

—「현아의 시(詩)」

이 작품에는 '울음의 효소'로 발아하고 혹한을 참으며 '언젠가 꽃향기 풍기며' 나 거기 서 있을 날을 기다리는 '현아의 꿈'이 그려져 있다. 이 작품이 증명하듯이, 『우리 선생님 시 맞지요?』는 이전 시집들과 다른 모습을 보여준다. 교단시뿐만이 아니다. 일상의 체험을 다룬 시에서도 우리는 삶의 풍부한 경험을 정갈하게 갈무리하여 시적 어법으로 숙성시킨 연륜의 깊이와 넓이를 느끼게 된다.

3

『우리 선생님 시 맞지요?』에서 우리의 눈길을 끄는 작품은 「오르가즘」이다. 선정적인 제목과 달리 이 작품에는 전길중의 작품 창작 과정이 정신적—육체적 은유의 형태로 가시화(可視化)되어 있다. 그에게 시쓰기는 일종의 영육(靈肉)의 오르가즘을 동시에 경험하는 일이다.

그것은 '날카로운 지성과 주체하지 못할 감성의 파열된 광기'가 그의 마음속 깊은 곳에 잠재된 언어들을 순식간에 깨워 원고지 위로 불러내는 일이다.

감각의 세포들이 사물—대상과 대상—사물 사이를 꿰뚫고 들어가 그 내부로 침투하는 순간 언어의 음률을 타고 뮤즈의 신이 현신(現身)한다. 그 신이 잔잔한 파장을 일으키며 양안(兩岸)을 번갈아 마찰한다. 그 양안은 젖과 굴이 흐르는 가나안—정신적 열락을 연상시키기도 하고, 또는 한 여인의 은밀한 신비의 계곡—육체적 환희를 떠올리게도 한다. 이러한 점에서 양안은 은유의 차원을 넘어 상징으로까지 승화되는 고도의 비유어에 해당한다.

> 지성과 감성에서 파열된 광기가
> 잠들어 있는 언어를 깨운다
> 감각의 세포들이
> 사물과 사물 사이로
> 순식간에 꿰뚫고 들어간다
> 내부로 깊이 침투하여
> 젖은 음율 속으로 빠져
> 은은한 파장을 일으킨다
> 두근거리는 심연의 언덕
> 양안(兩岸)을 번갈아 마찰하며
> 도취되어 눈을 감는다
> 사물이 언어로, 언어가 사물이 되는
> 날카로운 정수리 끝에서
> 사물의 몸이 찢어진다

입이 열리고 비명이 울린다
발가벗은 언어들의 교접
죽을 것 같은 큰 희열에
시(詩)가 몸을 떨고 있다

—「오르가즘」

언어가 사물이 되고, 사물이 언어가 되는 합일의 그 순간에 시인은 엑스타시—오르가즘의 극치를 경험하게 된다. 죽을 것 같은 희열과 황홀한 도취의 정점, 즉 그 정수리에서 전길중의 작품이 탄생한다. 그러나 이러한 오르가즘—엑스타시의 황홀경을 체험하기 위해서는 '한 겨울 꽁꽁 언 땅'에서 싹을 틔워내는 봄꽃처럼 인고(忍苦)의 시간이 필요하다.

한 겨울 꽁꽁 언 땅 속에서
인고를 거듭하다
봄에 싹을 틔워 피는 꽃이다
땅 속 깊이 숨어
애벌레로 번데기로
껍질을 몇 번씩 벗어던지는
호랑나비이다
파도가 수만 번 갈고 닦아
형형색색 빛을 내는 조약돌이다

—「시(詩)는」 일부

형형색색 빛을 내는 조약돌의 반들반들함은 수만 번 파도를 견뎌냄으로써 가능한 것이다. 땅 속 어둠 깊이 숨어 껍질을 몇 번씩 벗어던졌기 때문에 호랑나비는 화사함을 자랑할 수 있다. 호랑나비나 조약돌과 마찬가지로 인고(忍苦)의 시간에 의해 시의 '예술다움을 보장'하는 화사함과 반들반들함의 모습이 형성되는 것이다. 시창작만이 아니라 세상만사 모든 일이 그렇다. 짧은 '한 살이의 한탄'을 뱉어내는 매미의 울음 속에도 그러한 생의 진실이 숨어 있다. 매미는 각고의 시간을 땅 속에서 보내고 짧은 목숨 축내며 하릴없이 우는 것이 아니라 '절절한 사랑과 길지 않은 생'을 위해 운다.

짧은 한 살이의 한탄이 아니다
땅 속에서 각고(刻苦)의 시간을 보내고
억울하여 엄살떠는 것이 아니다
살아있는 스무 날 쯤
사랑을 품은 노래이다
감히 넘보지 말라는
수컷의 목소리 들리지 않는가?
짧은 생애가 때로 두렵다
온 천지에 쏟아지는 햇빛이
날개를 비벼대는 여름 한낮
절절한 사랑과 길지 않은 생을 위하여
목청 닿는 데까지 걸치고 싶은 거다
불현 듯 멎어버리는 침묵의 시간
소리 내지 않음이 아프다
세상 다 끝난 듯 정적을 몰고
눈물 없이 목울대만 들쑥날쑥
짧은 목숨 축내며
그냥 우는 것이 아니라 했다

—「매미」

표현 대상—매미 속으로 들어가 그 사물과 언어가 교접하여 한 몸이 되는 희열의 순간, 시인의 말을 빌리면 오르가즘을 느끼는 찰나(刹那)에 시의 구체적인 형상—모습이 실루엣처럼 나타난다. 일상에 널려 있는 사물과의 만남은 그것과의 교접을 통하여 그 절절함을 온몸으로 체험하는 것이다. 그러면 그것—사물이 전길중 시인의 감정을 대신 전달하거나 생생하게 보여준다. 「들꽃」의 경우가 그렇다.

우연히 바람처럼 스쳐가는
누군가의 마음을 훔치면
한 송이 꽃이 사람을 견딘다

가슴 속 바람 일어도 외롭다 하지 말라
어디서나 자유롭게 피어나
마음이 가난한 자의 위안이다

지나온 날보다 살아갈 날이 더 아파
어제는 내일보다 행복했다
인연의 매듭 아무리 단단해도
흔들리지 않는 사랑 있으랴?

슬퍼 하지마라 비에 젖어 말하느니
젖지 않는 사랑 있으랴?
들길 한 귀퉁이에서
피어 살랑거리는 것만으로

세상이 아름답다

—「들꽃」

상당히 회자(膾炙)된 도종환의 작품이 잘 보여주고 있듯이, 시는 우리에게 어떤 유용한 정보를 제공하거나 우리가 필요로 하는 지식을 전달하는 데 목표를 두지 않는다. "흔들리지 않고 피는 꽃이 어디 있으랴/ 이 세상 그 어떤 아름다운 꽃들도/ 다 흔들리며 피었나니/ 흔들리면서 줄기를 곧게 세웠나니/ 흔들리지 않고 가는 사랑이 어디 있으랴// 젖지 않고 피는 꽃이 어디 있으랴/ 이 세상 그 어떤 빛나는 꽃들도/ 다 젖으며 젖으며 피었나니/ 바람과 비에 젖으며 꽃잎 따뜻하게 피웠나니/ 젖지 않고 가는 삶이 어디 있으랴"(도종환, 「흔들리며 피는 꽃」).

독자로 하여금 실제와 다른 세계를 경험하도록 만드는 것이 문학—시이다. 그것이 바로 시인이 상상력을 발휘하여 창조한 세계이다. 봉건적인 중세 시가(詩歌)의 장벽을 허물어버린 보들레르가 갈망했던 '보이지 않는 또 하나의 세계'와 관계가 있는 '만물 조응'의 그 세계, 즉 존재하는 세계가 아니라 관념—의식 속에서 그려낸 상상의 세계가 그것이다. 실제 세계 너머의 그 세계를 경험함으로써 우리의 삶이 풍요롭고 아름답고 새롭게 변화되는 것을 우리는 마음으로 느낄 수 있다. 문학—시는 상상력을 통해 우리로 하여금 현실에서 벗어난 깊고 충만한 세계를 경험하게 하는 것이다.

「들꽃」이 그려낸 세계는 시공간이 명확한 실제의 세계와 다르다. 어디서나 자유롭게 피어나는 '들꽃의 세계'는 마음이 가난한 자를 위안하기 위한 시인의 상상력이 만들어낸 의식—관념의 세계이다. 그 세계는 흔들리지 않는 사랑이 없고, 젖지 않는 사랑이 없음을 경험하게 만드는 비현실의 세계이다. 그러나 이 세계를 경험함으로써 우리는 들꽃이 보여주고 말해주는 그 세계에 삶의 진실이 숨겨져 있음을 감지하게 된다.「들꽃」에 전길중 시세계의 한 특징이 선명하게 각인되어 있는데, 표현 대상에 감정을 이입하여 대상 스스로 그것을 대신 보여주는 스타일이 그것이다.

역설과 아이러니의 기법이 묘하게 병치되면서 자연스럽게 결합되는 양상을 보이는 것이 도종환과 다른 전길중의 스타일이다. 그럼에도 이 두 편의 시 모두는, 각각의 악기가 제 소리를 희생하지 않고 전체와 조화를 이루는 오케스트라의 화음처럼 인생의 관현악을 연주한다.

4

현란한 표현과 난해어의 나열과 난삽한 표현이 시심(詩心)의 깊이를 보장하는 절대적 요인은 아니다. "살아간다는 건 기대와 기다림으로/ 방파제 끝 등대의 불빛처럼 반짝이는 것"(「괭이 갈매기」)이며 "사랑과 삶은 아주 가까운 접경에서/ 아픔을 공유"(「갈치와 장미」)한다. 평범함 속에 비범함이 감추어져 있고 담백한 표현 속에 심오한 인생의 담론이 밤하늘의 별처럼 반짝인다. 산 속 깊은 절에서 면벽 삼년(面壁三年)으로 인생의 비의(秘義)를 깨닫는 것이 아니다. 매운탕을 끓이며 "유행가 한 소절"부르고, "무엇을 어떻게 끓여 왔는지?"(「매운탕」) 되돌아보는 것도 '산다는 것'의 의미를 성찰하고 발견하는 작업이 된다.

만났던 날보다 남은 날들을 위해
/ … /

나뭇잎의 낙법을 배워
하나도 아프지 않으리라

슬픔이던 그리움이던
채우고 비우는 거
그대의 마음 한 쪽에 걸어놓고
바라보다 보면 아프지 않다
/ … /
아프면 사랑이 아니다

꽃잎 지우며 돌아가는
붉은 노을이
그대를 감추어도
하나도 아프지 않기로 했다

—「사랑—빈자리를 위해」 일부

살포시 떨어지는 나뭇잎의 낙하는 아프고 쓰라린 이별을 치유하는 하나의 방법이 될 수 있다. 슬픔이든 그리움이든 채우고 비울 것이 없다. 마음 한 쪽에 걸어놓고 그것들을 바라보면 아프지 않다. 이러한 빈자리의 사랑을 아프지 않게 다스리는 것은 '임은 갔지만 나는 임을 보내지 않았다'는 만해 선사의 '사랑과 이별의 역설'과 통한다. 만남은 이별을 예고하고, 이별은 만남을 기약한다. "가슴 저미도록 아련한 아폴리네르의 고통"(「빠리에서」)이 '타고 남아 재'가 되지만, 그것은 다시 '기름'이 된다.

더는 비울 수 없는 번뇌
바람맞아 댓잎이 떨고 있는
창밖에 눈을 두면
알지 못할 외로움이
나를 비운다

—「찻잔 앞에서」 일부

'번뇌는 별빛'이라고 조지훈은 노래했다. 찻잔 앞에 앉아 창밖을 바라보며 바람 맞아 떨고 있는 댓잎의 소리를 듣고도 '번뇌와 욕망'으로부터 벗어나 '비워야 한다는' 깨달음을 얻는다. 비운다는 것은 탐욕을 다스려 더 완숙한 삶으로 자신을 고양시키는 길이다. 그것은 '지퍼를 올리며' 나를 돌아보고 오늘의 내 삶을 어떻게 살아갈 것인가에 대한 대답을 얻는 것이다.

힘으로만 되는 것이 아니다
옆으로 흔들어보고
위아래로 몇 번 밀었다 당기면
사르르 제 짝을 물고
매끄럽게 움직인다

소소한 일에
이 악물고 살 일이 아니다
무언가 예쁜 것을 위해
단순한 것을 위해
움직여 볼 일이다

푸른 잎과 싱그러운 바람과
햇빛에 반짝이며
숲에 날리는 깃털처럼 가볍게
아주 천천히 부드럽게

—「지퍼를 올리다가」

세상일이 힘으로 해결될 것 같지만 살아보면 그것만이 전부가 아니다. 옆으로 흔들어 보고 위아래로 밀었다 당기는 완곡하고 유연한 행동이 완력으로 밀어붙이는 것보다 효율적일 때가 많다. 제짝을 물고 매끄럽게 사르르 움직이는 지퍼를 관찰하고 얻은 지혜가 그것이다. 소소한 일에 이를 악물고 거품을 뿜어댈 필요도 없다. 햇빛 받아 반짝이는 날렵한 깃털처럼 단순하고 가볍게 천천히 부드럽게 움직이는 노련한 대처 방법을 우리는 익혀야 한다. "상처투성이의 아프고 부끄러운 순간들"(「지우개」)을 지우면서 "먼지 낀 마음의/ 땟물을 씻어 헹구어"야 하고, 육신을 "청명한 빛의 하늘자락 끌어내려/ 툭툭 털어 말려야"(「빨래」) 한다.

일상의 사건과 사물과 자연현상의 관찰을 통하여 시인은 인생살이를 새롭게 경험하고 그 경험을 언어를 빌려 표현한다. 그것이 자연과의 만남과 일상과의 접촉을 통해 삶을 되돌아보고 '나를 성찰'하는 일이다. 전길중은 세수를 하면서 '단단한 비누 덩어리'가 '흔적도 없이 사라지는' 현상을 관찰한다. 그것은 자기 몸을 분해하여 타인의 때를 벗겨내는 비누의 역할에 대한 새로운 발견이다. 그 순간 시인은 "사는 것이 누군가를 위해/ 제 몸을 부수어 내는 일"(「세수를 하면서」)임을 깨닫는 것이다. 성급함이 아닌 느긋하고 완숙한 모습으로 사물의 속성을 관찰하고 그 현상의 배후에 감추어진 의미를 파헤쳐 가는 과정이 그의 시쓰기이다. 그 과정이 자신에게는 배움이고, 그 배움이 시인의 삶에 활력을 불어넣는 황홀한 기쁨이다. 시문학이 우리의 인생길을 밝혀주는 '언어의 빛'인 까닭이 여기에 있다.

담벼락 끝까지 기어올라
더는 기댈 곳이 없다
포기하고 돌아설 때도 되었지만
세상에 얽혀 부대껴온 습성으로
어스름이 내려앉는 저녁에는
없는 듯 몸을 숨긴다

사랑이 때론 독이 되는 법이지만
아침이면 햇살과 섞여
나팔이라도 불어댈 듯
가슴 밑을 적시는 이슬로
손끝 아리게 세상을 감는 여정
어느새 찬 바람이 분다

이대로 슬어질 수 없어
까만 씨앗으로 떨어지는 목숨
다음 생애에는 나아지려나?

—「나팔꽃」

나팔꽃의 생애에 대입해 보면 우리의 인생이 크게 다르지 않음을 알 수 있다. 자중하지 않고 무한정 뻗어나는 욕망의 사슬로 세상을 감아

오르려는 인간의 삶의 여정(旅程)을 반성하게 만든다는 점에서 이 작품은 의미심장하다. 이와 유사한 인식을 보여준 작품이 「담쟁이」이다. 이 작품은 과유불급(過猶不及)의 자제력이 현명한 인생살이임을 되짚어보게 만든다.

느긋이 세상을 탐색하며
시퍼런 잎들의 날을 세우고
어디까지 뻗어갈 것인가?
날카로운 발톱으로 벽을 타고
위만 보고 뻗어가는 저 심성이
언제부터 사람을 닮은 건지
아래를 내려다보면서
바들바들 떠는 것이 무서움을 아는지
손을 내밀어 같이 오르자 서로 엉켜
외로움을 털며 오르는 저것이
언제부터 사람의 흉내를 낸 것인가?
벽 하나를 다 집어먹고
반들반들 윤기 나는 저안에
햇빛 하나 바람 한 점 들지 못해
숨도 쉬지 못하는 생명들
한 번이라도 생각하는지?
부끄러워 얼굴 붉히다
잎 다진 겨울
너의 시신 앞에는 위패 하나 없다

—「담쟁이」

전길중의 이 작품은 도종환의 「담쟁이」와 다른 인생관—세계관을 보여준다. "저것은 벽/ 어쩔 수 없는 벽이라고 우리가 느낄 때/ 그때/ 담쟁이는 말없이 그 벽을 오른다/ 물 한 방울 없고 씨앗 한 톨 살아남을 수 없는/ 저것은 절망의 벽이라고 말할 때/ 담쟁이는 서두르지 않고 앞으로 나아간다/ 한 뼘이라도 꼭 여럿이 함께 손을 잡고 올라간다/ 푸르게 절망을 다 덮을 때까지/ 바로 그 절망을 다 덮을 때까지/ 바로 그 절망을 잡고 놓지 않는다/ 저것은 넘을 수 없는 벽이라고 고개를 떨구고 있을 때/ 담쟁이 잎 하나는 담쟁이 잎 수천 개를 이끌고/ 결국 그 벽을 넘는다"(도종환, 「담쟁이」).

'푸르게 절망을 다 덮을 때까지 집요하게 그 벽을 넘는' 도종환의 담쟁이는, '인간의 흉내'를 내며 올라가 '벽 하나를 다 잡아먹는' 전길중의 담쟁이와 사뭇 다른 이미지로 다가온다. 전길중은 '시퍼런 잎들의 날을 세우고 뻗어가는' 담쟁이를 '끝없는 탐욕과 만족할 줄 모르는 정복의 욕구를 지닌 인간의 어떤 측면을 상징하는 것'으로 파악한다. '척박한 절망의 벽'을 오르는 도종환의 담쟁이의 생태 이면에 놓인 속성을 날카롭게 성찰했다는 점에서 전길중의 「담쟁이」는 우리에게 도종환과 다른 '문학적 상상력의 세계'를 선보인 셈이다. 동일한 사물이나 현상을 '어떤 관점—태도로 바라보느냐'에 따라 '시적 메시지'는 천양지차(天壤之差)를 보이는 것이다. 김소월의 「진달래꽃」과 박팔양의 「진달래꽃」이 그렇듯이, 전길중과 도종환의 「담쟁이」는 각각 대조적인 세계관—인생관을 대변하는 것으로 해석해 볼 수도 있다.

5

『우리 선생님 시 맞지요?』에는 전길중의 인생관—세계관이 밑바탕의 무늬를 이루고 있다. '빛나는 혀를 뽑아내고/ 거친 몸짓을 속박하여/ 죽지 않을 정도로 사육되는'(「잡놈」) 현실이 그에게는 어울리지 않았다. 멋진 잡놈들을 추방해 버린 현실을 견딘다는 것은 시인에게는 '슬픈 일'이다. 남자라면 누구나 마음속 깊이 '야성의 잡놈'을 만나고 싶어 한다. 그는 잡놈이 되고 싶었다. 잡놈 같은 '야성의 삶'을 동경하는 시인 남편의 모습이 아내에게 고통으로 다가왔을 것이다.

탱자나무처럼, 고슴도치처럼 가까이 다가가면 갈수록 서로를 찔렀던 아슬아슬한 관계가 부부 사이다. 그 사이의 거리를 조정하며 부대끼다 보면 서로의 상처와 아픔이 부부애를 빚어낸다. 조갯살의 상처가 진주를 키우듯이, 부부는 상처의 고통을 통해 눈부신 보석을 만들어 낸다. 그 보석 같은 자식들과 함께 '양파 껍질을 벗기며' 눈물을 흘렸던 당신이 견뎌온 '매운 세상'에 대한 헌사(獻詞)가 「양파 속에 당신이 있다」이다. '눈물을 감추는 아내'를 전길중은 잊을 수가 없었다. 그러한 애모(愛慕)의 마음이 첫 시집 『안경 넘어 그대 눈빛』 이후 여섯 번째 시집에 이르기까지 피력되어 있다.

'늘 유배'(「영정 앞에서」)와 같은 삶을 견디기 위해 "짜디짠 눈물을 피워내는"(「염전」) 시인의 마음속에는 "소금을 만드는 염전"이 있었다. '만남과 이별과 그리움과 외로움으로 소용돌이치는 마음속의 염기'를 삭혀내기 위해 시인은 정처 없는 방랑의 길을 걸었다. 고독한 그 길은 "새로운 것을 찾는 것이 아니라/ 내가 누군지를 알아내는 것"이었고, 유배된 자로서의 고통의 근원을 탐색하는 일이었다. 이제 그는 방황을 멈추고 당신—그대의 언저리를 맴돌 것이다. “몸의 먼지도 털고/ 머릿속에 소음도 비워내고/ 마음속에 쌓인 찌꺼기를 버리는”(「나들이」) 일이 마무리된 나이에 그가 이르렀기 때문이다.

『우리 선생님 시 맞지요?』에서 시인은 아내의 빈 마음을 채우는 ‘한 다발 프리지아’를 건네준다. 그 마음이 어찌 아내에게만 그칠 것인가. “무지개 색색이 다른 물을 짜/ 꽃목걸이라도 해 줄 걸/ 반짝 거리는 별을 따/ 가슴에 알알이 안겨줄 걸”(「너희에게」) 하고 제자들에 대한 못다한 사랑의 마음도 아내에 대한 그것과 다르지 않다. “허전한 가을이 수십 번” 갔던 세월 동안 같이한 ‘너희—학생’에게 주고 싶은 것들이 많았다. 못준 그것들을 “텅 빈 가슴에/ 풀잎 하나 낙엽 하나까지”(「너희에게」) 버릴 수 없었던 ‘아픈 시의 제목들’로 여섯 번째 시집을 엮어낸 이유가 여기에 있다.

“갈고리 하나로 척박한 삶을 캐어내는/ 짜디짠 어머니의 땀”을 아는 갯벌에서 “제 살 찢는 고통을 두려워하지 않으며/ ‘세상에 당당한 사람이 되라’는 말씀”을 하나하나 캐내고 있는 「선아의 비망록」이 시인의 그러한 마음을 대신한다. ‘희망을 버리면 죽음’이라는 말씀을 막연하게나마 믿으며 어둔 밤을 견뎌내는 「성희의 일기」도 마찬가지이다.

“보이는 어떤 풍정(風情)도 슬픔의 시작”이었고 “함께 하지 못하는/ 친구의 서러운 삶의 이야기를 흘려보낸/ 바다”(「바다에 서다」)에 이르러 눈물을 흘렸던 비망록의 제목이 ‘우리 선생님 시 맞지요?’인 것도 ‘교직생활 40년의 총체적 정리’라는 시인의 의도와 무관하지 않다. ‘암흑의 바닷물처럼 출렁였던 인생사의 희로애락’의 세월을 정리한 『우리 선생님 시 맞지요?』 이후의 작품들이 더욱 알지게 숙성되기를 우리는 기원한다.

06

삶의 부조리와 침묵의 언어

김대곤

1

김대곤의 첫 시집 『기다리는 사람에게』(1994)의 '후기'에 '왜 쓰는가?'에 대한 이유가 나와 있다. '나의 진실'을 '누군가에게 꼭 전하고' 싶어서 그는 시를 쓰는 것이다. 그는 시작 활동의 목표를 첫 시집에서 뚜렷이 밝히고 있다. 그것이 교수와 의사라는 본업에 충실하며 시인으로서 6권이라는 시집 발간의 길을 포기하지 않은 집념과 끈기의 원동력으로 작용했다.

'그저 누군가에게 마음을 전하기 위해' 쓴다는 것은, 타인에게 다가가 이야기하기 위한 일종의 소통행위이다. 그의 글쓰기는 상대방에게 나라는 존재를 내보이면서 내 이야기를 들어보라고 '말 걸기'를 시도하는 것이다. 그렇다면 나의 진실한 마음을 전하기 위해서는 그 진실이 무엇인가를 확인하는 작업이 필요하다. 그것은 자신을 포함한 인간의 삶의 진실에 다가가기 위한 길을 찾는 행위이다. 길은 도(道)와 통한다. 그 도는 '생의 방황'(「방황의 끝」)으로 이어지면서 그의 시작품의 주요 내용을 이룬다.

정처 없음으로서의 방황, 즉 역마살은 그의 몸—육체를 괴롭히는 고통으로 자리 잡고 있다. "아파서 깎아내야 하는 며느리발톱"이 되어버린 그것이 발가락에 붙어(「역마살」) 있다. 이곳에서 저곳으로 "시작도 끝도 없는 삶"(「방황의 끝」)의 방황은 한 지점에 안정할 수 없는 고통을 수반한다. 뜬구름과 같은 인생의 행로를 닮은 방황—역마살은 "밤하늘에도 흘러" 가고, 한겨울의 추위 속에서도 "사랑처럼 얼지"(「겨울나무의 여행」) 않는다. 그것은 멈춤이 없는 생의 흐름이고, 그 흐름은 시간의 이미지로 부각된다. 하이데거가 평생 화두로 삼았듯이 시간은 존재를 규정한다.

『파충류의 눈』에서 인간 존재를 규정하는 시간, 즉 흐름은 시인의 의식—정신의 문제로 전이된다. 파충류의 눈이 되어 불면의 밤을 지키는 화자의 모습이 그것이다. "정신만이 눈을 뜨고/ 어둔 밤"을 지키는 화자는, 불길한 비애를 머금고 회색 하늘을 더듬듯 올려다본다. 시간의 흐름처럼 그의 생도 정착의 의미를 지닌 보금자리에 안주할 수 없다. 안정과 휴식을 지시하는 공간—보금자리—둥지는 그 본래의 의미를 상실한 것으로 그의 시에 나타난다. '둥지'는 "지나가는 나그네 새가 잠깐 들렀다"(「둥지」) 가는 임시 거처일 뿐이다.

김대곤의 시쓰기는 정처 없는 흐름—방황의 이미지와 겹치는 '시간'과의 싸움이다. 그것은 자꾸 흘러가는 것, 붙잡을 수 없는 것, 사랑처럼 얼지 않는 그 무엇, 사랑과 관련이 있는 추상적인 것이면서 동시에 살아가기 위해 필요한 사랑이라는 이름의 그 무엇과 관련되어 있다. 그러나 그의 시쓰기에서 중요하게 부각된 시간과 관련된 사랑이라는 어떤 것의 연결 고리를 찾기가 어렵다. 그것은 그의 내면에 있는 "그 모든 것을 사랑하지 못한"(「상처뿐인 자동차」) 김대곤의 상처(트라우마)와 관련이 있는지도 모른다.

다른 시인의 작업에 무관심하거나 시창작의 기본을 비틀어 버리는 시적 행보를 그가 취하는 것도 모든 것을 사랑하지 못한 그의 내면의 상처와 관련되어 있을 것이다. 그것이 예술적 기교의 미완성으로 그의 시작품을 오해하게 만드는 요인이다. 그의 여섯 번째 시집 『가방 속의 침묵』에 대해 우리가 당혹감을 느끼는 것도 이러한 점에서 기인한다. 그러나 시학의 일반 법칙으로부터 일탈된 그의 시작(詩作) 스타일을 문예 이론의 원칙만으로 평가하는 것은 김대곤 시인의 작품을 이해하는 정당한 접근법이 아니다. 문학작품의 좋고 나쁨을 판별하는 공통 척도의 객관성이 가능한가에 대하여는 여전히 논쟁거리이다. 문학작품의 가치 평가에는 개인적 선호나 문화적—이데올로기적 편견이 작용한다.

4부로 구성된 김대곤의 이번 시집에는 그 나름의 '시간과의 싸움과 그 싸움 속에서 받은 상처'로부터 촉발된 삶의 고뇌에 대한 정직한 기록이 담겨 있다. 그가 겪은 다양한 생의 경험들이, 이전 시집보다 세련된 형태로 『가방 속의 침묵』에 결집되어 있다. 뿐만 아니라 이번 시집의 특징은 그러한 것들이 예술의 관행과 충돌할 때 자기 스타일로 조화시키려는 힘든 고투의 흔적들이 용해되어 나타나 있다는 점이다.

2

가방을 챙기는 일처럼 시를 쓰는 작업은 김대곤의 일상생활에서 첫

순위에 속한다. 이것이 '가방'이라는 단어가 시집의 제목에 등장한 이유이고, 그의 시적 작업이 구체적인 일상생활의 그것으로 회귀하고 있다는 증거이다. "책가방 들지 않으면/ 왠지 인생이 날라리"(「자정퇴근」) 같다. 왜냐하면 가방을 들지 않고 그가 집을 나서는 것은 외래 진료를 나가는 의사가 왕진 가방을 들지 않는 것과 마찬가지이기 때문이다. 따라서 단어 결합의 일반 관행에 빗나간 제목은 시인의 일상성과 관련된 '필수불가결한 그 무엇'이 가방과 침묵임을 지시한다. 이 두 단어의 상징적인 의미를 통해 그것을 확인할 필요가 있다.

가방은 일상의 업무를 수행하기 위해 필요한 것들을 담는 도구이다. 그곳에 침묵을 넣고 시인은 집을 나선다. 침묵이란 '말할 수 없음'이나 '말하기 어려움'을 뜻한다. 이것은 말할 수 있거나 말하고 싶은 상황에 시인이 있지 못함을 암시한다. 가방 속에 침묵을 넣어둔 까닭이 여기에 있다. 김대곤은 '말해야 되는 것, 그러나 말할 수 없는 것'을 가방 속에 챙겨 넣고 다닌다. 다시 말하면 그의 인생 체험에 대한 견해가 가방 속에 갇혀 있다는 의미이다. 그는 누군가 붙잡고 '내 이야기를 들어봐, 나는 이렇게 생각해'라고 말하고 싶었다. 그것이 시인으로 하여금 예술세계에 발을 들여 놓게 한 요인인지도 모른다.

드러내놓고 이야기하지 못했던 것들, 혹은 펼쳐 보이고 싶었으나 그럴 수 없었던 것들을 언어예술의 형식으로 풀어 놓은 시집이 『가방 속의 침묵』이다. 말하고 싶었으나 말할 수 없었던 그것들을 예술의 형식으로 풀어내어 세계와 소통하는 작업이 그의 창작활동이다. 이러한 작업은 일상에서 채우기 어려운 삶의 허기, 혹은 직업적 한계에 직면하여 느끼는 절망과 허무의 감정과 관련이 있는 듯하다. "악성병명으로 진단될 수 있는 질병/ 그것도 전이된 암종으로 판명되는/ 머피의 악성법칙”(「머피법칙의 이중성」) 앞에서 그는 의사로서의 좌절감을 느낀다.

연속적으로 우연히 자신에게 유리한 일이 일어나는 것이 샐리법칙(sally's law)이다. 반면에 머피법칙(murphy's law)은 갈수록 일이 꼬여 나쁜 방향으로 전개될 때 쓰는 용어이다. 종양이 환자에게 유리하게 진행된 경우와 그렇지 않은 경우가 있다. 후자가 머피법칙에 해당한다. 똑같은 상황의 병적 징후가 우연히 나쁜 쪽으로도, 좋은 쪽으로도 진행될 수 있다. 이때 의사는 좋은 쪽의 징후가 아닌 방향으로 흐르는 '악성종양'에 절망하면서 자신의 한계를 느낀다. 시인은 냉철한 자연과학자의 모습보다는 따뜻한 인간적 모습, 다시 말하면 “머피의 악성법칙”에 대해 “울지 않아도 눈물이 흐르는” 모습을 보인다.

의사로서 그는 “어쩔 수 없는 체념과 절망”을 숨기면서 환자들을 위로하거나 설득할 만한 '논리'도 갖지 못했다. 그들에게 “도움이 되지 못하는 동시대의 한 인간”으로서 김대곤은 “내면적—심리적 절망감과 죄의식을 억누르며” 의연한 척할 뿐이다. 다른 방법이 없음을 괴로워하며 환자들이 겪는 “내적인 투병에 대한 처방은 다름 아닌 절망에 철저히 충실하고 정직함으로써 불행에 동참하고 정면으로 대응하는 것”(『반야 바라밀다를 위한 초상』, 31쪽)이고, 이를 통해 절망의 그 상황을 극복할 수 있다. 그것은 환자들에 대한 값싼 동정이나 연민이 아닌 '나—우리 자신의 실존(實存)'에 관한 문제이기 때문이다.

인간의 현존재를 지칭하는 실존은 '타자와 대치될 수 없는 독자적인 자신의 실존'을 의미한다. 보편적 인간정신을 부정하고 개인의 주체성이 진리임을 선언한 실존주의자 야스퍼스에 의하면 '실존이란 내가 실존에 바탕을 두고 행동하는 근원'이다. 자기 자신에 관계되는 그것은 또 다른 편으로는 고립되어 있는 것이 아니라 다른 실존과의 관련 속에서만 존재한다. '나의 실존은 너—타자의 실존과의 관련 속에서만 존재한다'는 사실을 의사—시인이 인식했다는 점이 중요하다.

학창 시절 친구가 "암병에 걸려 죽음과 경쟁"(「유한경쟁」) 하는 것은, 젊은 후배들과 경쟁하는 "우리들의 모멸(侮蔑) 같은 삶"과 다르지 않다. 서로 다른 길에서 "측은히 바라보고" 있는 나—우리의 삶이나, 죽음과 경쟁하는 너—친구의 몸부림도 '유한한 실존의 경쟁'에 불과하다. 불치병과 사투(死鬪/私鬪)하는 친구의 삶이나 모멸 같은 우리의 현재는 모두가 '정리해야 하는 때 돌아보면' 아이러니컬하게도 '아름다운 경쟁'이다. 인생에 대한 짙은 페이소스가 느껴지는 이러한 대목에서 삶의 모순과 죽음의 역설과 인간의 예기치 못한 운명의 방향에 대해 숙고하는 시인의 모습이 각인된다.

"운명은 어디로 흘러"(「미혹」) 가는가. 넋 놓고 버둥거려 보아도 그 방향을 알 수 없다. 고집부리며 의연히 완강하게 사는 것이 확실한 인생이다. 그것이 인생이고 운명이라는 '알 수 없는 괴물'과의 투쟁에서 우리가 견뎌내는 방법이다. "의사는 살아가는 수단이지만 마음으로 하고 싶은 것은 창작의 세계"라고 시인은 말한다. "혼란하고 이상한 정신의 불빛들이 켜지는"(「맨발로 돌아가라 한다」) 불안한 삶을 버티는 힘이 '창작의 세계'에서 나오기 때문일 것이다. 사회적 통념과 상식을 벗어나 우리의 예상을 넘어서는 그 지점에서 김대곤은 인생에 대한 문제와 운명에 휩쓸린 삶의 여러 모습을 사색하고 고민한다.

자기 스타일의 미적 감흥에 젖어들면서 때로는 예술의 관행에 반기를 드는 묘한 모습으로 우리를 당혹스럽게 하지만, 그러한 개성이 발휘되는 그 순간에 김대곤적 감성의 윤기가 빛을 발한다. "파충류의 포복으로 지면에 붙어" "살얼음지는 냉혈"(「야밤 사고」)의 눈으로 감정에

휘둘리지 않으면서 드라이한 언어의 행간 속에 곡진한 자기식의 정서를 표현해 낸다.

겨울밤 어둠 속 구부정하게 머리숱 흩어진 형
네거리에 섰을 때 살얼음처럼 차갑던 긴 그림자
거리를 서성이며 펄럭이고 외투 깃은 쭈삣 서있었습니다

그림자 향해 흰 불빛이 광폭하게 다가와
씩 웃는 얼굴 순식간에 지우고 말았지만
텅 빈 밤거리에 불안한 바람이 지나가고
차라리 혼자인 형의 푸른 턱이 날카로운 밤이었습니다

겨울하늘에 박힌 형의 언어들이 멀미처럼
멀어지는 밤 정적의 거리에 또 흰 불빛이 휙휙 지나갑니다

—「겨울밤의 정황—고 심호택 형에 대한 추억」

심호택은 겨울밤 자정 무렵 자동차 사고로 유명(幽冥)을 달리한 원광대 불문과 교수 시인이다. 운명처럼 덮친 그의 죽음에 대한 추억을 간직한 최초의 언어적 인상화로서 이 작품은 기억될 가치가 충분히 있다. 감정의 허튼 낭비를 최소화하면서 고인의 문학적 자화상의 총체적 모습을 이 정도로 압축하는 것이 쉽지 않다. 심호택 시인의 생전 모습에 익숙한 사람들은 '겨울밤의 정황'을 통해 그에 대한 추억과 그의 삶과 문학을 여러 각도에서 되살려낼 수 있을 것이다.

매서운 찬바람이 불어제치는 한겨울의 밤풍경에서 삶과 죽음이 교차되는 운명의 두 그림자를 재현한 시인의 상상력이 특히 인상적이다.

"구부정하게 머리숱이 흩어진" 모습과 외투깃 세우고 서 있는 그림자가 동시에 어른거리는 겨울밤의 정황. 그것은 신이 장난하듯이 한 인간의 일상을 통째로 뒤집어 버린 운명적인 겨울밤의 마지막 장면을 상기시킨다. 두 모습이 병치된 겨울밤의 풍경은 생사(生死)의 기로에서 서성이는 우리의 부조리한 실존의 진면목 그 자체이다.

3

현대 사회는 보이는 것, 잡히는 것에 가치를 둔다. 그것이 현실적이고 실제적인 것임에 틀림없다. 그러나 잡을 수 없고 보이지 않는 것에 참다운 인생의 의미가 깃들어 있다. "소멸하는 사랑"(「소멸의 파동설」), "정신이 된 유물"(「단풍잎이기 위하여」), "천상의 음률"과 "빛의 수채화"(「탈」), "자유를 노래하는"(「이름」) '팜므비트레일—배반의 아름다움'에 시인은 관심을 보인다.

"하늘을 훌훌 마시고/ 설산의 바람"(「황태의 서」)을 끌고 간 이번 시집에는, 볼 수 없고 잡히지 않는 것들에서 경험하고 관찰한 삶의 진실과 운명에 관한 비의(秘義/譬意)가 아로새겨져 있다. 그것들에 대해 성급하게 「님의 침묵」이나 「알 수 없어요」의 만해식 서정을 기대해서는 안 된다. 일반 상식에 도전하고, 사회 통념을 거부하는 김대곤 식의 독특한 인식이 거기에 반영되어 있다. 보이고 잡히는 것에 취해 열심히 사는 인생은 무의미하다. 열심히 사는 것과 인간다운 삶을 실현하는 것은 다르다.

두 눈, 두 귀, 양팔, 두 다리 코 하나 입 하나 한 치 오차 없이 대칭인 나도

형체가 세상을

지배한다고 생각했다 정신에도 형체가 있다

—「형체에 대하여」 일부

많은 설명 과정을 거쳐야 "정신에도 형체가 있다"는 진술이 가능하다. 그러나 시인은 몇 가지 사례를 들어 이러한 추론을 끌어낸다. 우리가 분명히 말할 수 있는 것은 거기에 발효되고 농축된 김대곤의 인생 경험이 담겨 있다는 점이다. 그는 사각형의 육면체 회색 빌딩 일곱 평 남짓 직육면체 내부 공간에 갇혀서 네모난 책상의 모니터 앞에 앉아 있다. 그는 의사로서 교수로서 일상의 하루를 그 공간에서 시작한다. 아침부터 "시동소리 차갑게 부서지는"(「자정퇴근」) 자정까지 일곱 평 직육면체 내부 공간에서 그는 "손바닥만 한 생각들"을 복사지로 출력한다.

네모난 복사지에 그의 정신의 기록이 담겨 있다. 사각형의 틀에 생각을 담아야 하고, 그것에 익숙해지기 위해 정신도 물리적 형체에 의존할 수밖에 없다. 그것은 인간의 육체뿐만이 아니라 정신까지 지배하려 든다. 규격화된 형체에 갇혀 있는 정신의 부자유스러움에 대한 인식이 「형체에 대하여」에 나타나 있다. 정신의 자유로움을 구속하는 물질—형체의 지배와 압력으로부터 벗어나야 한다는 내면의 소리는 상식과 관행의 벽에 막혀 버린다. 그가 속한 집단의 그 누구도 들으려고 하지 않는 내면의 소리를 시인은 침묵으로 끌어안는다. 유치환의 "소리 없는 아우성"에 비유될 그것에 대해 어느 누구도 관심을 갖거나 인정하지 않는다. 그러나 화가 뭉크의 '절규'처럼 침묵의 아우성인 그것은 그가 살아낸 삶의 진실이다.

이 작품의 포인트는 현대 사회의 규율—구도(構圖)에서 벗어나지 못하고 허둥대는 정신마저도 '형체가 있다'는 역설에 있다. 두 눈과 두 귀, 양팔과 두 다리의 대칭, 코 하나와 입 하나의 대비 속에 갇힌 '나의 나다움, 즉 나의 정체성'은 구도—형태에 규격화되어 있다. 무정형의 정신마저도 물질—형체의 규격에 지배되는 상황이 그로 하여금 침묵을 가방 속에 넣고 다니게 한다. 그가 느끼는 삶의 허기가 여기서 발생한다. 형체를 벗어나는 것은 사회 규범에서 일탈하는 것이다.

정상으로부터 벗어난 그것은 사회적 비난을 감수해야 하는 일탈이자 금기(禁忌)이다. 따라서 이 모든 부조리에 대해 그는 말할 수 없다. 가방 속에 넣어둔 침묵에는 김대곤 식의 이러한 항변이 담겨 있다. 사회 질서가 인간의 정신을 옥죄는 상황이 뜻밖의 야밤 사고를 발생시킨다. "시야에 살얼음 지는 냉혈"(「야밤 사고」)의 겨울 밤 '나는 광포한 소리를 내는 추위'를 느끼며 '흰 냉소'를 털어낸다.

> 얼어붙은 강철은 내밀한 생각의 부피를 단단히 웅크리게 하고 흰 눈과 얼음의 외투는 더욱 두터워졌다 불안하게 몰려다니는 어둠이 금속성 주차턱에 걸려 미끄러졌다 하늘에는 차가운 별이 빛나고 시퍼런 날 세우던 지면의 냉기가 피부를 베어냈다
>
> 파충류의 포복으로 지면에 붙어 어둠을 경계할 때 시야에 살얼음지는 냉혈 추위가 내는 소리는 밤이면 광포하지만 나는 흰 냉소를 털며 일어섰다 아직은 불빛과 거울을 찾아 굳은 표정의 독선을 침착하게 씻어내야 하는 야밤의 사고였기 때문이다
>
> —「야밤 사고」 일부

이런 대목에서 시인은 예술의 법칙도 정신의 자유로움을 구속하는 일종의 규율로 받아들이는 것 같다. 왜냐하면 그것이 내 스타일의 자

유로운 사유 활동을 가로막고, 나만의 문학적 예술세계를 구축하기 위한 상상력을 제한하기 때문이다. 19세기와 20세기의 틈바구니에서 절망하며 미학의 일반 상식에 도전했던 아방가르드 이상의 고독한 결단을 떠올리게 하는 「기억모드 전환」도 이러한 측면에서 이해할 필요가 있다.

> 디지털 기억이 아날로그 기억으로 전환된 그 추억들을 가슴에 안고 나는 죽을 것이다 내게 남은 그 감각과 향기의 청춘도 고스란히 저장되어 가슴 떨리게 갈피갈피 넘겨볼 수 있을 것이다 그러나 나의 비명(碑銘)은 나와 상관없는 세상 사람들을 위한 무의미한 디지털 신호표지가 되리라
>
> —「기억모드 전환」 일부

이 작품에 시인의 내면 의식이 그림자처럼 어른거린다. 그것은 상상력의 비약과 자기식의 표현이 미학 관행에 위배되기 때문이다. "내게 남은 그 감각과 향기의 청춘"이 구체적으로 어떤 내용의 것인지 묘연하다. 다만 청춘의 향기와 감각에 대한 이미지의 허상만이 늦은 봄날의 아지랑이처럼 피어오른다. 그러나 가까이 다가가서 확인하면 실체가 없다. 이러한 점에 비추어 볼 때 '가슴 떨리게' 하는 아날로그적 기억이 세상 사람들에게는 의미 없는 디지털 신호 표지가 되는 것은 당연하다. 유념해야 할 점은 자전적 독백의 언어 예술에 미적 형식과 규율이 작동될 때 독자와의 공감의 폭이 넓어진다는 사실이다.

4

김대곤은 라디오 의료 상담 코너와 EBS 명의(名醫) 프로그램에 출연했던 의사 시인이다. 홍익대 대학원에서 사진학을 전공한 개인적 이력(履歷)이나 의대 교수라는 현직에 비추어볼 때 두 권의 사진집과 여섯 권의 시집을 내는 것이 쉬운 일은 아니다. 그는 우리가 상상하는 수준을 넘어서는 생을 추구하고 꿈꾼다. 그는 자신의 내면에 비친 표현 대상—관념을 카메라 렌즈를 조작하듯이 순간순간 언어로 찍어낸다. 이러한 언어 구사 방식은 그의 꿈과 현실의 간극(間隙)을 해소하기 위한 작업의 일환으로 독공한 사진술과 무관하지 않을 것이다.

의사 출신 시인인 마종기나 서홍관 등의 작업과 다른 점이 여기에 있다. 김대곤 스타일은 '미적 형식의 제한점을 돌파하려는 데에 초점'이 놓여 있다. 내면세계를 표현하기 위한 언어 결합 방식이 비정상적인 것도 '독자적인 보편과 특수의 단일성'을 거부하는 그의 도전 정신에서 비롯된 측면이 있다. 진지하면서도 가벼운 그러면서도 어떤 존재에 대한 고독과 허무의 그림자가 깃들어 있는 그의 작품들은 예술의 일반 법칙과 갈등을 일으키기도 한다. 그러나 복합적이고도 갈피잡기 어려운 그 지점에 김대곤 시의 매력이 잠재해 있다.

산만하면서도 우연적인 일상 경험의 생생함 그 자체를 문학의 형식에 담아내려는 그의 위험한 예술 정신의 갈피잡기 어려운 그 지점의 매력을 확인하는 것도 『가방 속의 침묵』(태학사, 2011)을 이해하는 하나의 방법이다. 그러나 '사물적 요인이나 감각적 현상'을 자기 식으로 융합한 그의 작품들을 감상하기 위해서는 대가를 지불해야 한다. 그의 언술을 빌리면 "무명의 예술작품을 깨우고 유명의 작품을 잠재우는 역사적 진보의 항적을 잡는 비평의 눈”(「형상적 사진 미학」)이 그것이다.

역사적 진보의 형식미를 감별(鑑別)하는 ‘비평의 안목’을 갖추는 것은 미적 형식의 흥미로움과 예술적 감흥을 구현하는 능력을 획득하는 정도만큼 어렵다. 예술적 미감을 포착하는 고도의 능력과 그것에 대한 폭넓은 지식—체험이 단기간에 이루어지는 것은 아니다. 그것은 신중하고 사려 깊은 비교 관찰의 오랜 수련—단련의 시간을 필요로 한다.

07

눈꽃처럼 가벼운 영혼의 숨결을 찾아서

한석수

세월보다 빠르게 불어나는 욕망의 살덩이를 녹여/ 누군가를 위해/ 밤새 타오르는 촛불이고 싶습니다

—한석수, 「촛불을 켜며」에서

1

"부표처럼 흔들거리는 중년"(「낙산해변」)의 시인이 있다. 그가 첫 시집 『커피는 알라딘 램프다』(지혜, 2012)를 펴냈다. 이 시집에서 그는 "물결 따라 출렁거리다 부끄러움으로 부서질 뿐"(「너와 나의 섬으로」)인 아득한 그리움의 서정을 펼쳐낸다. "저녁 대신 노을 물고"(「경포 호수에서」) 서 있는 철새처럼 그는 "어쩌지 못하는 그리움"(「호수와 달」)으로 세월의 강물을 건너고 있는 중이다.

"바다같은 그리움을 품"(「바닷가에서」)기 위해 시인 한석수는 동해 바닷가를 거닐기도 하고, 섬진강변 매화마을에서 흩날리는 꽃잎을 바

라보며 세월보다 빠르게 불어나는 '욕망의 살덩이'를 녹여낸다. 그러다가 문득 "밤낮없이 숨차게 나는 어디로 걷는 것일까"(「매화 꽃잎 바라보며」) 하고 그는 스스로의 삶을 되돌아본다.

2

지나간 삶의 다양한 자취들이 오밀조밀 모습을 드러낸 이번 시집에서 우리의 눈길을 끄는 것은 자아 성찰을 통해 자기 정체성(identity)을 탐색하는 작품들이다.

이른 새벽 숙취로 화장실에 갔다가 나의 실종을 보게 되었다
아무리 눈을 부벼도
푸시시한 모습의 알 수 없는 사내가 서 있다
한 발짝 다가서니 악수라도 하려는 듯 손을 내민다

—「거울 보다가」 일부

화장실 거울에 비친 푸시시한 모습의 알 수 없는 사내와 대면하는 그것은 낯설고도 충격적인 사건이다. 그 사내와 조우(遭遇)하는 그 순간 시인은 '나의 실종'을 경험하게 된다. 내가 실종되었다는 것은 자기 존재의 위기감이나 자아 상실의 정체성 혼란에 빠졌다는 의미이다. 왜냐하면 어디 갔다 왔느냐고 반갑게 다가서는 그는, 이제껏 거울 밖에서 서성거려온 '나의 또 다른 나'이기 때문이다. 역설적이지만 '나의 실종'은 나는 누구인가를 숙고하는 계기가 된다. "뿌연 거울에 물을 뿌리니/ 거기 쪼그려 앉은 내가 벌거벗은 나를 빤히 쳐다보고"(「목욕탕에

서 2」) 있는 장면이 그것이다. 벌거벗은 나와 쪼그려 앉은 나를 대비시킨 그 이면에는 내가 삶을 이끌어 간 것인가, 삶이 나를 이끌고 온 것인가에 대한 자아 성찰의 진지함이 녹아 있다.

나는 누구인가, 왜 사는가, 어떻게 살아야 하는가. 이러한 질문은 문학예술의 화두이자 철학계에 부여된 영원한 숙제이다. 생의 궁극적 가치의 중요한 측면과 맞닿아 있는 이러한 문제에 대한 예술적 탐색이자 도전의 성격이 그의 시에 내재되어 있다. 영원히 해결되지 않는 인생 문제를 끌어안고 고뇌한다는 그 자체가 얼마나 소중한 일인가. 그것을 해보지 않은 사람은 생의 이면을 파고드는 고뇌의 기쁨을 영원히 누리지 못할 것이다. 로버트 프로스트의 「가지 않은 길」에 함축되어 있듯이, 인생의 갈림길에서 한 번의 선택만이 주어진다. 더구나 죽음이 예고된 삶에서 중요한 것은 주체적인 인생행로를 설정하는 일이고, 그것은 진정한 나의 자아상을 정립하지 않으면 불가능하다.

한석수는 세속적 성공의 척도에 맞춘 결과적인 삶보다 자아를 실현해 가는 과정의 삶에 더 높은 가치를 두고 있다. 고뇌하는 중년의 자아상이 그의 작품에 각인되어 있는 이유가 여기에 있고, 그것은 '내 안의 나'와 '내 밖의 나'에 대한 근원적인 인식으로 이어진다. 그러한 인식이 자아의 참모습을 발견하는 데 기여하면서 현재의 삶을 반성하는 요인으로 작용한다. "병상에 누워/ 눈뜬 내 모습을 볼 수 있었습니다"(「눈 수술 받고」)도 그러한 예의 하나이다.

눈 수술 받고 나서 시인은 '눈 뜬 장님이란 말'의 진정한 의미를 알게 된다. 지금의 삶을 반성하면서 미래의 삶을 새롭게 변화시키려는 내면의 노력에서 그것은 필수적이다. 바람직한 미래의 자기를 가꾸어 나가려는 그러한 마음가짐이 한석수의 시작 활동을 견인하는 결정적 요인이다. 그는 시를 통해 자기 자신을 바르게 정립하고 삶의 활력을 얻으려 한다. 그의 시쓰기는 자아도취와 허장성세의 예술적 사치가 아니라, 자기 성취와 자기 도약의 발판을 마련하려는 데 초점이 맞춰져 있다.

언제쯤 하늘처럼 그냥 펼쳐 있게 될까
구름이며 바람이며
눈비 천둥번개까지
가는 대로 오는 대로
이만큼 저만큼에서
흐르는 별처럼 바라볼 수 있을까

—「언제쯤」

"하늘처럼 그냥 펼쳐 있게 될까", "별처럼 바라볼 수 있을까"라는 단순한 표현들로 일관되어 있는 이 작품에서 특별히 흥미를 유발할 만한 참신성이나 시적 역동성을 발견하기 어렵다. 그러나 하늘이나 별과 같은 친숙한 시어들이 불러일으키는 편안한 느낌과 함께 "가는 대로 오는 대로/ 이만큼 저만큼에서"라는 구절이 우리의 공감을 불러일으킨다.

흐르는 별처럼, 펼쳐진 하늘처럼 자연의 모습 그대로의 '무심한 마음'을 '언제쯤' 지닐 수 있는가에 대한 바람이 이 시에 표현되어 있다. 독자들은 「언제쯤」에서 현재에 대한 부정과 불만보다는 미래에 대한 긍정과 소망에 방점이 놓인 무기교의 단순한 언어들에 주목할 필요가 있다.

벚나무 터널 아래 꽃비 맞으며/ 나무 닮은 마술사가 되고 싶어라(「벚꽃 그늘 아래서」)

칠흑같이 깜깜한 세상/ 태양까지 삼킨 침묵을 마주하고 싶다(「무제」)

단풍잎으로 툭툭 털며/ 나무모양 땅 짚고 하늘하늘 서고 싶다(「가을 하늘」)

내 가슴에 이만한 동굴 하나 담고 싶습니다(「환선굴에서」)

'싶다'라는 단어는 어떤 소망/바람을 뜻하지만, 그의 작품에서는 삶에 대한 부정보다는 긍정을 암시하며 자기 분수를 아는 겸손함을 함축한다. 그 겸손함으로 자연을 관찰하고 그것을 일상의 삶으로 실천하려는 시인의 의지가 '싶다'라는 평범한 시어에 반영되어 있다. 한석수는 심각하고 난해한 질문을 던지거나 고결하고 고상한 메시지로 독자들을 괴롭히지 않는 순박한 시인의 유형에 속한다. 그는 "강물에 더해 사라지는/ 아주 시시한 그런 물"(「아주 시시한 물이었으면 좋겠다」)과 같은 시인이다.

타자/강물의 흐름에 더해 사라지는 '존재의 소멸'을 지향하는 삶의 자세가 이 작품에 여실히 나타나 있다. 상선약수(上善若水)와 같은 삶을 동경하는 그의 스승은 자연이다. 자연은 '앞만 보고' 걸었던 '나의 일상'을 부끄럽게 한다. 그 부끄러움이 '나의 나'를 직시하여 보다 높은 자아실현의 계기를 마련한다. 「겨울 산행」이 보여주듯이, 생활을 반성하고 생의 가치 기준의 변화를 도모하려는 그의 시적 사유의 원천은 자연 관찰에서 비롯된 측면이 많다.

뽀득 뽀드득 눈 내린 계룡산을 오르다가
불현듯 길도 아플 수 있다는 생각이 들었다
쌀 한 가마 무게로 딛는 내 걸음에

힘겨울 수 있다는 생각이 들었다

—「겨울 산행」 일부

눈 쌓인 계룡산을 오르다가 시인은 쌀 한 가마 무게로 내딛는 걸음에 길도 아플 수 있다는 생각을 한다. 산행을 하며 시인은 자신의 삶의 발자국에 짓밟혔던 타인/타자의 고통을 깨닫고, 그것에 대한 배려와 이해심을 갖게 된다. 타자에 대한 이해와 배려가 원활할 때 자신의 삶이 변화된다. 뿐만이 아니라 그것은 시민/사회 공동체의 바람직한 방향을 이끌어내는 동력이 된다.

세상은 텅 빈 한 송이 꽃이라는데
나는 상相으로 가득 찬 먼지 알갱이였네
나이까지 먹느라 잃어버린 나의 나이
불현듯 섣달그믐 놀라 깨보니
쉰 벌써 지났다고 반백의 머리
눈발 따라 날리며 들려주는 말
잘난 사람 되려하는 고단한 삶
뛰는 사람 좇으려는 번잡스런 삶
계절의 흐름 따라 발 아래 내려놓고
제 걸음걸이로 휘적휘적 걸으라네
자기 닮은 모습으로 그냥 피었다 가라 하네

—「세모에 금강경을 읽다가」

인간은 대부분 현실 논리에 매몰되어 본연의 자아를 실현시키는 삶에 충실하기 어렵다. 한석수 시인도 고단하고 번잡스런 삶으로 인해 인생길을 '제 걸음걸이'로 걷지 못했을 것이다. 그러나 타인을 따라잡기 위한 번잡하고 고단한 경쟁의 삶은 시인 자신에게만 국한된 것이 아니다. 그것은 우리 세대 모두에게 강요된 보편적 생의 국면이었다. 이러한 생의 국면을 떨쳐버리려는 것이 어찌 시인에게만 해당되겠는가. 우리 모두는 '자기 닮은 모습'으로 그냥 피었다 가고 싶고, 계절의 흐름처럼 어떤 꾸밈이나 인위성이 개재되지 않은 제 걸음으로 걷는 삶을 동경한다.

세월의 흐름을 허무와 회한과 한탄으로 채색(彩色)하지 않고 그 흐름을 기꺼이 수용하겠다는 긍정과 여유가 한석수 시의 미덕이다. 그의 작품에는 여유로운 꿈이 자리 잡고 있다. 꿈이 있기에 강팍한 현실을 벗어나서 여유롭다. 그 여유로움이 중년의 메마름을 달래주는 동화/환상의 나라로 그를 인도한다.

3

커피 한 잔과의 인연이 '아지랑이처럼 피어오르는 설레임'의 환상/동화 세계로 그를 이끌고 간다. 이러한 점에서 한석수의 시쓰기는 '머그잔 같은 삶의 그물'에 가둬온 '나를 해방시키는 무대'가 된다. 그 무대에서 그는 시적 대상을 뒤집어보고 거꾸로 보면서 흔들리는 중년의 삶에 무게추를 드리우면서 또 다른 세상을 꿈꾼다. 그것은 "꽃처럼 아름다운 사람"(「꽃보다 꽃처럼」)이 되어 꽃보다 아름다운 세상을 만드는 것이다.

햇살 따스하게 부서지는 2월 바닷가

제주 용머리 해안에서 마주한 커피 한 잔과의 인연
알라딘 램프를 방금 건져 올린 어부마냥
아지랑이처럼 피어오르는 설레임
나라면 그때 무슨 소원을 빌었을까
펑하고 나타난 거인에게 나는 어떤 모습이었을까
하긴 지금도 제대로 된 소원이나 가지고 있는지 몰라
어쩌면
머그잔 같은 삶의 그물에 나를 가둬온 것은 아닐까
올레길 돌다보니
같은 하늘 아래
눈발도 내리고 유채꽃도 피고
동백은 숨어 혼자 흐드러지고
여전한 것은 바람뿐
마음도 덩달아 흔들리더라
사람들이 커피를 마시는 것은
호리병 속 자신을 꺼내주고 싶어설까
빨간 양탄자를 타고 싶은 거야
아라비아 하늘을 날고 싶은 거야
어딘가 스머프 인형처럼 쪼그려 있을
내가 보고 싶은 거지
몇 모금 남았을까
아직 따스하다
저 바다 속에 풍덩 다시 던져 넣을까
깜짝 놀란 거인은 어떤 거래를 하자고 할까

—「커피는 알라딘 램프다」

「커피는 알라딘 램프다」의 시적 개성은 고상한 척 폼 잡고 난삽한 언어로 과대 포장하는 위선을 버리고 자기가 관찰하고 느낀 그대로를 툭 터놓고 아름답게 써나간 점이다. 그 개성이 '바람보다 앞서 날리는 눈발'처럼 하루만이라도 '자유로운 영혼'이고 싶어 하는 시인의 꿈을 실현시켜 준다. 춤추듯 다가와서 바람처럼 사라지는 "저기 저 눈꽃처럼/ 그렇게 가벼운 영혼"(「첫 눈 오는 날」)의 숨결을 한 잔의 커피 향에 담아낸 점이 그것을 증명하고 있다.

08

멀리 있어 더 아름다운 사랑

안정근

1

안정근 시인의 첫 시집 『주머니에 별 하나』(문예원, 2015)는 '멀리 있어 더 아름다운'과 '슬픔이 그리움 되더라고'와 '가을에 깊어지지 않으면'의 총 3부로 구성되어 있다. 오랫동안 묵혀둔 그의 시편들이 이제야 먼지 털고 세상에 나온 셈이다. 그것들을 아담하게 엮어낸 이번 시집은 시인이 젊은 시절부터 습작하면서 간직해 왔던 것들로 자신의 문학적 취향이나 색깔이 분명히 나타나 있다. 거창한 사회 문제나 정치적 견해에 대한 것들이 전무하고 지극히 개인적인 경험을 다루고 있다는 점에서 이번 시집은 그의 기억 속에 자리 잡은 내면 풍경을 담아냈다고 볼 수 있다.

정갈한 시편들로 채워진 그의 시집에는 시인의 개인사적 삶에 관한 내용이 주를 이루고 있다. 크게 세 부문으로 구분할 수 있는 그것들은, 첫째 그리움이나 외로움 등이 동반되는 사랑에 관한 시편들이다. 둘째는 가정사적인 것들과 관련된 시편들로 어머니에 관한 어린 시절의 추억과 관련된 사모의 정을 다룬 것들과 자신을 되돌아보고 '나의 정체성 탐구나 반성'에 관한 것들이다. 셋째는 시인이 살아오는 동안 느끼고 관찰한 자연이나 사물들과의 교감, 그리고 사회생활에서의 인간관계 등에 관한 성찰을 담아낸 시편들이다.

2

이번 시집에는 서정 장르의 모범답안을 연상할 만큼 정통 시문법에 충실한 작품들이 주를 이루고 있다. 그것들은 형태의 파격이나 모던한 전위적 난해성을 제거하고 담담하면서도 알기 쉬운 언어로 시인 자신이 겪은 일상의 경험들을 단아한 형식에 담아내고 있다. 주된 소재로서 눈에 띄는 것은 '사랑'에 관한 시적 담론이다. 그러나 그것은 오늘날 신세대 감각과는 다른 웅숭깊고 고아하고 유현한 느낌을 준다.

기억 저편에서 아른거리던 흐릿하고 아련한 그리움으로 채색된 연가(戀歌) 유형의 것들은 7080세대의 꿈과 낭만과 사랑과 이별의 정한(情恨)에 초점이 맞추어져 있다. 이러한 점에서 「사랑 1-3」 연작과 「그만큼의 거리」 등은 흘러간 한 시대의 사랑의 풍속도에 해당한다. 힙합이나 랩과는 다른 음색과 분위기로 우리를 안내하는 그의 시편들은, 청바지와 통기타 세대의 팝송 문화의 감미로움 속에 묻어나던 그리움과 외로움의 정서에 맞닿아 있다.

> 사랑하냐고 묻지 마라
> 가슴 속 잠자고 있던 사랑이

그 소리에 깨어 달아날라

얼마큼 사랑하냐고 묻지 마라
가슴 속 숨죽이고 있던 사랑이
그 소리에 놀라 달아날라

확인하려하면
저만치 멀어지는 사랑이다

—「사랑 1」

안정근의 시에 표현된 사랑은 말로 확인하지 않으면 못 견뎌 하는 사랑, 즉 직접적이고 명징하며 예스와 노가 분명한 신세대 사랑과 다른 모습이다. 시인이 이야기하는 사랑은 서로가 주고받는 말 속에 있는 것이 아니다. 그 사랑은 숨죽이고 기다리며 그리워하는 사랑이다. 말로만 확인하는 사랑은 진실성이 없고 가식이 섞이고 상대를 위한 사랑이 아니라 나를 위한 이기적 사랑이 되기 쉽다. 적어도 시인이 속했던 세대에서는 진정성이 의심되는 그러한 사랑으로 인해 잠자고 있던 사랑이 깨어 달아났고, 숨죽이고 있던 사랑이 놀라 달아났다.

진정한 사랑은 말로 확인할 수 있는 그런 것이 아니다. 마음과 마음으로, 눈빛과 눈빛으로 교류하는 사랑만이 멀리 달아나지 않고 영원히 내 곁에 있는 참사랑인 것이다. 바보처럼 보이고 약하게 보일 때, 할 말도 못하고 똑바로 쳐다볼 수 없을 때 그것이 사랑이라고 느끼는 그러한 사랑은 현재의 기준에서 볼 때 답답하고 고리타분하게 느껴질 것이다. 고리타분하고 답답하지만 "모른 척/ 넘어가"(「사랑 2」) 주는 사랑은 오늘날 젊은이들의 인스턴트식 사랑과는 분명 다른 모습이다. 그 사랑은

'저 돌담 끝까지 다정스런 너와 내가 손잡고' 라는 대중가요처럼 7080 세대의 감성이 묻어나는 산업화 시기의 방식에 속한다. 그렇지만 우리 시대의 신세대들이 유념할 대목이 거기에 포함되어 있다.

뜨겁게 태우면 사라지는 것이 사랑이다. 사랑의 열기에 눈이 멀 때까지 붙어 있어서는 안 된다. 가끔 떨어져서 상대에 대한 그리운 감정에 휩싸일 때 사랑은 그 본모습을 드러낸다. 밤하늘의 별처럼, 들녘의 가을 햇살처럼 반짝이는 그러한 사랑이 "더 아름다운 사랑"(「사랑 3」)이다. 멀리 있어 더 아름다운 그러한 사랑은 항상 그만큼의 거리를 필요로 한다. 그만큼의 거리가 있는 "사랑의 모습"(「그만큼의 거리」)이 그러한 예이다.

안정근의 연시(戀詩)는 그가 속한 세대들의 뇌리에 잠재해 있던 '흘러간 청춘의 사랑의 열정과 좌절의 아픔과 그리움과 고독의 순간들'을 되돌아보고 곰곰이 반추하도록 만든다. 지나간 시대의 꾸밈없는 사랑의 진실을 노래한 시편들이 장년층의 향수와 추억을 자극하는 이유가 여기에 있다. 지금 여기의 현실과 유리되어 있어 고답적인 느낌을 주지만 그가 말하는 사랑은 산업화 시기 인간사의 중요한 측면을 반영한 것이다. 다시 말하면 예술의 형식으로 재현한 그의 시편들에는 공통적이며 변함없는 사랑의 속성과 본질이 담겨 있으며 그것들은 아직도 유효하다.

다가오면
멀어질 수 있는 거리
그만큼의 거리

멀어지면
다가갈 수 있는
그만큼의 거리에

우리
서로를 놓자

너무 가까워
부담되면
피할 수 있는

너무 떨어지면
좁힐 수 있는
그만큼의 거리에서

우리
서로 바라보자

굳이 말하지 않아도
느낄 수 있는

소리치지 않아도
들을 수 있는
그만큼의 거리

부딪혀 깨져도

드러내 상처받아도
격하여 어찌할 바 몰라도

금세
제자리 찾는
그만큼의 거리에

우리
서로를 담자

—「그만큼의 거리」

시인이 이야기하는 '그만큼의 거리'는 현실적 거리가 아니라 심리적인 거리이며 유명한 김소월의 「산유화」의 "저만치 피어" 있다는 구절을 연상시킨다. 7080세대의 심금을 울렸던 「먼 후일」을 연상시키는 「짝사랑 그 후」도 마찬가지이며 이러한 작품들에는 우리의 지친 삶을 견인하는 매력과 고통 속의 삶에서 허우적거리는 우리를 구원하고 위안하는 힘이 간직되어 있다. "그대에게/ 내 마음 보이는 것도/ 힘들었지만// 그것보다 훨씬 더/ 힘든 일은// 아직도 내 마음에/ 자리하고 있는 그대를/ 보이지 않게/ 하는 일입니다"(「짝사랑 그 후」).

사랑하는 사람에게 내 마음을 보이는 것도 힘이 들지만, 그것보다 더 힘든 일은 내 마음에 아직도 자리하고 있는 그대를 지우는 일이다. "미안하다 말하면/ 나야 좀 편해지겠지만// 그대를 무겁게 만들 것 같아/ 차라리 내가 아프기로 했습니다"의 「미안하다」나 「해후」, 그리고 「잊은 줄 알았는데」 등이 여기에 속한다. 이별은 사랑의 끝이 아니라 누군가를, 또는 무언가를 그리워하는 또 다른 시작을 뜻한다. 안경 벗고 세상을 보는 것과 같은 그 그리움은, 희미해서 더 낭만적이고 멀리 있어 더 아름다운 그런 것이다.

안경 벗고
세상을 보면 참 아름답지
달은 항상 달무리에 갇혀 있고
가로등은 언제나 안개에 묻혀 있지

붉은 촛불은 두 배나 커 보이고
나무들은 모두들 수채화 같지
더러운 것들은 어둠에 묻히고
사물들은 윤곽만 흔들리고 있지

무언가 그리워한다는 것도
안경 벗고
세상을 보는 것과 같을 거야

희미해서 더 낭만적인
멀리 있어 더 아름다운
그런 것이
그리움 아닐까

—「안경 벗고 세상을 보면」

그리움의 실체를 이만큼 언어예술의 형식으로 구체화하는 것이 쉽지는 않다. 대상과의 거리를 유지하면서 그리움의 정서를 천착하고 있는데, 그것은 일상으로부터 벗어나 그 일상의 현실에서 체험하지 못한 그리움의 실체를 독자 스스로 확인하게 만든다. 남녀관계의 그것처럼 그리움이 우리의 삶에서 인상적인 것은, 이별 이후의 잊으려고 노력하면 할수록 미련이 남아 아직도 끝나지 않은 사랑의 안타까움이 긴 여운이 되어 우리의 마음을 아련하게 하기 때문이다. 아무 것도 눈치 채지 못하는 당신이 더 나를 아프게 한다는 「마지막」이나 떠나는 자의 슬픈 뒷모습을 보이기 싫어 "무거운 발걸음 재촉했지"(「이별」)가 그렇듯이, 그의 시는 7080세대들에게 아련한 사랑의 추억과 이별의 아픔을 통해 그들의 지나간 청춘을 되살려내면서 가슴을 설레게 한다.

3

안정근의 시는 인간의 감정에 대한 섬세하고 깊은 천착을 보여준다. 그러나 중요한 점은 그것이 남녀관계의 사랑이라는 문제에 머물지 않고 그리움이나 외로움, 또는 아픔이나 슬픔의 정서를 통해 인간사의 깊은 측면을 다독이고 성찰하는 태도를 보인다는 사실이다. 슬픔에는 그림자가 있고, 그래서 그것은 "그림자와/ 동행하면서/ 스스로/ 위로를 받기도"(「슬픔」) 한다. 이 작품과 더불어 생의 철학에 대한 숙고의 측면이 돋보이는 작품이 「선택」이다.

이리저리
생각해 보고
요것조것
따져 보았겠지요
선택이니까

결국 어느 하나를
택할 수밖에 없었겠지요
선택이니까

마음이 아팠겠지요
뭘 택해도
상처는 남으니까

번민했겠지요
두고두고
후회할 테니까

—「선택」

선택에 따른 아픔과 후회의 문제는 남녀관계에 국한된 것이 아니다. 인생 전반에 걸쳐 우리는 수시로 선택의 기로에 서게 되고 그로 인해 희로애락의 감정에 휘둘리게 된다. 본의 아니게 강요당하고, 어쩔 수 없이 그러한 선택을 할 수밖에 없는 것이 인생살이다. 프로스트의「가지 않은 길」의 노란 은행나무 숲길처럼 우리는 어느 하나의 길을 택할 수밖에 없다.「선택」에 간결하게 압축되어 있듯이, 시인이 보고 듣고 느낀 사물들과의 교감과 그 교감을 통해 자아를 성찰하고 생의 의미를 추구한 내용이『주머니에 별 하나』에 다수 포진되어 있다.

이렇게 추운 날
발가벗은 채 한겨울 나는

겨울나무에는
따뜻한 수액이 흐르고 있음을
그대 아는지요

사는 것 너무 힘들어
땅바닥에 주저앉은
그대 몸속에도
뜨거운 피가 흐르고 있음을
그대 느끼는지요

때가 되면
나무 위 내려앉은
눈이 녹 듯
그대 어깨 누르는
삶의 무게도
언젠가는 걷히게 된다는 것을
그대 아는지요

오히려 하얀 눈 속이
더 따뜻하다고
말하고 있는 것만 같은
겨울나무

겨울나무에
손 얹어 보세요
아직도 온기로 가득한

그대 손을 느끼는지요

겨울을 나야
더 단단해지는 나무처럼
오늘의 역경이
더 성숙한 사람을 만들고 있음을
그대 아는지요

너무 힘들면
가끔 겨울나무가 되어
그대를 바라보세요

—「겨울나무」

기억 속의 경험을 통해 창조한 가상의 세계는 우리가 직면해 있는 현실과는 다른 방법으로 우리의 마음을 사로잡고 위안과 쾌락과 기쁨을 준다. 이러한 측면이 문학의 치유 효과이며 이로 인해 우리는 현실의 고통으로부터 벗어나 해방감을 만끽하게 된다. 삶의 실제 경험과 유리된 미학이 우리를 감동시키지 못하는 이유가 여기에 있다. 생동감 있는 현실 속의 미학만이 인간을 고통스럽게 만드는 현실의 구속에서 벗어나 상상의 세계를 주유하는 환희를 준다. 「겨울나무」처럼 문학에는 변함없는 삶의 진실이 표현되어 있고 그것은 현실을 넘어 영원한 매력을 발휘하는 그 무엇을 우리에게 선사한다.

시인의 길을 걷고자 하는 것은 단순히 긴장을 풀고 위안을 얻고 망중한(忙中閑)의 여가와 즐거움을 추구하기 위한 것이 아님을 「겨울나무」가 증명한다. 숙성의 시간을 거쳐야 제 맛을 내는 와인처럼 개인적 경험을 발효시켜 인생의 유의미한 가치로 통합하는 그의 시의 미덕을 이러한 대목에서 확인하는 것이 중요하다. 동시에 그의 기억 속에 내재된 젊은 날의 내면 풍경을 언어로 재현하는 작업이 지닌 의의 또한 이러한 점에 있는 것도 사실이다.

「무소의 뿔」의 상처투성이 뿔이 아름다운 것은 살아남기 위한 처절함이 그 뿔에 새겨져 있기 때문이다. 아름답다는 것은 험한 세상에 어떻게 하든 살아남는다는 것이고, 그러한 삶에는 항상 순수한 아름다움이 있다는 것을 시인은 말하고 있다. "사람들은/ 대못 몇 개쯤/ 가슴에 박고 산다// 상처의 흔적으로/ 연륜의 무게로// 가슴에 깊이 박힌/ 대못들은/ 가끔 전율을 한다// 아직도 우리 여기 있노라고// 살도 될 수 없는 것이/ 피도 될 수 없는 것이// 아직도 그대 가슴을/ 찌르고 있노라고"(「가슴에 박힌 대못」).

나만이 가슴에 대못 박고 사는 것은 아니다. 인간이란 다 그런 것이고 대다수가 가슴에 대못 몇 개 박고 삶을 견디는 것이라는 사실을 이 시는 말하고 있다. 나만이 어렵고 힘들고 상처받은 삶을 살아가는 것은 아니다. 인생사의 고통이나 고난을 잠언처럼 들려주는 그의 시는 확실히 우리를 위안하는 힘을 지니고 있다. 안정근의 시적 개성을 보여주는 이러한 대목이 제 기능을 발휘하는 것은 수채화 같은 '언어의 그림'을 그려내는 그의 능력과 관련이 있다. 대상의 특징을 한순간에 포착하여 그것에 자신의 감정을 실어 하나의 풍경화처럼 '대상과 나'를 일체화 시키는 바로 그것이 안정근적 시쓰기의 강점으로 작용한다.

시인—화자와 섬진강이 하나로 합일되는 그 지점에서 섬진강의 섬진강적인 매력이 발산되는 것이다. "길어서도 아니다/ 깊어서도 아니다// 그저/ 완만히 구부러져/ 있다는 것// 그게/ 직선을 잡아채는구나// 그게/ 날카로움을 잠재우는구나// 그렇게/ 달려온 나를// 잘록한/ 은백의 백사장에/ 파묻어 버리는구나"(「섬진강」). 예술이 창조한 세계는 허구이다. 허구의 그 세계는 상상력에 의해 구성된 현실 밖의 세계이지만, 성공한 예술작품에서 그것은 현실보다 더 박진감 있게 다가오면서 우리에게 또 다른 현실감을 부여해 준다. 실제의 세계처럼 느끼게 만드는 상상력이 빚어낸 그 허구의 세계는, 그러나 현실의 체험에서 이끌어내질 때 우리에게 의미 있게 다가온다.

그리움이란 게
처음엔 촉촉이 젖어 있다가
마른 수채화처럼
시간이 지나면서
더욱 선명하게
드러나는 때가 있지

늘 같이 있고
늘 누리고 있던 것에서
멀리 떨어져 나왔을 때
특히 그러하지

처음엔 새로운 것에 가려
안 보이다가
시간이 지나면서
서서히 드러나거든

그리움이

마른 수채화처럼
또렷하게 드러날 때
그것은
이제 돌아가야 할 때지

—「수채화처럼」

물감으로 그린 수채화처럼 시간이 지나면서 더욱 선명하게 드러나는 느낌을 받는 안정근의 시편들은 시인 특유의 경험 세계가 뒷받침되어 있다. 그의 시가 대상과 자신을 동일화시켜 자신의 내면 정서를 존재 가능한 예술의 세계로 구현하는 데 성공하는 이유가 여기에 있다. "그리움이/ 마른 수채화처럼/ 또렷하게 드러날 때/ 그것은/ 이제 돌아가야 할 때지"에는 감정의 잉여를 극도로 자제하면서 자신의 내면 정서를 '그리움'에 동화시키는 시인 특유의 작시 기법이 나타나 있다. 이러한 점에 주목하면서 그의 시를 감상하는 자세가 필요하다. 간결한 형식 속에 배치된 최소한의 언어와 앙상블을 이루는 선명한 시각적 이미지에 의해 그의 시는 독자의 감각을 깨우고 감정을 일렁이게 하면서 상상의 나래를 펼치게 한다.

4

안정근 시인의 전공 영역은 영문학이 아니라 영어학이다. 자기 전공에 구애받을 필요는 없지만, 유학파이며 자기 분야에서 학문적 위상이 공고(鞏固)한 학자가 시인이 되는 것은 말처럼 쉬운 일이 아니다. 그러나 그의 선택이 일정 정도 불가피한 측면을 지니고 있다. 「아름다운 사람」에 잘 나타나 있듯이, '그대'가 아름다운 것은 아름답지 않은 것도 항상 아름답게 기억할 수 있는 사람이기 때문이다. 시인도 이러한 범주에서 벗어나기 어려운 사람에 속한다. 그는 의외로 다정다감하고 미적 감수성이 뛰어난 사람이며 아름답지 않은 것도 아름답게 볼 수 있는 시성(詩性)을 지닌 사람이다.

「눈길을 걸으며」에서는 조용히 자기를 되돌아보는 모습이, 「가끔은 이방인 되어」에서는 문명사회를 벗어나 자연 속에서 원시적 자유를 찾는 산책자의 모습이 나타나 있다. 반면에 「나의 벽」에서는 '벽'을 쌓은 나이에 당도해 있는 세월의 무상함과 그 벽을 평생 끌어안고 살아갈 수밖에 없는 생의 한계를 인정하는 생활인의 모습이 표현되어 있다. 자식 눈치 보며 살고 있는 나이에 이른 시인은 「자화상」이나 「강한 것들」 등에서 혼자 놀고 뭉쳐 다니지 않고 휘어지지 않고 자기 색깔을 지니고 살아온 개성과 자기 신념을 피력하고 있다.

자기 이름으로 혼자 살아오면서 역사의 뒤편에서 고독하게 사라질 것이지만 시인은 그 나름의 인생관을 유지하면서 세상과 타협하는 삶을 경계했다. 화려하거나 빛나는 삶이 아닌 소박한 삶을 살아가고자 했던 그가, 원하는 대로 되었다면 "바다 너머로 지는 잔잔한 노을"이나 "뜨락에 곱게 핀 채송화"(「내가 누구인지」)가 되었을 것이다. 늦은 시기에 안정근이 시원(詩園)을 거닐게 된 것도 채송화나 노을과 같은 곱고 잔잔한 삶을 젊은 시절부터 동경했기 때문이다.

참고문헌

고 은, 『고은 시전집 1-2』, 민음사, 1983.

고형진, 「최초의 인쇄본, 원본, 영인본, 그리고 정본」, 『서정시학』, 2007 겨울호.

______, 『백석 시 바로읽기』, 현대문학, 2006.

______, 『정본 백석시집』, 문학동네, 2007.

구중서 편, 『미발표 소월시집』, 중앙일보사, 1978/1981.

권영민 편, 『김소월시전집』, 문학사상사, 2007.

김민숙, 「백석시에 나타난 장소성 연구」, 『비평문학』, 한국비평문학회, 2012. 12.

김숙이, 「새로 찾아낸 백석 시인 연구자료」, 『서정시학』, 2010 봄.

김 억, 「을퍼진가을의노래」, 『조선문단』, 1925. 10.

김영민·전정구, 『문학이론연구』, 새문사, 1989.

김영배, 『증보 평안방언연구』, 태학사, 1997.

김영진, 『백석평전』, 미다스북스, 2011.

김용직, 『한국현대시연구』, 일지사, 1982.

김용직 편, 『김소월전집』, 서울대학교출판부, 1996.

김윤식, 「허무의 늪 건너기—백석론」, 『근대시와 인식』, 시와시학사, 1992.

김은전, 「김억의 프랑스 상징주의 수용 양상」, 서울대 대학원 박사논문, 1984.

김재용, 『백석전집』, 실천문학사, 1997.

김종욱, 「이 驚異, 文學史에 挑戰하는 執念」, 『문예중앙』, 1978 봄.

김종욱 편, 『原本素月全集(上 下)』, 홍성사, 1982.

______, 『正本素月全集 上 下』, 명상, 2005.

김지영, 「김억의 창작적 번역과 창작시 연구—『懊惱의 舞蹈』와 『해파리의 노래』를 중심으로」, 서울대 대학원 석사, 1996. 6.

김학동, 『白石全集』, 새문사, 1990.

______, 『원전확정과 작가론의 반성—미해결의 문제들』, 새문사, 2006.

______, 『정지용전집 1』, 민음사, 1988.

박경수 편, 『안서김억전집 1-8』, 한국문화사, 1987.

박옥실, 「백석 시에 나타난 공간의식의 변모양상」, 『한국시학연구』, 한국시학회, 2007. 8.

박용철, 「白石詩集 『사슴』 評」, 『조광』, 1936. 4.

박찬호 지음/ 안동림 옮김, 『한국 가요사』, 현암사, 1992.

송 준, 『白石詩全集—附 · 詩語辭典』, 학영사, 1995.

양주동, 「「개벽」 4월호의 「금성」 평을 보고—김안서군에게」, 『금성』, 1924. 3.

엄형섭 편, 『韓國現代詩史資料集成 1-23』, 태학사, 1983/1984.

오하근 편, 『원본 김소월전집』, 집문당, 1995.

유성호, 「원전해독과 해석의 문제—백석의 〈고방〉을 대상으로」, 『유심』, 만해사상실천선양회, 2011. 07/08.

윤주은, 『시혼과 음영』, 울산대출판부, 1998.

이경수, 「백석 시에 나타난 문화의 충돌과 습합」, 『한국시학연구』, 한국시학회, 2008. 12.

이동순, 『잃어버린 문학사의 복원과 현장』, 소명출판, 2005.

______, 『白石詩全集-附 · 散文』, 창작과비평사, 1987/2002.

이명찬, 『解放前詩作品資料全集 1-6』, 청운문화사/연도 표시 없음.

이상숙, 「백석 번역시 연구를 위한 시론(試論)」, 『비평문학』, 한국비평문학회, 2012. 12.

이숭원, 「백석 시에 나타난 자아와 대상의 관계」, 『한국시학연구』, 한국시학회, 2007. 8.

______, 「백석의 삶과 문학적 대응 양상 연구—여성과 관련된 작품을 중심으로」,

『한국시학연구』, 한국시학회, 2002. 11.
_____, 『백석을 만나다―백석 시 전편 해설』, 태학사, 2008.
이숭원 · 이지나, 『원본 백석 시집』, 깊은샘, 2006.
이지나, 「백석 시 원본과 후대 판본의 비교 고찰」, 『한국시학연구』, 한국시학회, 2006. 4.
이희중, 『현대시의 방법연구』, 월인, 2001.
장성규, 「우리시대의 문학전집, 혹은 정전의 재구성」, 『서정시학』, 2007 겨울호.
장석주, 「소월의 숨소리가 들린다」, 『문예중앙』, 1978 봄.
전정구, 「김소월시의 언어시학적 특성 연구」, 전남대 대학원 박사, 1990.
_____, 『김정식 작품 연구』, 소명출판, 2007.
_____, 「백석 시작품의 원전비평적 고찰」, 『비평문학』, 한국비평문학회, 2010. 1.
_____, 「재구성적 체험과 김환태의 실천비평」, 『현대문학이론연구』, 현대문학이론학회, 2013. 12.
전정구 편, 『소월 김정식 전집 1-3』, 한국문화사, 1994.
차봉희, 『現代思潮 12章』, 문학사상사, 1981.
차봉희 편저, 『수용미학』, 문학과지성사, 1985.
최동호, 「백석 문학의 전체성에 대하여」, 『비평문학』, 한국비평문학회, 2012. 12.
최동호 외, 『백석시 읽기의 즐거움』, 서정시학, 2006.
_______, 『백석문학전집 1-2』, 서정시학, 2012.
케빈 오록(Kevin O'Rourke), 『한국근대시의 영시영향연구』, 새문사, 1984.
편집부, 『拉 · 越北詩人叢書 1』, 동서문화원, 1988.
_____, 『現代朝鮮文學全集-詩歌集 2』, 한국학진흥원 영인본, 1985.
홍사만, 『국어 특수조사 신연구』, 역락, 2002.
釋清潭 外 譯註, 『續國譯漢文大成』, 誠進社, 昭和五十三年.
Dieter Gutzen 외/ 한상기 외, 『독일문예학입문』, 탐구당, 1990.
F. Bowers/ 김인환 역, 『문학의 해석』, 홍성사, 1981.
Fredson Bowers. Textual criticism, James Thorpe ed., *The Aims and Methods of Scholarship in Modern Languages and Literatures*, U. S. A: Modern Language Association of America, 1963/1970.

G. Thomas Tanselle, *A Rationale of Textual Criticism*, U. S. A: University of Pennsylvania Press, 1989/1992.

Jonathan Culler/이은경 · 임옥희 옮김, 『문학이론』, 동문선, 1999.

McGann, Jerome J. *A Critique of Modern Textual Criticism*, U. S. A: University of Chicago Press, 1983/1992.

______, *The Textual Condition*, U. S. A: Princeton University Press, 1991.

Michael Hunter, *Editing early Modern Texts*, U. S. A: Palgrave Macmillan, 2007/2009.

W. Kayser/김윤섭 역, 『언어예술작품론』, 대방출판사, 1982.

『세계사상』과 『朝光』 『개벽』, 『문예중앙』, 『문학사상』 등의 잡지와 기타 참고 문헌은 각주로 미룸.

찾아보기

ㄱ

ㅂ

ㅅ

ㅇ

ㅈ

ㅊ

ㅋ

ㅌ

ㅍ

ㅎ

건지학술총서 ❺

현대시 탐구

지은이 전정구
펴낸이 이남호
펴낸곳 전북대학교출판문화원

초판 1쇄 인쇄 2016. 7. 25
초판 1쇄 발행 2016. 7. 30

전북대학교출판문화원 전라북도 전주시 완산구 어진길 32 (풍남동2가)
전화 (063) 219-5321~2
FAX (063) 219-5323
출판등록 2012년 8월 20일 제465-2012-000021호

값 28,000원

ISBN 978-89-98534-90-5 94810
ISBN 978-89-98534-66-0(세트) 94080

이 도서의 국립중앙도서관 출판예정도서목록(CIP)은 서지정보유통지원시스템 홈페이지(http://seoji.nl.go.kr)와 국가자료공동목록시스템(http://www.nl.go.kr/kolisnet)에서 이용하실 수 있습니다. (CIP제어번호 : CIP2016013579)